합리적 남성2
예방의학

롤로 토마시

The Rational Male: Preventive Medicine (2)

Copyright © *(2015) by Rollo Tomassi
All rights reserved. No part of this book may be used or reproduced in any manner whatever without written permission except in the case of brief quotations embodied in critical articles or reviews.
Korean Translation Copyright © 202* by MK Publishing
Korean edition is published by arrangement with George W. Miller, through BC Agency, Seoul

합리적 남성2: 예방의학

발 행 인: 장 민 서
발 행 처: MK출판
출 판 등 록: 2024.07.25
이 메 일: valentine704@naver.com
ISBN: 979-11-988044-0-2

*2015년 한 해에만 하루당 22명씩 스스로 목숨을 끊은 미국
참전용사들에게 이 책을 바칩니다.*

목 차

한국의 독자분들께 - 08
서 문 - 10
들어가는 글 - 14

제1부

하이퍼가미 이해하기
월경 주기와 하이퍼가미 - 28

예방의학 파트1
초기 형성 단계 - 45

예방의학 파트2
깨달음의 시기 - 58

예방의학 파트3
안정 및 개발 단계 - 77

예방의학 파트4
재개발 재보험 및 안정 단계 - 90

사랑의 체계
남녀 간 계층구조 - 102

길들이기
조기교육 - 116
이퀄리즘 - 125

오픈 하이퍼가미
이권 움켜쥐기 - 131

제2부: 보충챕터

고백 거절과 후회 – 144

성과를 내야 하는 숙명 – 151

남성의 나약한 모습 – 157

남자의 잠재력과 하이퍼가미의 딜레마 – 163

드림 킬러 – 168

정서적 기준점 – 172

게임의 진화 – 176

남성 체험 – 182

중년 남성의 깨달음 – 191

성숙한 남성 – 196

새로운 희망
206

후 기
212

부 록
218

용 어 집
223

감수자의 말

안녕하세요. 한국에 레드필 지식이 알려진 지 벌써 2년이 지났습니다. 저자 롤로 토마시의 첫 번째 책이 훌륭했던 만큼 《합리적 남성2: 예방의학》에도 한국 남성들이 공감하거나, 한 번쯤 진지하게 생각해 볼 만한 여러 가지 통찰과 분석이 담겨 있습니다.

레드필(Red Pill)이란 남녀 관계의 역학에 관한 불편한 진실을 가리키는 표현입니다. 레드필 지식의 근간이 되는 내용은 수십 년 전부터 미국의 픽업 아티스트(주로 일회성 성관계를 목적으로 여자를 유혹하는 데 특화된 남자)들이 여성을 유혹하면서 깨달은 내용, '필드 리포트'라 불리는 현장에서 직접 겪고 깨달은 통찰을 근간으로 합니다. 거기에 심리학 등 과학적인 연구가 합쳐져서 오늘에 이르게 되었습니다. 이처럼 '레드필'은 여성을 유혹하고, 여성을 제대로 이해하기 위한 목적으로 시작되었다가, 최근에는 페미니즘과 여성 중심적인 사회 질서가 남성에게 영향을 미치는 방식을 설명하는 하나의 거대한 담론이 되었습니다.

《합리적 남성》 1권에서는 여성의 성 전략이자 본능인 '하이퍼가미'를 중점으로 다루었고, 이번 2권에서는 여성의 인생에 흐름에 따라 변화하는 남자 선호 기준을 타임라인을 따라가며 상세히 조명합니다. 그 과정에서 현대 남성들이 방황하고 혼란에 빠지는 이유를 이러한 사회구조적인 관점에서 분석합니다.

저자의 주장대로 레드필 지식은 페미니즘이나 여타 사회적 네레티브에 굴종하는 그 어떤 연애 이론보다 남녀의 행동 양태를 정확히 예측합니다. 이는 인공적인 사상인 페미니즘과 다르게, 레드필 지식은 현장에서 '여성의 거절'이라는 흙먼지를 뒤집어써가며 남자들이 직접 시행착오로 쌓아 올린 지식이기 때문입니다.

저자는 '레드필 지식은 연필로 쓰였다'고 말합니다. 레드필 지식은 열린 마음과 건전한 목표를 가진 남자들이 모여 토론하고, 정보를 수정하고 보강하면서 쌓아 올린 집단지성의 산물입니다. 페미니즘과 다르게 우리는 레드필의 내용을 고정불변의 진리로 주장하지 않습니다. 레드필은 이념도 아니고, 종교도 아닙니다. 따라서 페미니즘과 달리 레드필 지식은 그 누구에게도 강요할 필요가 없습니다. 왜냐하면 진실은 그 자체로 힘을 갖고 있기 때문입니다.

저는 레드필 지식이 요즘 들어 한국 사회에 만연해진 남녀 간 혐오와 갈등을 완화하고, 남녀가 서로를 올바르게 이해하는 초석이 되길 희망합니다. 더 나아가 방황하는 한국의 젊은 청년부터 자신의 인생을 돌아보는 중년 남성에 이르기까지 깨달음과 통찰, 무엇보다 새로운 희망을 안겨주길 바랍니다. 왜냐하면 골 깊은 남녀갈등을 메우고, 페미니즘의 여파를 정화하는 유일한 길은 한국 남성들이 다시 발전적이고 건강한 남성성을 되찾는 것이기 때문입니다.

레드필을 이해하는 데 중요한 개념은 원문을 병기했습니다. 저자가 책 말미, 부록에 소개한 다른 레드필 인플루언서의 블로그와 사이트는 현재 폐쇄되거나 없어진 경우가 많습니다. 그래도 일단 해당 인물의 이름과 저자의 설명을 그대로 실어두었습니다.

이 책을 감수하면서 가장 기억에 남는 내용이 있다면, 현대 미국 남성들조차 '남자가 되는 것'이 무엇인지, '남성성'이란 무엇인지에 대해 대단히 혼란스러워한다는 점입니다. 이 책이 여러분에게 '남성성'이란 무엇인지, 다시 말해 2020년대를 살아가는 데 '남자'라는 게 여러분에게 어떤 의미를 갖는지, 그것을 어떻게 정의하고, 삶에 어떻게 적용해야 하는지 많은 영감과 힌트를 주길 바랍니다.

이 책이 미국 남성들에게 그랬던 것처럼 한국에서 건강한 남녀 담론, 남성성에 대한 담론이 퍼져나가는 계기가 되길 바랍니다. 이 책을 주변의 소중한 남성 동료, 아들, 친구들과 함께 추천하여 읽어보고, 토론하고, 함께 발전하는 기회가 되길 바랍니다.

부디 진실이 여러분을 자유롭게 하길 바라며.

한국의 독자분들께

《합리적 남성》을 한국 독자 여러분께 소개하게 되어 정말로 기쁘고 자랑스럽습니다.

지난 20년간, 저는 총 5권의 《합리적 남성》 시리즈를 출간했고, 이 중요한 사명을 이어가는 차원에서 현재 여섯 번째 책을 쓰고 있습니다. 그 과정에서 제 책을 읽고 삶이 근본적인 차원에서 변화하는 데 성공한 전 세계의 수많은 남성과 인연을 맺을 수 있었습니다.

'매노스피어'와 '레드필'은 이제 세계적인 현상입니다. 북미의 레드필 비판자들은 레드필의 내용이 서구권에서만 유효한 것처럼 한정하려 애쓰지만, 우리는 그것이 사실이 아니라는 걸 알고 있습니다. 터키, 케냐, 그리고 한국을 비롯한 수 개국의 수천만 명의 사람들이 현대 남성들이 처한 환경과 상황의 무게를 이해하고 있습니다. 저는 제 책이 여러 남성의 인생에 큰 도움이 되었다는 이야기를 들을 때마다 정말 큰 보람을 느낍니다. 그리고 이젠 한국에도 인연이 닿은 것 같아 그 기쁨을 이루 말할 수가 없습니다.

여러분이 쥐고 있는 이 책은 제가 지난 20년간 남성들을 상담하면서 얻은 교훈과 통찰의 정수입니다. 이 책은 또한 여러 남성의 실제 증언과 경험을 종합한 것이기도 합니다. 《합리적 남성》은 현재도, 그리고 앞으로도 독자들과 함께 만들어가는 작품이 될 것입니다. 한국 독자 여러분도 이러한 집단지성으로서 '레드필'의 장에 함께 하도록 초대하고 싶습니다. 저는 언제나 레드필은 공개된 정보여야 한다고 주장해 왔습니다. 우리 개개인의 경험과 통찰이 레드필을 더 완벽에 가깝도록 만들겁니다. 레드필이 주는 깨달음은 남녀 역학의 과학이자, 실용적인 지식입니다. 그래서 제 팟캐스트를 강의실처럼 꾸민 것입니다. 제가 교수처럼 정보와 방향을 알려줄 수 있지만, 본래 우리는 다 함께 공부하기 위해 모인 것입니다. 그리고 종종 그러하듯, 때론 학생들이 선생님에게 새로운 무언가를 가르쳐주는 법입니다

집단지성 속에서 배움을 얻기 위해, 우리는 서로 바르게 대화하고 토론해야 합니다. 저의 모든 책에서 권장하듯, 한국 독자 여러분도 이 책에 나오는 내용을 친구, 지인 등 여러 남성과 함께 이야기 나누고 토론하길 바랍니다. 저는 언제나 남자들의 대화 장을 열기 위해 책을 썼습니다. 이 책에 나오는 개념의 상당 부분은 수십 년 전, 활발한 토론이 오고 가던 포럼에서 탄생한 것입니다. 저의 의무는 최대한 객관적인 시각

에서 정확한 정보를 추려내는 것입니다. 저는 남자를 더 낫게 만드는 산업에 종사하지 않습니다. 저는 남자가 더 나은 남자로 거듭날 수 있도록, 스스로 무장하고, 배울 수 있는 실천 가능한 정보를 제공하는 일을 합니다. 《합리적 남성》에는 차근차근 따라 하는 가이드라인 같은 게 없습니다. 오직 도구만이 있을 뿐입니다. 그 도구를 어떻게 활용할지는 여러분의 몫이며, 여러분의 목표와 필요에 따라 더 나은 삶을 만들기 위해 이러한 도구를 활용하시기를 바랍니다.

여러분 자체가 현재 진행형인 존재입니다. 여러분을 거듭나도록 도울 수 있는 도구를 제공하게 되어서 기쁩니다. 여러분이 제게 해줄 수 있는 최고의 선물은 이 도구로 여러분이 어떤 멋진 결과를 끌어낼 수 있는지 보여주는 것입니다. 언젠가 한국 독자 여러분도 무언가를 이루어낸 멋진 모습을 보여주시길 바랍니다.

−롤로 토마시, 2024년

서문
샘 보타

"롤로 토마시, 내가 18살, 33살, 42살 때 당신은 어디에 있었나요?"

"보타씨, 이제 끝났습니다, 당신은 관계에서 주도권을 잃었어요, 그 여자는 당신이 매달리니까 마음이 떠난 겁니다."

이런!

잠깐! 나는 오랫동안 성공한 인생을 살았다. 나는 아카데미 시상식에서 주연급 배우들과 인터뷰하고, 뒤풀이 파티에 초대받았다. 내 인생은 항상 스릴이 넘쳤고, 억만장자들이 정기적으로 내게 조언을 구했으며, 여자들이 끊이지 않았다. 나는 비범한 수준으로 성공했고 항상 최고로 인정받았는데, 어떻게 내게 이런 일이 일어난 걸까? 내 직업 때문이라도 내겐 이런 일이 일어나지 않을 거라고 생각했는데, 내가 여자한테 차이다니! 이게 도대체 무슨 일이야?

토마시가 내게 말했다. "보타, 중요한 건 연애 시장에서 당신이 지니는 가치(Sexual Market Value, SMV)입니다. 당신은 그동안 너무 유명해서 이런 걸 알 필요가 없었지만, 이제는 처방이 필요한 환자와 같아요. 당신은 성공이 주는 후광과 멀어졌고 이제 그 여자에게 당신은 별로 안 친한 여자 친구와 다를 게 없습니다."

토마시의 저서 《합리적 남성》은 나를 비롯한 수백만 명의 남성들에게, 한때 내게 끓어오르는 욕망을 느꼈던 여자들의 사랑이 왜 식어버리는지, 그리고 어떻게 이에 대처해야 하는지 설명해 주었다. 이번에 출간된 두 번째 책에도 유사한 지식과 지혜가 담겨 있다. 이 책의 효과는 그만큼 강력하다.

나는 당신이 영화 예고편, 라디오 광고 등에서 수천 번도 더 들어본 목소리의 주인공이다. 나는 성우로 활동하면서 그 어떤 것도 영화 예고편 속 내 목소리처럼 실감이 나는 걸 들어본 적이 없다. 더레셔널메일닷컴(therationalmale.com)에 기고된 롤로 토마시의 첫 번째 에세이를 읽어보기 전까지는 말이다. 마치 블록버스터 영화가 세계사의 흐름을 바꾸듯, 토마시의 글은 내가 대본에 몰입할 때 느끼는 전율을 불러일으켰다.

《합리적 남성》을 읽고 변하지 않는 남자를 본 적이 없다. 누군가 당신에게 이 책을 건넸다면, 그는 당신을 진정으로 생각하는 사람이다. 진심이다. 기억하라. 이 책은 당신 삶을 전반적으로 더 낫게 만들어 줄 것이다. 우리 시대에 너무 많은 남성들이 사랑하는 여자가 변심했다는 이유로 자살한다. 이 책은 그런 비극적인 결말을 예방하는 검증된 경험을 제공한다.

이 책은 흔한 자기개발 서적도 아니고 명상에 관한 책도 아니다. 거의 15년 동안 수백만 명의 남성들을 관찰하고, 심도 깊은 토론을 통해 추려낸 남녀관계의 진실을 보여준다. 삶의 진리를 깨닫기 위해서 명상을 통해 다른 차원까지 가봐야 한다고 주장하는 사람들이 있다. 이런 자들의 말은 잊어버려라. 이 책에는 교육, 예능, 미디어, 가족, 친구, 인생 전반에 관해, 누군가가 의도적으로 침묵하거나 숨겨온 진실을 담고 있다.

사전에 경고하자면, 이 책의 내용은 다소 불편할 수 있다. 하지만 당신은 남자다. 당신은 진실과 직면할 수 있다. 당신은 남자다. 당신은 진실을 받아들일 수 있다. 이 책에 담긴 개념은 매우 강력하므로 3일 이내 빠르게 완독하길 바란다. 그리고 다시 한 번 천천히 읽어보라.

대학 시절 삼촌이 책을 한 권을 선물해 주셨다. 삼촌은 윌리엄 H. 댄포스(William H. Danforth)가 쓴 '아이 데어 유, I Dare You'라는 책을 내게 남겨주었고, 나는 그 책을 아직도 갖고 있다. 나는 어디를 가든 그 책을 들고 다닌다. 《합리적 남성》이 바로 그런 책이다.

토마시는 단지 돈을 벌기 위해 글을 쓰지 않는다. 그는 세상을 더 살기 좋은 곳으로 만들기 위해 이 일을 한다. 그는 여러분이 잠재력을 최대한 발휘하길 바란다. 토마시는 마음만 먹으면 할 수 있는 대대적인 홍보, 마케팅 같은 것도 하지 않는다. 한 사람을 돕기 위해 시작했던 그의 작업은 현재 블로그와 책을 통해, 700만 명이 넘는 사람들에게 삶의 모든 측면이 나아지는 변화를 일으켰다. 분명 여러분도 나처럼 이 책을 읽고 주변 사람들에게 추천하게 될 것이다.

이 책의 서문을 써 달라는 요청을 받게 되어 영광이다. 이 책은 내 인생의 방향을 바꾸어 놓았다. 나의 '착한 남자' 방식에는 부족한 점이 많았다. 성공과 지위가 여자를 끌어당길 수는 있지만, 적절한 지침이 없다면 99%의 남성들이 여자들의 진정한 욕망을 계속 끌어내는 데 성공하지 못할 것이다.

이 책은 나는 물론이고, 내가 직접 책을 추천해 준 모든 남성들에게 효과가 있었다. 살면서 더 이상 여자로 인해 쓰라린 상처를 입지 않게 해주었다. 유부남들이 내게 가끔 섹스를 통해 아내와 정서적 교감을 느끼지 못하는 가슴 아픈 경험을 이야기한다. 나는 그들에게 안타깝다고 말하며, 롤로 토마시의 책을 추천한다.

롤로 토마시는 나와 친한 친구가 되었다. 나는 내 심장 이식 수술을 해준 외과 의사 형을 존경하듯 그를 존경한다. 내 형은 전 세계 심장 전문의들이 그가 발견한 새로운 수술 기법을 활용할 정도로 의술이 뛰어난 사람이다. 많은 의사가 그의 지도를 따라 매년 더 많은 생명을 구했다. 마찬가지로 롤로 토마시는 전 세계 수백만 명의 삶을 개선하는 뛰어난 기술을 가지고 있다.

토마시는 내게 무료 상담을 해줬고, 그의 지식과 지혜를 진심으로 이해하고자 하는 남성들에게도 무료로 상담을 해주고 있다. 그리고 그의 조언은 여자와 관계를 더욱 악화시킬 수도 있는 흔한 조언과는 다르다. 이 책의 내용은 분명히 남성들에게 도움이 된다. 내가 바로 살아 있는 증인이다.

나는 남다른 세속적 성공을 즐겼다. 내가 하는 일은 매년 수백만 명의 삶과 사고방식에 영향을 미친다. 나는 영화 스크린 뒤에서 활동하는 내 직업이 대중이 원하는 것을 제공해 주지만, 개중에는 바람직하지 않은 내용들이 많다는 점을 깨달았다. 따라서 이 책을 여러분께 추천하는 일은 내 커리어의 일부 작품들이 대중에게 미친, 바람직하지 않은 카르마를 보상할 수 있는 길이기도 하다.

롤로 토마시는 영화 〈매트릭스〉에 나오는 개념인 언플러깅(unplugging – 진짜 같지만 거짓된 가상 세계와 연결된 케이블을 뽑는 행위)을 가장 효과적으로 설명했다.

롤로 토마시가 실명을 사용하지 않는 이유가 뭘까? 책의 주제가 너무 강력해서 자칫 위험할 수 있기 때문이다. 나는 내 직업 덕분에 유명해졌지만 그렇다고 나의 모든 게 알려진 것은 아니다. 이 책이 부도덕해서가 아니다. 간혹 세상에 알려지고, 너무 많은 조명을 받으면 위험한 경우도 있기 마련이다.

대학 시절 여대생 몇 명과 함께 다른 남학생이 얼마나 나쁜 놈인지, 왜 좋은 남자가 될 수 없는지 얘기를 나눈 적이 있다. 내가 대화 도중 "하지만 난 좋은 사람이야."라고 말했더니 자리에 있던 여자들이 모두 웃었다. 그때 나는 순진했기에 당시 상황이 이해할 수 없었다.

한 번 이별의 아픔을 겪은 후 또 다른 이별이 찾아왔을 때, 그 이유를 미친 듯이 알고 싶었던 적이 있는가? 나는 이별로 고통받던 중 《합리적 남성》을 접하게 되었다. 더 이상 픽업 아티스트 세미나에 참석하거나, 여자의 심리를 파악하려는 다른 책에 의지하지 않아도 되었다.

내가 아무리 사회적으로 성공했어도, 여자를 '직관적으로 이해할 수 없었기 때문에(just get it)' 여자와 관계를 성공적으로 꾸려나갈 수 없었다.

그러나 이제는 안다. (Just get it)

샘 보타(Sam Botta)
성우, 라디오 진행자
캘리포니아 버뱅크 – 2015년

들어가는 글

이 책을 집필할 당시, 첫 번째 책인 《합리적 남성》이 출간된 지 1년이 채 되지 않았다. 지금 돌이켜봐도 도전적인 작업이었다. 글꼴 크기, 편집 및 맞춤법, 전자책으로 변환 등 예상하지 못했던 여러 과제와 직면했다. 나는 전자책의 인기를 과소평가했고, 특히 종이책을 구하기 어려운 국가에서 주로 전자책을 읽는다는 사실을 모르고 있었.

이 모든 도전을 이겨내고 1년도 채 되지 않아 《합리적 남성》은 성공을 거두었다. 블로그의 독자 수가 늘어나고 인기가 높아져서도 아니고, 아직도 책이 활발하게 판매되고 있어서도 아니다. 내가 바라던 바를 이루었기 때문에 성공한 것이다.

내가 책을 출판하지 않았으면, 그저 인터넷 링크만 보고 지나칠 사람들에게 나의 아이디어를 전달할 수 없었을 것이다. 나는 더 많은 독자들에게 다가가고 싶었다. 나는 남자들이(물론 여자도) 다른 남자들과 공유할 수 있는 실용적인 무언가를 원했다. 그래서 이 책이 커피숍이나 비행기에 비치되어, 활발한 토론의 장을 만들 수 있기를 바라는 마음에서 최대한 합리적인 가격을 책정했다. 사람들이 제목만 보고 처음에는 비웃을지라도 말이다.

전자책 판매량이 종이책 판매량을 뛰어넘는 경우가 많은데, 왜 굳이 종이책에 그렇게 많은 공을 들이느냐는 질문을 자주 받는다. 먼저 내 예술적 성향과 디자인에 대한 열정 때문에 그렇다. 하지만 평범한 사람들을 위한 책, 즉 동네 카센터에서 일하는 사람도 쉽게 읽을 수 있고, 매우 낯설고 열악한 곳으로 발령받은 군인도 휴대할 수 있는 그런 책을 만들고 싶었다.

종이책은 없앨 수 없다. 책을 태우거나 파쇄하는 등 물리적으로 파괴할 수는 있지만 그렇게 하려면 여하튼 실물을 찾아내야 한다. 디스토피아 SF소설처럼 들리겠지만 디지털 출판의 경우 정부가 모든 정보를 검열하는 날이 올지도 모른다는 생각이 든다. 간단하게 키보드만 두드리면 책을 세상에서 없애버릴 수도 있다.

원래 이 책을 독립형 전자책으로 만들려고 했지만, 나는 내 미적 감각을 믿었다. 무엇보다 물리적인 책을 손에 쥐고 싶다는 마음이 가장 컸다. 물론 전자책도 출판했기 때문에 여러분이 전자책으로 이 책을 읽고 있을 수도 있지만, 중요한 건 이 책 안에 담긴 아이디어다. 이 책은 토론을 위해 쓰였다. 이 책은 내가 어떤 의도로 특정 생각들을 여러분께 전달하고자 하는지 잘 보여줄 것이다.

용어

《합리적 남성》 1권에서는 '레드필 사고방식'과 관련된 핵심 개념들을 여러분께 소개했다. 일부 독자들은 '매노스피어(manosphere)'로 알려진 남성들의 블로그 공간에서 활동하면서 일련의 개념과 용어에 익숙해졌고, '레드필(Red Pill)'이 무엇인지 잘 알고 있다. 레드필은 영화에서 유래한 표현으로, 진실을 은폐하는 시스템 속에서 진실을 드러내는 것을 상징한다.

매노스피어를 처음 접하는 사람들은 레드필 지식을 인터넷 커뮤니티에서 흔히 볼 수 있는 헛소리처럼 생각할 수 있다. 영화를 인용하거나, 사람들이 인터넷 커뮤니티 용어나 은어를 사용하는 것 등이 그 대표적인 예다. 하지만 새로운 개념과 인식의 틀을 설명하기 위해선 불가피하게 새로운 용어가 필요하다.

레드필을 처음 접하는 독자들에게 이런 용어들을 이해하라고 말하는 것은 지나친 요구일지도 모른다. 1권을 읽은 독자들 중에는 '용어나 약어에 대한 설명이 더 필요하다'는 피드백을 주기도 했다. 이런 독자들을 위해 책 말미에 부록을 첨부했다. 용어 및 약어는 이 책에서 다루는 보다 넓고 추상적인 개념을 설명하는 데 꼭 필요하단 점을 기억해 주길 바란다.

대표적으로 '매노스피어'나 '레드필'에 익숙하지 않은 많은 남성들이 어려워하는 개념으로 알파(Alpha)와 베타(Beta)가 있다. 《합리적 남성》 1권에서 이 두 가지 유형의 남성의 특징을 설명하는 데 많은 지면을 할애했다. 그러나 예상대로 남성 독자들은 혼란스러운 반응을 보이거나, 오히려 남자들의 남성성에 대한 열등감을 자극하는 경우가 많았다. 중요하지만 추상적인 개념을 이해하기 위해 건설적인 토론을 해야 하는데, 남자들이 감정적으로 받아들일 수 있는 방식으로만 '알파'와 '베타'의 뜻을 정하려고 소모적인 언쟁을 벌이기도 했다.

이 책에서는 '알파', '베타'처럼 난해하게 느껴질 수 있는 용어들을 순전히 추상적인 개념을 설명하기 위한 도구로 사용한다. 매노스피어에서 사용하는 용어나 단어는 최대한 사용을 지양하려고 노력했다. 그러나 남녀 관계 속 다양한 역학을 설명하기 위해 특정 용어들을 사용했고, 이를 통해 중요한 개념들을 근본적인 차원에서 더 효과적으로 전달하려고 했다. 특히 이번 책에서는 여성이 나이를 먹으며 성숙하는 과정에서 여성이 남성을 어떤 대상으로 인식하는지 설명하기 위해 사용된다.

따라서 이러한 용어들을 처음 접하는 독자는 《합리적 남성》 1권을 참고하여, 더 정확한 용어의 정의를 찾아보기를 간곡히 부탁드린다. 이번 책에서는 독자들이 1권에서 제시한 개념과 용어에 익숙하다고 가정한다. 이 책은 1권의 핵심 개념들을 토대로 전개하는 후속편이라고 생각해 주길 바란다.

이 책은 왜 쓰였는가?

2014년 3월 중순, 나는 합리적 남성 블로그에 '예방 의학(Preventive Medicine)'이라는 제목의 연속 기고문을 게시했다. 독자들에게 일생에 걸쳐, 인생 트랙 위 다양한 시기(stage, 이 책에선 '시기', '구간', '단계' 등으로 번역하였음-감수)를 거치는 여성에게 예측할 수 있는 것들을 시간순으로 정리했다. 이 시리즈는 2010년 샤토 하티스트(Chateau Heartiste)가 자신의 블로그에 게시한 '여성 연령대별 게임(이 책에서 '게임'이란 여성 유혹 전술, 전략, 기술을 총칭-옮긴이)의 난이도(The Difficulty Of Gaming Women By Age Bracket)'라는 제목의 글에서 영감을 받았다.

이 글에서 로이시(Roissy, 미국의 전설적인 픽업 아티스-옮긴이)는 여성의 일생 속 특정 시기마다 남자들이 어떻게 게임을 응용할지, 픽업 기술을 분석했다. 서구권 여성, 또는 서구화된 문화권 여성들에게 나이대별로 무엇을 기대하고 예상할 수 있는지 이해하고, 이런 내용을 남성들이 효과적으로 응용하기 위한 전략을 설명했다.

나는 그 글을 읽고 나서 즐겨찾기에 저장해 두었다. 중요한 주제라고 생각해서 내 블로그에서 언급하기도 했다. 그러나 로이시의 글을 몇 번 반복해서 읽었는데도 불구하고, 처음에는 (남성과 상호작용하는) 여성의 남자 취향과 행동이 시간이 흐르면서 어떻게 비교적 예측할 수 있는 경향성을 드러내는지 잘 이해하지 못했다. 픽업 아티스트(PUA)들은 섹스하는 여성의 머릿수(lay count)를 늘리는데 관심이 많다. 이런 PUA들이 나이, 문화, 사회경제적 지위와 같은 요소를 토대로, 그 나이대 여성에게 무엇을 기대할 수 있는지 이해할 수 있다면, 우리도 유혹하고 싶은 여성을 제대로 파악하고, 그에 따른 접근 전략을 달리 취할 수 있고, 이는 분명 남녀관계에 도움이 된다.

여자 문제로 조언을 구하는 다양한 남성들을 대상으로 상담을 진행하면서, 샤토 하티스트의 글을 수시로 참조하다 보니 문득 무언가 깨닫기 시작했다. 언제나 그렇듯이 남성들이 내게 표현하는 가장 흔한 감정은 '후회' (이 표현이 정확하다면) 또는 이와 유사한 감정이다. 그들은 나의 책 《합리적 남성》과 블로그에 게시한 내용을 더 젊었을 때 알았다면 좋았을 거라며 아쉬움을 드러낸다. 그랬다면 여자와 관계에서 자신을 약자의 위치에 놓거나, 여생 동안 남자 인생에 영향을 미치는 잘못된 결정을 피할 수 있었다고 생각한다. 대부분 남성들은 현재 자신이 처한 상황과 관련해서 얼마나 후회가 막심한지, 또는 레드필 진실이 얼마나 그들에게 충격적이고 유감스러운 감정을 불러일으키는지 체험한다.

그러던 중 '인생의 특정 시기를 거치는 여성에게 기대할 수 있는 것'에 대해 보다 자세히 설명하는 자료가 필요할 것 같다는 생각이 들었다. 그리고 이 아이디어는 4부작으로 구성된 '예방의학' 시리즈로 발전했다. 그 결과 여성을 생애 주기의 관점에서 이해하고자 하는, 단순한 연속 기고문 이상의 결과물을 안겨주었다.

하지만 온라인 독자들에게 구체적인 내용을 다 설명하자니 내용이 너무 방대했다. 특히 독자들의 집중력이 흐트러지는 문제가 발생했다. 작가 입장에서 가장 큰 어려움은 요즘 독자들의 특징인 '너무 길어서 읽지 않았다'(too long; didn't read)는 'tl;dr' 현상(한국의 '3줄 요약 세대'와 비슷한 개념-옮긴이)이라고 생각한다.

작성자가 공들여 타이핑한 장문의 댓글은 철학적 깨달음이 숨겨져 있는 보석일 수도 있다. 그러나 너무 길면 사람들이 안 읽을지도 모른다. 따라서 댓글 작성자는 마지막에 이를 쉽게 이해할 수 있는 정보로 요약하여, 인터넷 독자의 주의력 결핍 문제를 해결한다. 마찬가지로 독자들에게 한 번에 너무 많은 정보를 퍼붓지 않으려면, 네 개의 게시물로 나누어 (여전히 짧지는 않지만) '흥미 있을 만한 주제' 별로 다루는 것이 가장 좋은 방법이라고 생각했다.

이 시리즈에 대한 독자들의 반응은 기대 이상으로 뜨거웠다. 댓글마다 통찰이 가득했다고 표현해도 과언이 아니다. 댓글마다 내용을 보강할 수 있는 여러 남자 독자들의 다양한 의견이 제시되었다. 독자들은 각 성숙 단계에 있는 여성들을 이해하는 데 필수로 여겨지는 요소들, 각 시기를 거치는 여성에게 남성들이 예측할 수 있는 것들에 관해 이야기했다.

이처럼 여러 연령대의 남성들은 자기 경험을 댓글로 공유하면서, 특정 나이대 여성에게 예상할 수 있는 것들을 동료 남성들과 함께 나누고 토론하며 서로에게 도움을 주었다. 예를 들어 어떤 18세 남학생은 고등학교 졸업 후 이별을 겪는 과정에서 본인의 적성과 맞는 대학에 입학해야 하는지, 아니면 여자친구와 관계를 유지(또는 재회)하기 위해 '소울 메이트'인 여자친구를 따라 진학해야 할지 고민이라고 말하기도 했다.

60대 중반의 남성들이 이혼에 이르게 된 상황에 관해 설명하기도 했다. 그들은 이혼 과정에서 발생하는 난관, 그리고 다시는 연애를 하지 못할 거라고 생각했던 순간에 뜻밖에 나타난 연상 또는 연하의 여성과 데이트했던 경험을 공유했다.

'예방의학' 시리즈의 두 번째 글이 게시된 후, 단골 독자이자 기독교계 매노스피어 블로거인 도날 그레임(Donalgraeme)은 이런 댓글을 달았다.

"요즘 젊은 여자들이 성장하고 자라나는 방식과 그러한 환경을 구성하는 다양한 사회 구조 및 관습을 떠올려 보면 그저 놀랍다. 각 시기마다 수많은 단체, 기타 여자들을 떠받드는 것들이 등장해서 여자들에게 영향을 미친다. 각각의 단계마다 여자를 지지하는 조직과 기관들이 존재한다. 사실 '여성 인생 경로'의 특정 시기마다 등장하는 이런 요소들을 그래프로 그려서 전체적인 지도를 만드는 것도 좋은 생각인 것 같다. 십대 소녀들이 보는 하이틴 잡지와 디즈니 채널부터 중년 여자들이 즐겨보는 연예인 가십 잡지까지, 그것들은 아주 다양하다."

이러한 아이디어가 씨앗이 되어 지금 여러분이 손에 들고 있는 책으로 발전한 것이다. 이를 염두에 두고 여성들이 특정 시절마다 처하는 상황과 입장을 잘 이해하고, 남자들이 이 정보를 각자 상황에서 적용하는 방법을 개발하는 데 도움이 되고자 한다. 이를 위해 여성의 전체 인생 타임라인을 구획별로 쪼개서 최대한 자세히 설명했다.

또한 각 단계(시기)마다 여성에게 영향을 미칠 수 있는 외부 변수 및 개인 차원의 상황을 자세히 설명하기 위해 최대한 노력했다. 물론 모든 경우의 수를 완벽하게 설명할 수 없다. 대신 단계마다 여성들이 내리는 흔한 선택과 그 선택에 따른 결과가 뒤따라오는 단계에 어떤 영향을 미치는지 살펴본다. 이를 통해 남자가 그러한 선택을 내린 여자와 관계를 맺을 때, 일어날 만한 사태에 대비하거나 또는 나쁜 선택을 완전히 피할 수 있는 방법이 무엇인지 다루려고 한다.

이 책에서 다루는 여성의 타임라인 그래프는 각 단계별로 여자들에게 영향을 미치는 사회적 통념을 참고하지 않으면 안 된다. 이러한 사회적 통념들이 어떤 식으로 여성들을 보호하거나, 여성의 선택에 따른 책임을 받아들이게 하거나 또는 벗어나게 하는지 살펴본다. 이를 위해 여성의 성숙 단계마다 남성들이 직면할 가장 흔한 사회적 통념들을 정리했다.

더 나아가기 전에 다시 한 번 강조하고 싶다. 내가 만든 타임라인 그래프는 모든 경우의 수를 담지 않는다. 내가 여성의 성숙 과정 속 다양한 측면들을 전부 다룰 수 있을 정도로, 모든 걸 포괄하는 능력을 갖춘 건 아니다. 다만 나의 경험 및 블로그를 통해 만난 남성들의 경험을 바탕으로 최대한 근사치에 가까운 정보를 제시하고자 한다.

1권과 마찬가지로 내 역할은 그저 단서들을, 다시 말해 점들을 연결하는 것에 불과하다. 여기서 더 큰 그림을 보는 것은 독자들의 몫이다.

여러분이 '여성의 타임라인 그래프'를 자신의 연애 경험과 비교해 보고, 각 단계에 대한 내 설명에 동의하지 않을 수 있다. 또 독자의 나이에 따라 책에 소개된 어떤 단계들은 본인의 현재 상황과 당장은 거리가 멀어 보일 수 있지만, 언젠가는 본인에게 해당하는 날이 올 것이다.

남성 독자들은 각 단계에 대한 내 설명에 고개를 끄덕일 수도 있고 아닐 수도 있다. 다만 나는 이 책을 통해 남성들에게 여성이 나이가 들면서 거쳐가는 단계별로 예측할 수 있는 일들을 알려주고, 그런 예측을 하는 근거, 그리고 이에 대한 남자들의 대비책을 알려주고자 한다.

이 책을 읽는 방법

《합리적 남성》 1권의 서문에서 내가 블로그에 10년 넘게 쓴 글들을 아들에게 읽혀야 한다고 생각하는 재키라는 여성 독자를 언급한적이 있다. 재키는 아들이 페미니즘의 영향을 받아, 남자 인생에 해가 되는 결정을 내리는 것을 예방하는데 내 글이 도움이 되기를 바란다고 말했다.

2권을 쓴 의도도 이와 비슷하다. 이번엔 여성들이 인생을 살아가며 시절마다 겪는 상황을 좀 더 포괄적으로 설명하려고 한다. 그래서 남성들이 근미래에 여자 문제와 관련해서 나쁜 결정을 내리는 것을 피하고, 지금 사귀고 있는 여자친구가 과거부터 겪어온 일련의 경험을 남성들이 이해하는 데 도움을 주고자 했다.

이 책의 목적은 여러분과 현재 관계를 맺는 여성이 타임라인의 어느 시점에 있든, 교제 중인 여성(또는 교제할 여성)이 처한 현실을 이해하고, 다가올 미래에 여성이 어떻게 행동할지 더 잘 예측하는데 데 도움을 주는 것이다.

타임라인 그래프 (42쪽 참고)

이 책에서 가장 주목할 것은 여성의 성숙 단계를 시각적으로 파악할 수 있도록 만든 타임라인 그래프다. 나는 이 타임라인 따라가면서 여성이 처한 환경의 변화, 위기, 개인적 깨달음(그게 자기 합리화든 진짜 통찰이든), 여자들이 일반적으로 겪는 심리적, 신념의 변화가 가장 두드러지는 시기를 자세히 다루었다.

또한 여성이 각 시기별로 남성을 고르는 우선순위가 바뀔 때마다 그래프 위에 세부 구간(sub-periods)을 추가로 설정했다. 이를 통해 타임라인의 특정 시기에 도달한 여자에게 남자들이 가장 잘 어필할 수 있는 방법을 찾아낼 수 있다. 나는 이 소구간들을 특정 단계마다 여성이 내리는 선택의 방식과 이유를 설명하기 위해서 추가했.

타임라인은 크게 청소년기 후반부터 성인기 초반까지 한 구간, 20대 초반부터 30대 초반까지 한 구간, 그리고 중년기와 노년기 등 크게 네 개의 구간으로 나누어진다.

독자들은 당연히 여자인 경우 지금 본인, 남자인 경우엔 본인의 여자 친구(또는 아내)에게 해당하는 부분으로 바로 책장을 넘기고 싶을 것이다. 그러나 각 장을 순서대로 읽는 것을 강력히 추천한다. 여러분이 개인적으로 마주한 여자 문제를 이해하는 일, 그리고 여러분이 어째서 인생의 초반부 또는 후반부에 연애 사업이 재미있어지는지 이해하는 길은 여성이 성숙하는 과정에서 겪는 경험의 전체적인 그림을 이해하는 데서 시작되기 때문이다.

나중에 본인에게 해당하는 부분으로 돌아가서 다시 읽는 한이 있어도, 우선은 큰 그림을 이해하자. 그런 다음 개인적으로 궁금한 부분을 다시 한번 자세히 읽어보는 것이 좋다.

연애 시장 가치 그래프 (The Sexual Market Value Graph, 44쪽 참고)

타임라인 그래프의 패턴은 그 유명한 연애 시장 가치 (Sexual Market Value, SMV) 그래프에서도 동일하게 드러난다. 일반화된 경향을 드러내는 이 그래프는 《합리적 남성》 1권의 '연애 시장 탐색하기(Navigating the Sexual Market Place)'편에서 이미 소개한 바 있다. 여성의 한평생에 걸친 타임라인 중 특정 시점을 설명하기 위해 이 그래프를 참고했기 때문에, 독자의 편의를 위해 2권에도 포함했다. 만약 1권에서 이 부분을 읽지 않았다면 원활한 이해를 위해 반드시 1권의 해당 부분을 찾아서 읽어보길 바란다.

사회적 통념 (Social Conventions)

여성의 각 성숙 단계별 핵심 내용을 설명한 뒤, 여성 중심적인 사회 질서에 의해 확립된, 가장 널리 퍼진 사회적 통념들을 소개할 것이다. 이런 통념들은 각 단계에서 여자들이 겪는 경험과 여자들의 선택을 합리화하거나 용인하고 변호하는 역할을 한다. 동시에 사회적 통념은 여성 우선주의를 남자들이 수용하도록 길들이는 주된 수단이다.

단계마다 고유한 사회적 통념과 관습이 여자의 인생에 등장하여 영향을 미친다. 어떤 통념은 타임라인 그래프상 두 개 이상의 구간에 걸쳐 장기적으로 영향을 미치기도 한다. 또한 특정 통념과 관습은 이전 단계에서 여자가 내렸던 선택과 그 귀결에 영향을 미치기도 한다. 또 여자들이 다른 사회적 관습을 따를지 말지, 그 가능성에도 영향을 미칠 수 있다.

당연한 이야기지만, 우리는 이러한 사회적 통념 및 관습의 영향으로 인해 발생할 수 있는 모든 경우의 수를 설명할 수 없다. 우리의 목표는 전반적인 경향성을 파악하는 것이다. 남자들이 포괄적인 그림을 이해한다면, 이러한 통념들이 여성에게 미치는 영향과 특정 단계를 거치는 여성이 처한 상황을 만들어낸 사회 구조를 더 잘 파악할 수 있다.

예외(Outlier)

최대한 다양한 경우의 수를 설명하기 위해 단계마다 예외 사례 및 참고 사항을 추가했다. 주로 여성이 겪을 수 있는 특수한(개인적인) 상황을 설명한다. 여성은 여러 가지 이유로 각 성숙 단계에 해당하는 일반적인 경향성을 따르지 않을(못할) 수 있다.

물론 아웃라이어에 해당하는 여성들이 존재한다고 해서, 여성의 성숙 단계의 전반적인 큰 흐름이 바뀌는 건 아니다. 다만 예외 사례에 해당하는 여성이 처한 주변 환경, 상황과 그에 따른 선택을 통해 세부적인 차원에서 변화를 줄 수는 있다.

이러한 예외 사례에 해당하는 여성들은 특수한 상황 속에서 내린 결정과 그에 따른 결과를 여성 본인이 수용하고 (때로는 남성의 개입을 통해) 인정하거나, 또는 스스로 내린 선택을 정당화 해주는 사회적 통념을 만들어내거나, 통념을 바꾸려고 한다.

2부: 보충챕터

1부에서 다루는 타임라인 그래프에 대한 설명을 따라오다가, 독자들이 가질만한 의문에 미리 답변하기 위해 '2부: 보충챕터'에 에세이 몇 개를 실었다. 보충챕터에 포함된 기고문들은 원래 내 블로그에서 다루려고 했으나, 이 책에 싣는 게 더 낫다고 판단했다.

보충챕터에서는 주로 타임라인의 구간별 남녀관계 역학을 집중적으로 파헤쳐서 설명한다. 그러나 일부 보충챕터는 두 개 이상의 구간에 걸쳐서, 때로는 모든 구간을 아우르는 폭 넓은 통찰을 제공한다. 보충챕터는 타임라인 그래프를 독자들이 더 잘 이해하는 데 도움이 되도록 주의 사항 또는 유익한 통찰을 제공하는 데 그 목적이 있다.

보충챕터의 에세이는 대부분 책의 중후반부(2부)에 실렸다. 그러나 이 책은 보충챕터 에세이, '하이퍼가미 이해하기'로 시작한다. 그 이유는 남성 독자들이 여성의 성 전략을 제대로 이해하기 위해, '하이퍼가미'라는 기초 개념이 가장 중요하기 때문이다.

《합리적 남성》 1권이 그랬던 것처럼, 이 책도 여러분에게 실용적이고 의미 있는 책이 되기를 바란다. 나는 내가 점들을 연결하는 사람이라고 생각한다. 나는 그저 최선을 다해 객관적인 관찰과 그를 통해 얻은 솔직한 아이디어를 제공하려고 노력했다.

다시 한번 강조하지만 《합리적 남성》 2권은 앞으로 여러분이 마주칠 문제에 대해 최종적이고 확고한 결론을 내리지 않는다. 이 책은 모든 것을 포함하려고 애쓰기보다는 여성 인생의 각 시기별 단계들에 대해 남자들이 더 많은 대화를 나누고, 이를 통해 여성을 더 잘 이해하고자 하는 데 그 목적이 있다.

내가 쓴 모든 글이 그러하듯. 여러분은 책을 읽다가 불편한 감정이 들거나 일부 동의하지 않을 수 있다. 그러다가 나중에 시간이 지날수록, 책의 어떤 부분은 강한 공감을 불러일으키며 여러분의 과거 경험을 되돌아보게 할 것이다. 특히 여러분이 특정 구간에 도달한 여성과 연애하면서, 이러한 통찰을 더 일찍 접하지 못한 것을 후회할 수도 있다.

그래서 나는 이 책을 썼다. 나는 여러분이 화가 날 땐 화를 내길 바란다. 동의할 때는 고개를 끄덕이고 동의하지 않을 때는 고개를 흔들었으면 좋겠다. 그리고 제시된 아이디어의 타당성을 살펴보고, 이러한 지식을 과거, 현재, 미래의 여성에게 어떻게 적용할 수 있는지 생각해 보기 바란다. 또한 젊은 남자 지인이나 친척에게 이 내용이 도움이 될지 생각해 봤으면 좋겠다.

책을 한 번 읽는 것에서 끝나는 게 아니라, 이 책에 담긴 경고의 메시지를 다른 남자들과 공유하고 실제로 현실에 적용해야 '예방의학'이 진정한 의미를 갖게 된다.

사람들은 나를 인간 심리, 여성의 본성, 남녀관계 역학에 대해 경이로운 해석을 하는 능력이 있으며, 많은 여성과 섹스하고도 18년 동안 행복한 결혼 생활을 유지하는 이상적인 모델이라고 생각한다. 이는 지나친 과찬이다. 솔직히 나도 내가 그런 사람이면 좋겠지만 현실은 그렇지 않다.

나도 여러분과 마찬가지로 끊임없이 배우고 있으며, 여전히 아무것도 모른다고 생각한다. 내가 관찰한 내용은 정해진 규칙이나 절대적인 진리가 아니다. 열린 마음으로 이 책을 읽어주길 부탁드린다. 운이 좋다면 이 책을 통해 우리는 더 나은 남자(그리고 여자)가 될 수 있을 것이다.

궁금한 점이 있거나 내가 미처 생각하지 못했다고 생각되는 부분이 있으면 언제나 그랬듯 합리적 남성 블로그에 댓글을 달거나 이메일을 보내주기를 바란다.

롤로 토마시
2015년 2월

"눈이 왜 이렇게 아프죠?"
"한 번도 사용해 본 적이 없기 때문이지."

-영화 〈매트릭스〉 中

제1부

하이퍼가미 이해하기

월경 주기와 하이퍼가미

여성은 자신이 유혹할 수 있는 남자 중, 신체적으로 강한 남성의 유전자를 얻고, 부양 능력이 있는 남성의 보호 속에서 자식을 양육하기 위해 오랫동안 여러 방법론과 사회적 제도를 동원했다. 한 남자가 이 두 자질을 모두 가지고 있다면 가장 이상적이겠지만 (특히 요즘에는) 그런 남자는 거의 없기 때문에 여성은 가장 우수한 자손을 남기려는 생물학적 본능에 충실하면서도 물질적 안정을 보장받기 위해 (주어진 시대적 환경과 각자 처한 상황에 따라 달라지는) 사회적 관습과 제도를 고안해 냈다. 그런 방식으로 여성들은 여성의 성 본능인 하이퍼가미(Hypergamy, 자신보다 우월한 남성과 결혼하고 싶어 하는 욕망-옮긴이)를 충족시켰다.

몇 년 전 '여성의 파트너 선택 전략이 어떻게 지배적인 사회적 관습으로 발전했는가?'를 주제로 글을 쓴 적이 있었다. 이 글은 나중에 《합리적 남성》 1권에서 '짝짓기 일정(Schedules of Mating)'이라는 챕터에 포함되기도 했다. 이 글을 통해 여성들이 어떤 방식으로 남모르게 사회적 통념과 그에 따르는 사회적 기대를 조작하여, 사회 집단 전체가 하이퍼가미에 동조하는 분위기를 만들었는지 그 역학을 설명했다. 그 결과 이런 사회적 분위기 속에서 남자들은 여성의 성 전략인 하이퍼가미를 충족하는 사회적 관습을 따르게 되고, 여자들은 이런 관습을 합리화하고 정당화할 수 있었다.

내가 소스와브(SoSuave) 웹사이트에 이 글을 게시한 이유는 여성들이 왜 입으로는 '착하고 따뜻한 남자'가 좋다고 하면서 섹스 파트너로는 '나쁜 남자'를 선택하는지 이해하지 못하는 남자들에게 하이퍼가미의 원리를 설명하기 위해서였다. 그 설명이 꽤 괜찮다고 생각해서 약간 보완한 뒤 《합리적 남성》 1권의 앞부분에 포함한 것이다. 하지만 그 글을 쓰던 당시에도 시대에 맞게 진화해 온 하이퍼가미의 개념과 그것의 사회적 의미에 대해서 아직도 우리가 모르는 게 많다고 생각했다.

하이퍼가미의 생물학적 설명

다음은 2008년 킨제이 연구소(Kinsey Institute)의 호르몬과 두뇌의 활동에 관한 연구 논문에서 인용한 내용이다. 이 연구소의 신경과학자 헤더 루프(Heather Rupp)의 말이다.

> "여성들에게 남자들의 남성적인 얼굴과 여성적인 얼굴을 보여주었을 때, 생리 주기상 여성 호르몬이 분비되는 난포기(follicular phase)에 여성의 두뇌 활성화 부분에서 눈에 띄게 차이가 나는 영역이 있다. 바로 의사 결정과 잠재적 보상 및 위험 평가에 관여하는 전대상피질이다. 원래 이 영역은 특히 금전적으로 이득을 볼 수 있는 '리스크를 감수하는' 행위와 관련 있다고 알려져 있다. 따라서 여성이 위험하지만 동시에 보상을 줄 수 있는 남성적인 얼굴을 보았을 때, 이 부분이 활성화된다는 점은 매우 흥미롭다."

여성의 생리주기에 따라 섹스 상대로 선호하는 남성의 얼굴형이 달라진다는 연구는 킨제이 연구소 논문 말고도 다수 존재한다. 여자들이 이런 반응을 보이는 이유는 진화의 과정에서 내재된, 여성의 본능적 우선순위가 번식 과정 도중에 바뀌기 때문으로 보인다.

배란기의 여성은 테스토스테론 수치가 높을 것 같은 남성적인 얼굴을 선호한다. 이런 얼굴형은 면역체계를 훼손하는 테스토스테론을 이겨낼 만큼 남성의 신체가 건강하다는 신호이기 때문이다. 하지만 남성 호르몬이 많은 남자는 자식을 돌보지 않을 가능성이 높아서 여성에게 위험한 도박이다.

배란기가 지난 여성의 취향은 부양을 게을리하는 '나쁜 남자'에서 자식을 제대로 양육하는 남자로 바뀌는데, 진화심리학에서는 이를 '배란기 선호 변화(Ovulatory Shift)'라고 부른다.

여자가 생리주기 중 어느 시점에 이르면 보다 여성적인 얼굴을 가진 남자에게 끌린다. 이는 그런 얼굴을 가진 남자가 양육에 더욱 적극적일 가능성이 높기 때문이다.

속된 표현을 사용해서 미안하지만, 이러한 배란기 선호 변화를 매노스피어에서는 '알파는 섹스하고 베타는 돈을 댄다(Alpha Fucks and Beta Bucks)'라고 표현한다. 다시 말해 여성은 최고의 유전적 이득과 최고의 양육 능력 사이에서 적절한 균형을 찾도록 생물학적으로 프로그래밍 되어있다는 뜻이다.

매노스피어에서 이런 연구 결과는 익히 알려진 내용이다. 초기 픽업 아티스트들은 굳이 의식하지 못하더라도, 본능적으로 여자의 생리 사이클이 남자의 픽업 성공 확률에 영향을 준다는 점을 인지하고 있었다. 남자들이 여성 호르몬이 여자의 기분에 미치는 영향과 그에 따라 남자의 유혹에 넘어갈 확률을 제대로 이해한다면, 그리고 생리주기에 따라 섹스 후 여자가 어떤 식으로 합리화하는지 알게 된다면, 남자들이 여성을 유혹할 때 이 지식을 응용할 방법은 무궁무진해진다.

남자가 블루필(Blue Pill, 사회가 요구하는 남녀관계에 대한 환상을 믿고 받아들이고 사는 상태-옮긴이)임에도 불구하고, 어쩌다가 섹스할 수 있었던 이유는 여성의 배란기 사이클 도중 우연히 베타 측면의 수요가 맞아들어간 덕분이었고, 주위 여건과 환경이 우연히 잘 맞아떨어졌기 때문일 가능성이 높다. 생리주기와 만남의 장소, 그리고 타이밍이 딱 맞아떨어져서 남자가 적당히 남성적 매력을 발산해서 알파 같은 느낌을 주면 원나잇이나 단기간의 교제로 이어질 수 있다. 하지만 여성의 호르몬이 감소하기 시작하면 더 이상 여자는 같은 남자에게서 3주 전에 느꼈던 매력을 느끼지 못한다.

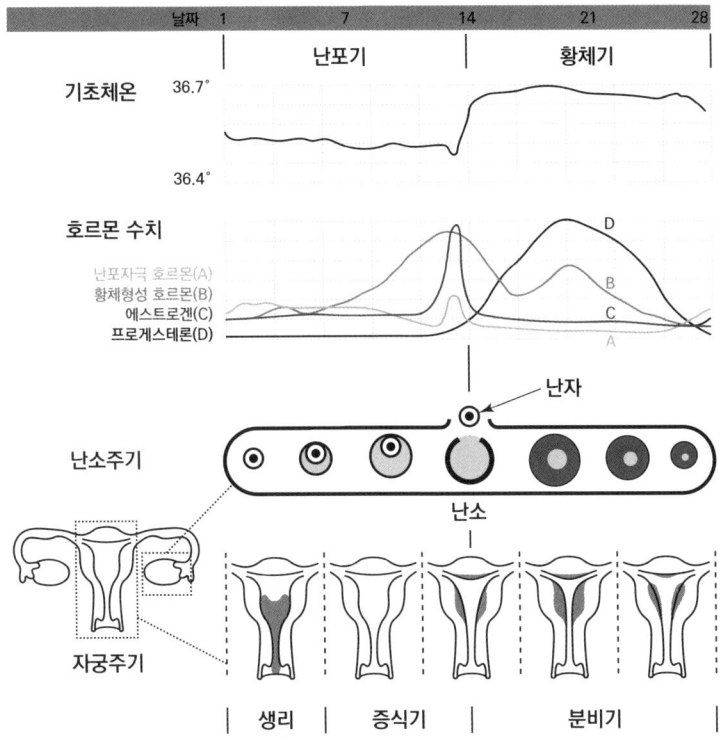

알파 단계

　게임(Game, 여자를 유혹하고 다루는 기술이나 능력-옮긴이) 관점에서 위의 그림을 보면 난포기(증식기)의 후반부, 즉 7일부터 14일 사이를 남성을 위한 '알파 단계'라고 볼 수 있다. 킨제이 보고서를 포함한 여러 연구 결과에 의하면 이 7~10일 동안 여성이 남성의 성적인 매력에 더 예민하게 반응하며, 남성이 계속해서 알파라는 인상을 남기기에 적합한 시기라고 한다. 난포기에는 여성이 조그만 성적 자극에도 잘 반응하기 때문이다.

　생리 주기상 알파 단계의 여성은 자신이 더 섹시하게 보이도록 야한 옷을 입거나 목소리 톤이 변하기도 한다. 남성의 체취가 더 매력적으로 느껴지고 근육질처럼 남성적인 특징을 보고 성적 자극을 받는다. 이런 식으로 난포기에는 여성의 생화학적 특성과 행동 패턴이 변화하므로, 여성이 만날 수 있는 가능한 '최고의 유전자'를 가진 남성과의 번식 가능성이 커진다. 내가 "여자들은 속으로는 다 문란한 존재들이며, 남자가 시기만 잘 맞추면 이 문란한 기질을 불러내 어떻게 해볼 수 있다."고 이야기하면 화를 내는 여자들이 많았다. 하지만 여자의 생리주기 중 발생하는 배란기 선호 변화 이론은 내 주장이 옳다는 것을 입증해 준다.

봄방학 파티에서 멋진 남자를 유혹해 섹스하는 여학생은 아마도 난포기에 있을 가능성이 높다. 술 몇 잔만 들어가면 바로 섹스하고 싶어지는 최적의 상태가 되는 것이다. 소위 '참한 여자(good girl)'도 예외는 아니다.

"내가 무언가에 홀렸던 것 같아. 평소랑 너무 달랐어."라는 말은 황체기에 이른 여자가 난포기에 했던 본인의 행동을 돌아보며 뱉는 말이다. 실제로 생리 주기상 나머지 21일 동안은 여성은 전혀 다른 상태에 놓여 있는 것이다.

난포기의 여성은 자기도 모르게 남성적인 매력에 끌려 본인이 가진 생식능력을 최대한 이용하려 한다. 이때는 파트너가 누구인지 크게 중요하지 않다. "빨리 해 줘. 뒤처리는 내가 알아서 할게." 이런 태도다.

여기까지 설명하면 남성들은 보통 "오 좋아, 좋은데, 여자가 지금 어떤 단계에 있는지 내가 어떻게 알죠?"라고 질문한다. 지금까지 여러분이 여자에게 그냥 무턱대고 들이대기만 했다면 당연히 모를 것이다. 하지만 여성들이 난포기에 있다는 걸 드러내는 '징후'는 일단 남자들이 관찰하려고 마음먹으면 의외로 금방 찾을 수 있다.

UCLA의 마티 하젤톤(Martie Hasselton) 박사는 배란기에 맞추어 여성의 의복이 바뀌고 목소리 톤이 낮아지는(섹시한 유혹의 목소리) 이유를 여러 연구를 통해 밝혔다. 그러나 당신이 여자를 앞에 두고 여전히 확신이 서지 않는다면 직감에 귀를 기울여 봐라. 남성은 본능적으로 여성이 배란 전 단계에 있다는 신호를 안다. 사실 다른 남자들이 자기 여자에게 추근거리는 걸 은연중 막는 현상인 '메이트 가딩(Mate Guarding)'은 배란기 남자들이 여성의 행동 신호를 무의식적으로 읽을 수 있다는 또 하나의 방증이다.

인내심을 갖고 주변 여성들의 행동, 또는 언젠가 데이트하고 싶은 여성의 행동에 더욱 주의를 기울이기를 바란다.

베타 단계

남성에게 있어 난포기가 알파 단계라면 황체기는 '베타 단계'라고 할 수 있다. 킨제이 보고서와 하젤톤 박사의 여러 연구를 종합해 볼 때, 여성은 월경 주기가 하강하는 14일 동안 남성의 베타적인 특징에 더 끌린다고 추론한다. 이 단계의 여성에게 남성의 매력이란(성적 자극이 아니라 매력이다) 편안함, 친숙함, 공감, 양육 등과 관련이 있다. 이는 여성의 장기적인 안정과 육아를 고려하여 남자를 고르려는 심리를 강화한다.

다시 강조하는데 매노스피어에서 이런 이야기는 전혀 생소한 내용이 아니다. 심지어 매노스피어 동료인 로이시조차 이런 베타 측면을 이용하는 게임법에 대해 여러 번 글을 썼다. 너무 많은 남자들이 여성에 대해 보이는 게 전부라고 믿는 '위지위그'(WYSIWYG, What You See Is What You Get) 환상을 가지고 있다. 남자들은 남성의 진정한 매력이 주로 베타 성향하고만 관련이 있다고 잘못 알고 있다.

다시 강조한다. 봄방학 파티에서 섹시한 남성과 자연스럽게 몸을 섞은 바로 그 여자와 "섹스를 하기 전에 서로 편안해야 하니까 서로를 먼저 알아가야 한다."고 주장하는 여자는 동일 인물이다. 베타 성향의 남성은 여자들의 저런 말을 액면 그대로 믿고, 쇠가 달구어져 있을 때(즉 난포기 때) 적극적으로 여자에게 대시하지 못하고 때를 놓친다. 그리고 황체기가 끝날 때 여자로부터 '그냥 친구로 지내자(Let's just be friends)'는 말을 듣고 매우 당황한다.

대부분의 베타 남성이 혼란 속에서 방황하는 이유는 베타의 '매력'과 알파가 내뿜는 '성적 자극(arousal)'이 같은 것이라고 혼동하기 때문이다. 이러한 두 요소는 여성의 이중적인 성 전략인 하이퍼가미, 즉 '알파는 씨뿌리고 베타는 필요를 충족한다(Alpha seed, Beta need)'와 일맥상통한다. 보통 여자들은 자신의 성적 욕망, 단기적 짝짓기(알파의 유전자) 전략을 어느 정도 정당화할 것인지, 장기적인 전략(베타의 안정적 공급)을 위해 알파적 욕망을 얼마나 조절할 것인지, 그 중간의 어딘가에서 타협한다.

이처럼 여성의 알파 측면과 베타 측면을 동시에 추구하는 이중적인 성 전략은 여성의 내적 갈등을 발생시키고, 이러한 특징은 생리주기가 만들어내는 생물학적 환경에 시 극명하게 드러난다.

하이퍼가미는 선천적이다

남성들이 의외로 잘 모르는 여성의 성 본능인 하이퍼가미의 특징은 다음과 같다. 사회적인 성 전략인 하이퍼가미가 사실은 생물학적 현상에 기원을 두고 있다는 것이다.

이 책에서 제시하는 타임라인 그래프를 제대로 이해하려면, 하이퍼가미라는 개념을 사회 구조(social construct)적인 개념과 헷갈리지 않는 것이 중요하다. (예: 결혼을 통한 신분 상승)

여성들은 하이퍼가미를 후천적으로 학습된 사회적 행동일 뿐이라고 진지하게, 심지어 본인들도 거짓말이라는 걸 알면서 주장한다. 이는 이중적인 하이퍼가미가 여성에게 일으키는 내적 갈등과 그에 따른 불편한 감정, 이를 합리화하려는 심리적 동기에서 비롯된 행동이다. 여러분은 "왜 나는 세상을 다 줄 것처럼 다정한 베타 남성에게는 뜨거워지지 않는데, 나에게 아무렇지도 않은 듯 무관심한 섹시한 남자와는 섹스를 못해서 안달일까?"라고 여자들이 한탄하는 것을 들어봤을 것이다.

여성 중심적인 사회 질서

사회적 역학 차원에서 하이퍼가미에 대한 뿌리 깊은 진실은 다음과 같다. 하이퍼가미는 여성의 선천적, 생물학적(호르몬), 심리적 사고회로가 제대로 작동해서 나타난 결과물이다. 이원적 섹스 전략(알파는 섹스/베타는 부양)이 가지는 근본적인 불균형은 은밀하면서도, 동시에 숨길 수 없을 정도로 대놓고 이중적이다. 여성들은 알파와 베타 두 극단 사이에 존재하는 다양한 타협 지점에서 남자들, 그리고 사회 집단과 소통을 하기 위한 심리적 능력을 발전시켰다. 이러한 진화의 목적은 자녀를 낳고 양육하려는 것이다. 만약 여성들에게 심리적 차원에서 하이퍼가미가 갖는 이중성을 합리화하는 이런 능력이 없다면, 여성은 자신의 성 전략을 효과적으로 최적화할 수 없다. (여기서 '최적화'란 알파와 베타 사이의 어딘가, 최적의 지점을 찾는 것을 의미한다-감수)

성 혁명(미국의 여성 해방 운동, 1960~1980년대)이 시작된 이래, 여자들이 세상을 여자 중심으로 돌아가도록 만드는데 동원한, 남성과 관련된 생물학적 명분은 '남성의 성향이 폭력적이고 공격적'이라는 점이다. 남성의 생물학적 성향은 남성을 잠재적으로 위험한 대상으로 만든다. 이 과정에서 남자들은 본인들이 '테스토스테론에 중독

되어 있다'는 식의 말을 귀가 아프게 들었다. 심지어 학교에서 교사들이 남자아이들이 '너무 말썽을 부린다'는 이유로 약물까지 투여해서 통제하기도 했다.

반면 여성의 하이퍼가미를 사회적 차원에서 정당화하는 생물학적 동기는 여성에게 이중적인 성적 목표를 부여하는 여성의 생물학적 (월경) 자극에 있다고 볼 수 있다. 성 혁명 운동은 여성의 생물학적인 목표를 달성하기 위해 일어난 것이고, 그 결과 오늘과 같은 여성 중심적인 사회 질서가 확립되었다.

뒤이어 나올 타임라인 그래프를 함께 살펴보면서, 여자가 각 성숙 시기마다 경험하게 되는 개인적, 사회적 변화와 이에 호응하는 여자들의 심적 동기를 파악하고 이해하는 것이 중요하다.

하이퍼가미 이해하기

이 책의 핵심인 타임라인 그래프를 다루기 전에 하이퍼가미부터 집중적으로 설명하는 이유는 하이퍼가미가 여성에게 주는 보상 및 여성에게 동기를 부여하는 방식을 남성들이 제대로 이해하는 것이 매우 중요하기 때문이다.

여성의 성숙 타임라인에서 드러나는 사회적, 개인적 차원의 현상들을 빚어내는 것은 그 시기를 거치는 여자들의 의사 결정이다. 그리고 여자들의 의사 결정에 영향을 미치는 것은 하이퍼가미다. 그리고 여자들이 내리는 일련의 선택은 그 여자와 만나는 남자에게도 영향을 미친다.

하이퍼가미의 개인적 요소와 사회적 요소가 상호 작용하면서, 여성은 일생에 걸쳐 비교적 예측할 수 있는 일련의 사건, 개인적 위기, 그리고 중대한 인생의 갈림길과 마주한다.

매노스피어에선 하이퍼가미를 단순히 '여자들이 자신이 가진 성적 자원을 최대한 활용해서 최고로 화끈한 섹스를 하려는 것' 정도로 생각하는 사람들이 많다. 그러나 이는 하이파가미를 절반만 이해한 것이다.

이원적 성 전략, 즉 알파는 섹스하고 베타는 부양한다는 원칙에 따라, 여성들이 이 두 가지 충동 사이에서 균형 맞추려고 한다는 것은 쉽게 이해할 수 있다. 1권의 '짝짓기 일정'에서 언급했듯이, 하이퍼가미는 한 남자가 여성의 이원적인 성 전략을 모두 충족시키기를 바라지만, 한 남자가 이러한 두 가지 측면을 한 번에 충족시켜 주는 경우는 잘 없다. 게다가 점점 더 많은 현대 남성들이 여성의 성 전략의 이러한 이원적 특징을 눈치채기 시작했다.

나는 여자가 자신이 가진 성적인 매력을 최대한 활용해서, 최고의 유전자를 얻고자 하는 욕구('잘생긴 아들 이론-sexy son theory' 또는 '알파 파트너 추구') 뿐만 아니라, 최고의 양육 및 정서적 투자를 추구하는 욕구('부양을 위한 투자' 또는 베타 파트너 추구)라는 양쪽 측면 사이에서, 성 전략을 최적화하려는 본능적인 동기가 있다고 본다.

그렇다면 여자에게 주어지는 일생의 숙제는 인생의 각 시절마다, 환경과 상황이 여자를 이끄는(몰아가는) 현실에 맞춰가며, 자신의 성적 자원을 최대한 활용하는 것이다. 두말할 필요도 없이 여성의 외모, 개인적 선택, 사회 분위기와 사회적 압력(출세 지상주의, 페미니즘, 종교적 신념 등) 등이 이 여자들의 '알파와 베타간의 균형을 맞추려는 시도'에 영향을 줄 것이다. 아무튼 여성의 이원적 섹스 전략 중 알파 쪽으로만 하이퍼가미를 이야기하는 것은 절반만 맞는 이야기다.

마지막으로 다룰 하이퍼가미의 특징은 다음과 같다. 진화론적 관점에서 하이퍼가미는 항상 여성 개인이 가진 매력을 현실적으로 평가한 것보다 더 나은 상대를 얻으려고 한다. 이는 알파적 욕구와 베타적 욕구 사이에서 균형을 취하는 과정에도 적용된다. 쉽게 말해 여성의 하이퍼가미 본능은 자신과 비슷한 수준의 상대를 찾는 것이 아니라, 항상 여성의 연애 시장 가치(Sexual Market Value, 이하 SMV)의 차원에서 현실적으로 기대할 수 있는 수준보다 더 나은 남성을 만나려는 동기를 가진 채, 알파와 베타, 양극단 사이의 최적화를 추구한다.

또한 (SNS가 조장한) 현대 사회의 분위기는 이런 여성들의 성향을 더욱 강화하고 (악화시키고), 여성이 삶의 특정 단계에서 자신의 가치(SMV)를 현실적이고 객관적으로 평가하지 못하도록 자아 인식을 왜곡시킨다. 여성이 안정적으로 일부일처제에 정착하고 싶다고 느끼는 남성은 자신의 SMV보다 1~2등급 높다고 여기는 남성이다.

합리적 남성 블로그에서 어떤 독자가 이런 질문을 했다.

"우리가 하이퍼가미에 대해 알게 된 것, 즉 하이퍼가미는 타고나며, 여성들이 하이퍼가미의 이중성에 대해 전혀 개의치 않는다는 것, 배란기에 알파 남성을 향해 훨씬 더 많은 추파를 던진다는 것, 내 여자가 알파남과 섹스하고 싶어 하는 욕구를 참고(정말 참는다고 가정한다면) 산다는 걸 알고 난 뒤에도, 남성은 하이퍼가미를 가진 여성과 함께 살아야 할까요?"

이에 대한 답은 한 마디로 '네, 그렇습니다'이다. 이미 남자는 수렵 채집 시대부터 여성의 하이퍼가미를 누그러뜨리기 위해 사회적, 심리적으로 진화해 왔다. 심지어 인류의 문화적, 종족 차원에서 이룬 업적의 대부분은 여성의 하이퍼가미에 대처하려는 남자들의 보이지 않는 노력의 결과물이라고 볼 수 있다.

남자들이 하이퍼가미에 대해 갖는 흔한 오해는 하이퍼가미가 외부 영향을 받지 않는다고 생각하는 것이다. 하이퍼가미는 고정된 틀이 아니다. 여성마다 하이퍼가미를 최적화할 수 있는 능력이 다르다. 여성이 자신의 SMV를 스스로 평가하고 인식하는 데 영향을 미치는 외적/내적 요소는 다양하다.

쉬운 예를 들자면, 22세의 섹시한 여학생은 44세의 이혼한 두 아이의 엄마보다 하이퍼가미를 더 잘 추구할 수 있다. 따라서 22세 여대생의 성적 충동은 알파 쪽으로 더 기울어지기 마련이다. 많은 남성들이 여성의 하이퍼가미 본능을 끊임없이 경계하고 감시해야 한다고 여기고 이에 스트레스를 받는다. 그러나 특별한 경우가 아닌 이상, 여성은 스스로 인지하는 하이퍼가미 최적화 능력의 한계에 따라 자신의 하이퍼가미 충동을 조절한다.

하이퍼가미가 여성의 자연적 본능이라고 해도 여자가 자기 멋대로 이를 최적화할 수 있는 것은 아니다. 기회가 없거나(즉, 적절한 장소나 시기에 알파 남성이 없거나), 여자가 신체적 매력이 부족하거나, 개인적 신념에 따른 자의식이 강하거나, 자존감 문제(과대하거나 부족하거나)가 있거나, 하이퍼가미를 제약하는 사회에서 자랐기 때문일 수도 있다. 이러한 외적, 내적인 조건들도 하이퍼가미와 상호작용한다.

여성의 가장 큰 어려움은 바로 이러한 외적인 한계들을 극복하면서, 동시에 내적으로 완고하게 프로그래밍된 하이퍼가미 충동과 씨름하며 적당한 수준에서 최적화해야 하는데, 어느 길을 택하든 연애 시장에서 경쟁자들을 능가하는 능력이 시간이 갈수록 떨어지게 된다. 가령 여자가 너무 일찍 결혼했다면 더 나은 남자와 결혼할 수 있었을지도 모른다는 후회를 할 수 있다. 반대로 여자가 눈이 높은 채로 고집을 부리다가 본인의 현실을 너무 늦게 인정하면, 외모, 개인적 소신, 사회적 영향 등으로 인해 결국 차선으로 고른 남자에게 안주해야 한다. 이러한 시나리오는 여성 개개인이 가진 기량과 그에 따른 한계(또는 혜택)의 틀을 크게 벗어나지 못한다.

여자친구의 하이퍼가미를 완화하기

많은 남성들이 하이퍼가미에 대해 흔히 갖는 오해는 남자가 여성의 하이퍼가미를 억누르기 위해 지속해서 신경이 곤두선 채 감시해야 한다는 발상이다. 대부분의 믹타우(MGTOW, Men Going Their Own Way) 추종자들도 어느 정도 이런 믿음을 가진다. 믹타우들은 여성의 하이퍼가미 충동을 조절하려면, 여자친구의 마음을 읽고 깜짝 이벤트 같은 것으로 감동을 주어 관계에 인위적인 조화와 균형을 이루어야 한다고 생각한다. 그러나 이들은 막상 이러한 시도가 노력 대비 효과가 미미하다고 생각하는데, 경우에 따라서는 맞는 얘기다. 하지만 믹타우들이 놓치는 점은 남녀의 관계 역학 자체에 이미 자연적인 균형이 존재한다는 것이다.

일단, 하이퍼가미는 여성이 이를 잘 활용하지 못할수록 조절하기가 훨씬 쉽다.

남자들이 여자의 하이퍼가미를 완화하는 기술은 사실 방법론을 적용하는 방식의 문제다. 우리는 여자친구에 대한 소유욕이 강한 남자를 보면 '불안정하다(insecure)'는 인상을 본능적으로 받는다. 그 이유는 무엇일까? 대놓고 여자친구를 통제하고자 하는 남자의 심리 이면에는 그 남자가 여자에게 진정한 욕망을 불러일으켜, 여자 스스로 하이퍼가미를 조절하도록 유도하는 능력이 부족하다고 보기 때문이다.

그런데도 우리는 (의식적이든 무의식적이든) 여자친구를 다른 남자로부터 지키는 방식을 통해, 여자친구의 하이퍼가미를 적절히 제어할 수 있다고 생각한다. 하이퍼가미를 완화하는 방법에는 어느 정도 적정선이라는 게 존재한다. 게임에서 다루는 다른 모든 기술과 마찬가지로 이를 대놓고 사용하면 남자가 한심해 보인다. 반면 남자가 은연중 잘 사용하면 자신감 있고 관계를 잘 주도하는 것처럼 보일 수 있다.

이 개념을 제대로 이해하려면 알파/베타의 반응 역학도 알아야 한다. 여성은 선천적 하이퍼가미 본능으로 인해 배우자에 대한 애착이 아무리 강하더라도, 수시로 파트너 남성을 떠보는 쉿 테스트(shit-test)를 하기 쉽다.

남자들은 쉿 테스트가 뭔지 설명을 들으면, 특히 이성적 사고를 좋아하는 남자들은 이를 불안한 마음으로 받아들이고 영원히 처리해야 하는 귀찮은 일로 여긴다. 그러나 대자연은 우리가 잘 알지 못하는 방식으로 이러한 시험에 대처하는 기제를 남성의 정신에 설계해 놓았다. 가끔 소심한 남자들이, 특히 여자의 잔인한 쉿 테스트를 마주하고는 아내나 여자친구에게 단호하게 '입 닥쳐!'라고 말하는 것을 본 적을 것이다. 순간적인 분노에서 나온 말이지만 사실 남자의 그런 반응이 바로 테스트를 통과하는 답이다.

물론 이런 부류의 남성들은 방금 전 자신이 여자의 쉿 테스트를 통과했다는 사실을 깨닫지 못한다. 그냥 순간 화가 나서 이성을 잃었을 뿐이고, 나중에 지나친 행동을 여자에게 진심으로 사과하기도 한다. 하지만 이런 분노 어린 반응이야말로 바로 자신이 만만한 남자가 아니라는 것을 여성 파트너에게 보여주는 방식이 될 수 있다.

메이트 가딩은 하이퍼가미를 제어하기 위한 또 다른 잠재의식 차원의 노력의 일환이다. 대부분 남성들은 배우자에게 배란기가 찾아와 낯선 알파남의 남성적인 신호에 반응하는 걸 느끼게 되면, 메이트 가딩이라 부를만한 행동을 해놓고도 자각하지 못한다. 여자의 생리주기에 따른 상태 변화는 남자의 본능에 있는 센서를 건드려 무의식적으로 메이트 가딩을 유도한다. 이는 여성의 타고난 하이퍼가미를 제어하기 위한 남성의 자연스러운 반응이다.

배란기에 나타나는 여성의 성적인 선호 변화와 그로 인한 명백한 여자의 행동 변화 때문에 남성들은 이런 신호에 민감하게 반응하도록 진화했다. 결과적으로 남자들은 자기 유전자가 아닌 2세에게 자원을 투자하는 일이 발생하지 않도록, 메이트 가딩이라는 대응 체계를 만들어 냈다.

이렇게 남자들이 진화 과정에서 습득한 여성의 월경 주기를 은연중 느끼는 감각, 그에 따른 메이트 가딩이라는 대응 전략은 여성의 하이퍼가미에 내재된 바람기를 막기 위한 일종의 안전장치인 셈이다.

나는 메이트 가딩 전략이 단순히 남자들 사이의 경쟁 스트레스에 대응하려고 진화했다기보다는 하이퍼가미의 특징인 이원성 때문에, 그리고 여자가 마음대로 바람을 피우도록 방치할 경우 남의 자식을 키우게 될 가능성을 막기 위해 진화했다고 생각한다.

만약 여자가 여러분을 알파라고 생각하고 당신의 SMV가 더 높다고 여긴다면, 여자는 배란기가 되어도 '같이 파티하러 놀러 가자'는 친구들의 말보다 알파로 인식하는 남성(부디 당신이길)에 대한 욕구가 더 강해진다. 그런 여자는 주말에 여자 친구 무리와 라스베가스에 놀러 가려고 남자친구(남편)에게 '허락'을 받는 일 따위는 하지 않을 것이다.

이론적으로는 여자가 여러분을 알파로, 다시 말해 하이퍼가미 필터에서 최고의 남자라고 인식하면 여러분을 '속이고' 싶어 하지 않을 것이므로, 여자들만의 라스베가스 여행 같은 꿈도 꾸지 않을 것이다. 이를 지나친 단순화라고 생각할지 모르겠다. 그러나 남자가 높은 등급의 예쁘고 섹시한 여자랑 데이트하기 위해 친구는 물론 가족까지 등한시하는 모습을 떠올려보면, 여자들의 이런 행동도 이해가 가능하다.

하이퍼가미를 조절하는 또 다른 방법은 여자들끼리 서로 경쟁하게 만드는 것이다. 하이퍼가미는 본질적으로 최고의 남성을 향한 경쟁을 의미한다. 연애 시장에서 가치가 높은 남성이 가진 자원은 가치가 낮은 남성들이 들이는 비용(노력)을 줄여준다. 가치가 높은 남성은 가치가 낮은 남성이 많으면 많을수록 몸값이 계단식으로 상승한다. 하이퍼가미는 동급의 남성을 추구하는 것이 아니라, 항상 자기보다 더 나은 남성을 추구한다는 점을 기억하자. 여성의 입장에서 생물학적 로또는 자신의 가치보다 더 높은 가치를 가진 남성의 유전자 및 물적, 심적 지원을 확보하는 것이다.

그러나 하이퍼가미는 그 본질적인 특징상 여성에게 '도태 효과(Culling Effect)'를 일으킨다. 여성들은 이중적 하이퍼가미를 최적화해야 하는 압박을 느끼기 시작한다. 동시에 여성의 성적인 경쟁력은 시간이 흐르면서 점차 감소한다. 그 와중에 여성끼리 무자비한 경쟁까지 더해지면 하나, 둘 경쟁에서 떨어져 나간다.

하이퍼가미 인플레이션

남자가 지나치게 베타(착하고 안전한 남성) 쪽으로 기울면, 여자는 자신의 연애 시장 내 가치와 현재 베타 남자친구와 관계를 다시 생각해 본 뒤, 새로운 남자를 찾아 나설 수 있다. 마찬가지로 요즘 신세대 여자들은 SNS 등으로 인해 자신의 성적 시장 가치를 현실적으로 인식하지 못하는데, 이런 여자들은 하이퍼가미 최적화를 통해 본인들의 '이상적인' 기준에 부합하는 남자를 만날 수 있다고 착각한다.

여성들의 지나치게 부풀려진 자아, 빈약해진 현실 감각과 이런 사회 현상에 기여하는 모든 요소는 이제 매노스피어에서 하나의 밈이 되었다. 이러한 모든 요인이 여성과 남성의 상호 역학 내 자연스러운 균형을 붕괴시키면서 이제 남성들에게도 새로운 사회적, 심리적 대응책(즉, 형식을 갖춘 게임)이 필요해졌다.

많은 남성들이 페미니즘의 부상, 즉 서구 문화의 모든 측면을 여성 친화적으로 만들려는 수 세대에 걸친 노력으로 인해, 요즘 여자들이 하이퍼가미 본능을 얼마나 자유롭게 추구하는지 이야기한다. 여성의 하이퍼가미 본능은 성 전략 충족이라는 목표 이외에 다른 것들을 '개의치 않는다 (Hypergamy doesn't care)'. 이 명제는 사실이다. 그리고 많은 남성들이 '남녀평등'이란 철 지난 미신에 제대로 대응하지 못한 대가로 고통받고 있는 것도 사실이다. 그러나 나는 세상이 여성적 중심적인 사회 코드 (Feminine Imperative)에 따라 작동하는 시대적 흐름이 꼭 우리 공동체를 암담한 곳으로 몰아넣을 거라고 생각하진 않는다.

확실히 성 혁명으로 인해 변해버린 문화, 여성이 주도하는 편리해진 피임으로 인해 사회적 영향력과 주도권이 여성 쪽으로 넘어간 것은 사실이다. 따라서 이제 남성성의 수복을 통해 다시 남녀 간의 균형을 맞춰야 할 필요성이 대두되고 있다.

인터넷과 메타 게임(남녀의 역학에서 떨어져 나와 그 역학을 관찰자 시점으로 바라보는 것, 레드필과 매노스피어의 등장을 의미-감수)의 등장으로, 이러한 균형 잡기가 시작되고 있다고 본다. 과거 조상들도 사회적으로 또 본능적으로 우리가 현대에 와서야 겨우 조금씩 이해하기 시작한 하이퍼가미 대응법을 개발해 왔다. 조상들이 개발한 방법론은 하이퍼가미를 완화하는 데 나름대로 효과가 있었다.

결국 균형은 다시 잡히게 되어 있다. 남성들이 위에 언급한 전통적인 방법론에서 발전한 새로운 방법을 찾아내거나, 가까운 미래에 여자들이 고삐 풀린 하이퍼가미가 초래한 당혹스러운 문제들과 직면하거나, 여성 중심적인 사상이 자신들의 어머니와 할머니에게 해온 거짓말과 그에 따른 대가를 여자들이 세대 차원에서 깨닫게 되는 방식일 것이다.

타임라인 그래프

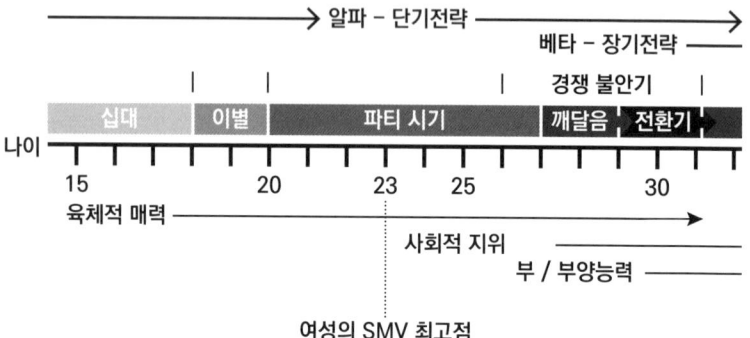

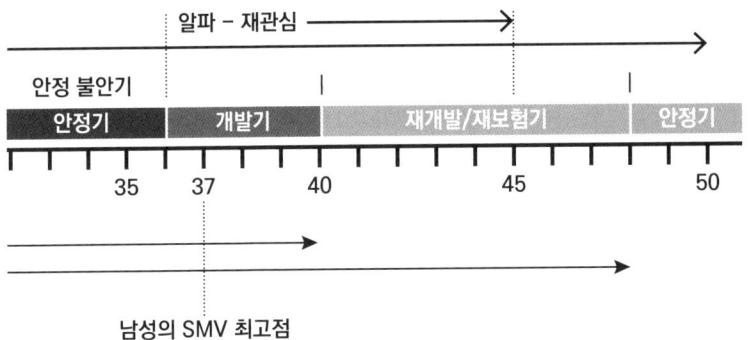

연애 시장 가치(Sexual Market Value) 그래프

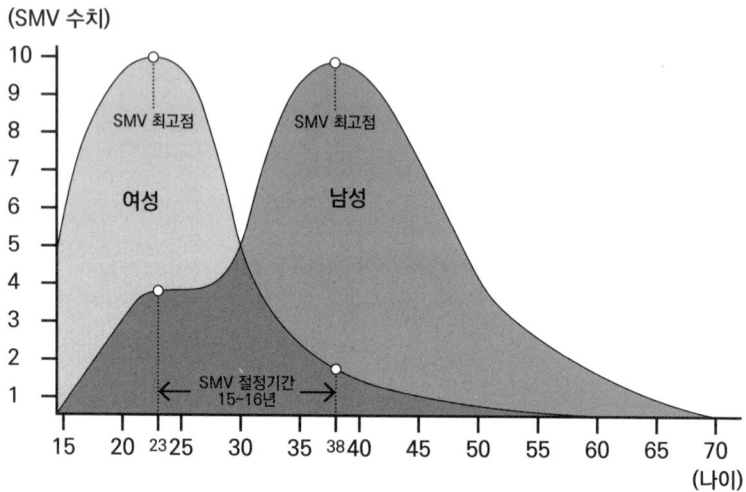

예방의학 파트1

초기 형성 단계

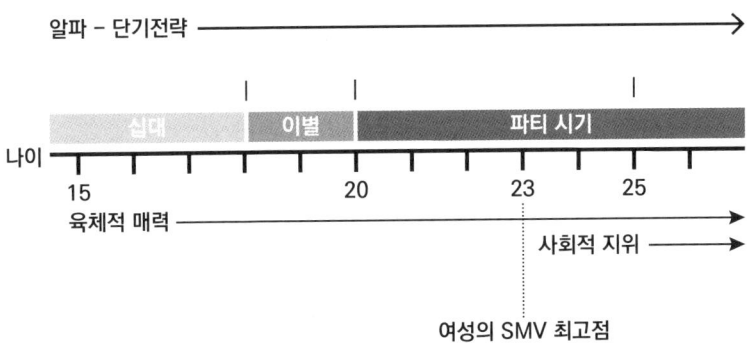

 '레드필 깨달음(Red Pill awareness)'이 우리에게 어떤 방식으로든 지속적인 영향을 미칠 거라면, 나는 그것이 현대 젊은 남성들에게 행해지는 '여성화 작업'(feminine conditioning)를 막아주는 예방 주사 역할을 하길 바란다.
 남성들이 레드필 깨달음을 얻는 것 자체가 여성 중심적인 사회 분위기는 물론, 여성의 사회적 지위 향상을 위한 제도를 만들고 유지하는데 큰 위협이 된다. 나는 '합리적 남성' 블로그의 여러 기고문을 통해 젊은 남성들을 대상으로 이러한 예방 접종을 시도했다. 그러나 정작 댓글을 남긴 남성들 대부분은 젊은 청년들이 아니라, 나이가 어느 정도 지긋하게 든 성숙한 남성들이었다. 이들은 주로 자기 경험에서 우러나온 이야기를 했다. 이들의 공통적인 반응은 내가 지난 12년 동안 주로 다루었던 주제인 '레드필', '게임' 및 남녀의 상호 간 관계 역학에 대해 좀 더 일찍 알았더라면 하는 아쉬움이다.
 처음 블로그에 '연애 시장 탐색하기(Navigating the SMP)'라는 글을 게시하고

SMV를 비교하는 그래프를 소개했을 때만 해도, 앞으로 이 그래프가 얼마나 유명해질지 몰랐다. 이 SMV 그래프(44페이지)는 비교적 현실을 잘 반영했으며, 매노스피어는 물론 그 너머의 현실 세상까지 영향을 미쳤다. 당시에는 젊은 남성들에게 남녀의 연애 시장의 가치가 생애를 따라 어떻게 달라지며, 언제 상승하고 하락하는지, 기본적인 흐름을 흥미로운 방식으로 알려주려고 했다. 이 그래프를 비롯한 여러 후속 게시글들은 현대적이고 서구화된 성 풍토에서 젊은 남성들이 남녀관계에서 일반적으로 조우할 것으로 예측할 수 있는 것들에 대해, 전체적인 윤곽을 보여주기 위해 만들어졌다.

SMV 그래프를 비판하는 사람들의 요지는 보통 다음과 같다. 비판자들은 이 그래프가 '단순히 나이 먹은 남성들이 자신의 SMV가 현실보다 높다고 스스로 확신하는 것에 지나지 않는다'며 비난한다. 그러나 정작 이 그래프가 있는 그대로 드러내는 것은 여성들이 한 평생 하이퍼가미를 최적화하기 위해 사용하는 대전략이다. 시간의 흐름을 따라가며 여성의 주된 동기와 그에 따른 행동을 추적해 보면, 여자의 인생 특정 시기 또는 인접한 앞뒤 구간마다 식별 가능한 패턴들이 분명하게 드러난다.

먼저 타임라인의 특정 구간에 이른 한 여성이 자신의 하이퍼가미를 충족할 수 있는 능력이 어느 정도 되는지 참고하면, 그 여성이 남성을 고를 때 영향을 미치는 요소가 무엇인지 더 잘 파악할 수 있다. 더 나아가 그 여성이 도달한 구간(stage)과 관련된 내용들을 사전에 숙지한다면, 남성이 게임 전략을 짤 때 최고의 효과를 보거나, 남성이 그 시기에 이른 여성을 만날 경우 어떤 일들이 벌어질지 예측할 수 있다.

매노스피어의 주요 인물인 로이시(Roissy)는 2010년에 여성의 연령대별 게임의 난이도에 관한 멋진 글을 썼다. 게임에 관심이 있는 독자라면 이 책을 읽은 후 해당 글을 참고하기 바란다(부록 참조). 타임라인 그래프에 표시된 각 구간과 그에 따른 여성의 SMV의 변동을 더 잘 이해하면, 남성들은 자신의 게임을 더 잘 다듬고, 여자와 관계에서 프레임(주도권)을 유지할 수 있다. Amused Mastery(매노스피어에서 언급되는 여유, 자신감, 유머와 신비주의를 기반으로 한 게임의 일환-감수)를 적용하고, 기타 여러 레드필을 응용한 게임의 기술을 은근히, 자신감 있게 연애에 적용하면서 좋은 결과를 기대할 수 있다. 모든 남자가 이 경지에 이르지 못하더라도, 최소한 자신에게 닥칠 수도 있는 남녀 관계에 잠재된 함정, 덫을 미리 파악할 수 있다.

하이퍼가미가 여성에게 영향을 미치는 방식에 대해 대부분의 남자들이 잘못 알고 있는 부분이 있다. 남자들은 여자가 과거 또는 현재의 성 경험을 심리적 차원에서 합리화하는 과정이 그 여자와 결혼(또는 이혼)을 고려하는 남자에게 어떻게 영향을 미치는지 잘 모른다. 알고 보면 그 여자는 인생의 특정 시기에 특정 행동을 하도록 유도하는 조건과 환경에 처해 있었고, 그 여자의 선택과 그 결과가 현재와 미래의 남녀 관계에도 영향을 미친다는 점을 남자들은 간과하거나, 은연중 알면서도 일부러 무시하는 경향이 있다.

이런 식의 여자 경험이 전무한 남자는 냉정한 관찰을 통해 여자들이 드러내는 모종의 성적 갈등이나 불편함 같은 경고 신호를 읽어내지 못한다. 그러나 레드필을 통해 관찰력을 날카롭게 다듬고 있었다면 그런 신호를 조기에 더 잘 알아챌 수 있다.

남자들끼리 서로 해주는 연애 조언을 들어보면, 대개 남자가 결혼하려고 마음먹었을 당시, 파트너 여자는 때마침 베타 남성(공급자 남성)을 찾고 있었다는 점을 결혼하려던 남자가 눈치챘어야 한다고 말한다. 여자가 어린 시절 호감을 가졌던 '나쁜 남자'에게 어필할 성적 매력이 떨어지면, 일반적으로 베타 남성이 제공하는 심리적, 물질적 안정성에 안주하려 하는데 그 타이밍(단계)에 마침 당신을 만났다는 것이다.

그러나 우리는 이런 멋진 통찰을 결혼만 하면 아내가 성적 적극성을 보이며(예전에 사귀었단 알파 남성에게 했던 것처럼) 자신에게 푹 빠질 거란 기대를 가진 채, 결혼 준비에 정신이 팔린 블루필 남성에게서도 기대할 수 있을까? 나이를 먹으면서 달라지는 여자의 심적 변화에 대해 한 번도 들어본 적도 없고, 그런 지식을 인생에 적용해 보지도 못한 남자가 지금 다가온 여자가 어떤 동기로 남자에게 정착하기로 마음먹은 건지 눈치챌 수 있을까?

이러한 점을 염두에 두고 내 설명을 듣기 바란다.

내가 만든 타임라인 그래프는 15~50세 사이의 일반적인 여자들이 한평생 하이퍼가미 본능에 어떻게 영향을 받는지, 대략적이고 일반화된 경향성을 시간순으로 보여준다.

이 유명한 그래프에 대해, '지나친 일반화'라는 비판과 '모든 여성이 그런 것은 아니다. (Not All Women Are Like That, NAWALT)'라는 주장에 대해 나는 **충분히** 반박할 준비가 됐지만, 이런 논쟁을 하기 전에 이 그래프가 순전히 대략적인 윤곽선을 그린 스케치에 불과하다는 점을 여러분이 알아주기 바란다.

당연히 여러분이 실제로 만나는 여성의 동기와 행동을 관찰할 때는 여러분이 사는 나라의 문화, 인종, 도덕성, 여성 개인의 사회경제적 지위, 주변 환경, 현재 처한 상황 같은 다양한 변수들을 고려해야 한다. 타임라인 그래프는 인생의 특정 시기(단계)에 도달한 여성의 심적 동기를 남자들이 더 잘 이해하고, 남자들이 해당 구간에 도달한 여자들이 하이퍼가미를 최적화하려고 동원하는 전략에 더 잘 대비할 수 있도록 돕는 지도인 셈이다.

십대 시기 (The Teen Phase)

SMV그래프가 15살부터 시작하는 이유는 15살이 여자가 사춘기 이후 성숙해지는 시기이자, 10대 소년들도 성에 본격적으로 눈뜨는 나이기 때문이다.

전체적인 타임라인 그래프에서 볼 수 있듯, 소녀들은 10대 소년의 매력 신호를 평가할 때 전형적인 알파 타입의 남자를 좋아한다. 10대 소녀들은 주로 남학생의 신체적 특성을 눈여겨본다. 또래 소년에게 느끼는 성적 흥분, 이러한 신체적 자극 신호는 사춘기 이후, 여성의 일생 동안 지속적인 영향을 미친다. 이 시기를 지나는 소녀들은 몸매가 좋고 인상적인 눈동자 색, 좌우 대칭형 얼굴, 헤어스타일이 잘 어울리는 '훈남(hawt guy)'에게 가장 잘 끌린다.

15~25세 사이의 젊은 여성은 파트너를 고를 때 남성의 신체적 요소를 우선으로 보고 교제한다. 따라서 상대적으로 내성적인 베타 성향의 소년이나, 어두워 보이는 창의적인 '예술가' 성향을 가진 소년이더라도, 몸매나 외모가 여자애들이 생각하는 알파의 섹시한 몸이나 잘생긴 얼굴과 일치하면 알파 남성으로 인식될 수 있다.

그 이유는 여자가 남성의 신체적 요소(물론 또래 여자들의 선호도 영향을 주지만)에 반응하는 것이 본능적이기 때문이다. 다시 말해 십 대 소녀는 다른 요소들을 매력적이라고 여길만한 인생 경험도 부족하고 그럴 필요도 느끼지 못한다. 소녀들이 남자를 고르는 기준은 남자가 얼마나 본능적인 자극을 주느냐에 달려 있다. 따라서 사춘기부터 20대 중반 청년기까지 남성의 신체적 매력이 여성에게 있어서 단기적인 성적 자극과 장기적 매력 모두에서 최우선 순위가 된다.

여자애들이 느끼는 이러한 신체적 매력(attraction)/자극(arousal) 신호는 본능적이다. 이 소녀들이 성장하면서 점차 남자의 사회적 지위나 명성 같은 외적 조건도 고려하기는 하지만, 우선순위는 여전히 남자의 신체적 매력이다. 다른 외적 요인(지위, 상남자 같은 자신감, 게임 등)은 부수적으로 도움이 되기는 하지만, 어린 소녀는 게임, 사교술 또는 개인적, 정서적 자질을 갖춘 성숙한 남성에 대한 경험 자체가 전무하기 때문에 이런 요소는 남자를 고르는 우선순위에서 신체적인 요소에 밀린다.

한 가지 보충 설명한다. 소녀들이 이런 취향을 가질 수 있는 이유는 이 시기의 소녀들이 외부의 다양한 지원을 받기 때문이다. 어린 여성에게는 스스로 인지하지 못하는 여러 물질적, 심리적 지원이 이루어진다. 이러한 지원은 가족뿐만 아니라 사회 전반에서 제공된다.

따라서 이 시기의 어린 여성은 장기적이고 안정적인 생활 같은 걸 고민하지 않는다. 청소년기 여성의 이원적 성 전략은 주로 단기적인 번식 기회, 즉 하이퍼가미의 알파적 측면을 중심으로 돌아간다. 이는 소녀나 젊은 여성의 경우 안정성에 대한 욕구가 가족, 정부 또는 자급자족을 통해 어느 정도 적절하게 해결되기 때문이다. 또한 알파 측면을 주로 추구하는 어린 여자들의 취향은 사춘기를 겪으며 발생하는 호르몬 수치 변화, 즉 '섹스에 대한 욕구', 또래 압력(반친구들이 특정 스타일의 잘생기고 몸 좋은 남성을 좋아하면 따라 좋아하는 등) 등 외적인 요소의 영향도 받는다.

한 가지 더 기억할 점은 여성이 물질적으로 안정적인 생활을 할수록 남자의 신체적 매력을 우선시하는 경향이 있다는 점이다. 그런데 가정이 안정적이지 않은 집안(아빠가 문제 있는 경우)의 사춘기 소녀는 안정적이고 긍정적이며 남성적인 아버지가 있는 집안의 소녀보다 더 일찍 육체적, 정신적인 관점에서 장기적으로 교제할 남자를 만나려고 한다.

이런 사례에 해당하는 십 대 소녀는 다소 위태로운 상황에 놓였다고 볼 수도 있다. 애초에 이런 여자들은 남자 경험이 부족한데, 가정 환경에서 긍정적인 남성 모델을 겪어보지 못했기 때문에, 어떤 남자가 장기적인 파트너로 적합한지 판단하는 능력이 떨어지기 때문이다. 그런데 이런 소녀가 또래 소년의 신체적 특성만을 매력 요소로 평가하는 오류에 빠지면 문제가 발생할 수 있다.

요약하면 10대 후반 소녀들은 남자의 외모, 체격, 신체적 능력에 가장 관심이 많다. 이 시절의 경험과 기억이 나중에 소녀가 나이를 먹으며 형성하게 되는, '남성을 고르는 기준'의 토대를 닦는다. 아무튼 10대 시기의 여자는 남자의 외모와 신체 능력을 가장 중요하게 여긴다.

깨지는 시기 (The Break Phase)

'깨지는 시기'를 10대 후반에 굳이 따로 추가한 이유는 여러 소년을 상담해 본 결과 요즘 젊은 남자애들 사이에서 이 시기에 여자친구와 깨지는(breaking) 사례가 점점 더 흔해졌기 때문이다. 그리고 이 시기에 남자가 내린 선택이 남자의 나머지 인생 전반에 영향을 미칠 정도로 중요하기 때문이다.

일반적으로 '깨지는 시기'는 남자의 여자친구가 고등학교 3학년(또는 그 직후)이 될 무렵에 발생한다. 소녀들이 10대부터 교제하기 시작한 남자친구를 대학에 진학해서도 계속 만날 것인지, 아니면 끝낼 것인지를 갈등하는 시기다. 이런 딜레마는 성인이 되고 고등학교를 졸업하면서, 그리고 집을 떠나 대학으로 진학하거나 독립하는 시기에 이르면서 발생한다.

이 시절에 소년들이 겪는 이별의 경험은 한 여자만 바라보는 해바라기 같은 마음을 가진 남자, 여자의 심적인 손길을 원하며, 남녀 평등한 관계를 추구하면 여자에게 보상받을 수 있다는 신념을 가진 여성화된 어린 베타 성향의 소년들에게 큰 좌절과 상처를 안겨준다. 내가 여기서 '깨지는 시기'를 남자들에게 강조하는 이유는 이 시기가 바로 어린 남자들이 첫사랑에게 모든 걸 바치는 이상적인 역할을 수행하기 위해, 자신의 야망을 희생할 가능성이 가장 높기 때문이다. 소년들은 자신의 희생이 결국 보상받을 것이라고 착각하고, 현 여자친구와 관계를 유지하기 위해 내린 인생의 결단이 훗날 남자의 개인적인 목표와 열정, 그리고 잠재력을 통째로 희생시킬 수도 있다는 점을 망각한다.

따라서 10대 후반이나 20대 초반의 남자들에게 다음과 같이 말해주고 싶다. 이 시기에 여자와 사귀고 있다면, 자신이 진정으로 어떤 가치를 지닌 남성인지 냉정하게 재평가해야 한다. 즉 남자 입장에서는 생애 첫 레드필 테스트가 될 가능성이 높다. 대부분의 블루필 남자는 이 시기에 처음으로 여자친구와 장거리 연애에 대한 희망을 품기도 하고, 본인의 야망 때문이 아니라 여자친구랑 헤어지지 않으려고 대학을 고르기도 한다.

소년들은 디즈니 만화에 나오는 낭만적인 관계가 가능할 거라 생각했겠지만, 대부분의 경우 이 시기를 거치는 남자들은 여자친구에게 차인다. 이런 현상은 여학생은 자신의 목표를 남자친구보다 우선하면서 선택의 폭이 넓어지지만, 남학생은 여자를 우선시하면서 선택의 폭이 좁아지기 때문이다. 만약 이게 현재 여러분이 처한 상황이라면 삶의 결정권이 바로 여러분에게 달려 있다는 걸 상기시키는 바이다. 이 시기엔 (여자친구의 개인적, 종교적 신념에 따른 절제가 없다면) 여성의 SMV가 급등하기 시작하므로, 여자들이 지금까지는 미처 깨닫지 못했던 엄청난 성적 기회가 곧 여자친구의 인생에 몰려온다는 점을 남자들이 알아야 한다.

파티 시기 (The Party Years)

20~25세 사이의 5년을 점잖게 표현해서 '파티 시기(Party Years)'라고 한다. 이 시기에 여자들은 일반적으로 SMV가 최고조에 달하는 시절(22~23세)을 경험한다. '연애 시장 탐색하기'라는 게시물에서 언급했듯, 이 시기는 여성의 인생에서 사회적, 성적 선택지가 가장 넓은 '여자의 전성기'다.

매노스피어의 여러 도덕주의자들은 이 시기의 여자들이 신체적 미모뿐만 아니라 생식력이 최고조에 달하기 때문에, 이때 결혼하고 임신해야 한다고 주장한다. 물론 이는 성 혁명이 일어나기 전에는 맞는 말이었다. 하지만 지난 60년간 사회 분위기가 변하면서 여성들이 삶에서 추구하는 우선순위가 많이 달라졌다.

파티 시기의 여성에게는 연애 시장에서의 몸값이 높을수록, 사회적, 성적, 교육적, 직업적 기회가 더 많이 주어진다. 자신의 성적 매력에 따라 사회에서 뭐든 해낼 수 있다고 느끼는 이 여자들은 그 어느 때보다 도도하고 자신감 넘치는 모습을 보인다. 결국 여성의 자아상은 자신이 지닌 능력에서 근거한다. 그러나 여성이 실제로 재능이 있거나 지능이 높더라도, 파티 시절 여성에게 부여되는 여러 기회는 그 여성의 성적인 매력이 다른 사람들(남녀 모두)에게 미치는 영향력에서 나온 것이다.

파티 시기의 여성은 고등학교 시절부터 생긴 인식, 즉 남자를 고를 때 외적, 신체적 매력이 여전히 최우선 고려 대상이다. 하지만 SMV가 최고조에 달하고 새로운 일련의 경험을 통해 성장하면서, 남성의 사회적 지위와 재력, 안정적인 생활력이 새로운 매력 요소로 부각되기 시작한다. 여성은 자신이 타고난 SMV의 효용성을 알게 되고, 장기적인 관점에서 미래의 안정성에 대한 필요성도 어느 정도 머리로 이해하기 시작한다. 동시에 자신의 성적 매력으로 얻을 수 있는 보상에 대한 이해의 폭이 넓어진다.

여자들이 보다 나이가 많은 남성과 데이트하는 것을 선호하기 시작하는 시기도 바로 이 파티 시기다. 중년의 남성도 자신의 능력과 매력에 따라, 보통 4~6년 정도인 파티 시기를 거치는 여성들과 더 많은 연애 기회를 가진다고 로이시는 말한다.

"믿기 어렵겠지만 나이 든 남성이 나이 든 여성보다는 아주 어린 이성과 잠자리를 갖는 것이 더 쉬운 경우가 많다. 이는 여성의 20~40%가 연상의 남성에게 특별한 매력을 느끼기 때문이다. 여성에게 내재한 이런 경향은 부모의 이혼이나 아버지의 부재로 인한 불우한 가정환경에서 자란 여성에게 특히 더 잘 나타난다. 미혼모 밑에서 자란 여성은 커서 문란한 성생활을 할 가능성이 매우 높다."

파티 시기를 거치는 여성의 하이퍼가미는 여전히 남성의 신체적 매력과 같은 단기적인 짝짓기 신호에 반응한다. 동시에 장기적인 관점에서 남성의 자신감과 남자다운 기질을 눈여겨보기 시작한다.

여자가 파티 시기의 후반부에 이르면, 하이퍼가미는 자신의 성적 이상에 장기적으로 부합하는(길들일 수 있는) 알파형 '나쁜 남자'를 찾게 되는데, 이러한 현상을 '타잔 효과'(Tarzan Effect: 디즈니 만화 '타잔'의 여주인공이 야생에서 자란 타잔을 길들이는 것에 비유-감수)라고 한다. 이는 여자가 한 명의 알파 남성에게서 하이퍼가미의 이중적(알파/베타) 가치 사이에서 적당한 균형을 잡으려는 시도다. 즉 여자가 알파 남성을 길들이는 경우, 주로 임신을 통해 양육과 부양이라는 베타 측면의 역할을 알파 남성이 맡도록 남자를 설득하는 방식으로, 나머지 한 쌍인 베타적 측면도 충족시키겠다는 것이다.

어느 정도 신체적 매력도 있으면서 나이를 먹은 남성(잠재력을 발현한 남성)이 여자 입장에서 매력적인 이유는 그 남자가 본인 앞가림을 할 뿐만 아니라, 추가로 다른 사람을 부양할 수 있는 능력을 갖췄기 때문이다. 여자들이 파티 시기의 후반부를 지나면, 하이퍼가미의 균형을 잡을 필요성이 갑자기 커진다. 그 결과 이 시기의 여자들은 경제적 능력이 있는 남자를 가장 많이 선호한다.

분명히 말하지만, 여자들이 더 어린 여자들과 연애 시장에서 경쟁할 수 있는 능력이 시간이 지나면서 떨어진다는 사실을 깨닫게 되면, 여자들은 남성의 신체적 매력 이외의 것들에 더 높은 우선순위를 두기 시작한다. 지위, 자신감, 영향력, 재산 및 성숙한 품성 같은 특성은 보통 사회 경험이 풍부하고 연륜이 쌓인 남성의 자질이다.

파티 시기에 등장하는 사회적 관습 및 통념

10대 후반부터 파티 시기의 초반부(20대 초반)까지의 여성에게 영향을 미치는 사회적 관습과 통념의 대부분은 어린 시절의 경험에 그 뿌리를 두고 있다. 10대 소녀의 경우 부모의 양육 방식에 따라 이러한 사회적 관습의 영향력을 덜 받거나 더 받을 수도 있다. 아무튼 대중문화와 여성 중심적인 사회 분위기가 소녀들에게 직접적이고 즉각적인 영향을 미친다.

이런 사회적 통념을 뜯어보면, 대부분 암묵적으로 여성의 우월성을 강조하면서 동시에 남성성의 긍정적 측면까지 조롱하는 식이다. 물론 베타 기질을 가진 남자들 특유의 여자를 향한 맹목적인 희생정신은 조롱의 대상에서 제외된다. 이러한 사회적 통념은 일반적으로 소년들이 소녀들을 떠받들도록 권장하는 교육 환경 속에서 주입된다. 이러한 사회적 관습과 통념들은 점점 더 노골적으로 드러나며, 당연한 것처럼 받아들여지고 있다.

여자가 10대 초반이 되면 디즈니 콘텐츠를 통해 '여성을 강하게 만들자' 프로그램을 충분히 주입 받는다. 결국 소녀는 흔하고 평범한 소년의 관심을 중요하지 않게 여기게 된다. 결국 소녀들의 관심은 성적 라이벌이 될 다른 소녀들에게 집중된다.

여자들끼리 싸움은 남자의 싸움과 완전히 다른 차원에서 벌어진다. 남자들이 신체적으로 싸우는 반면 여자들은 심리적으로 싸운다. 물론 여자들이 실제로 몸싸움하지 않는 것은 아니다. 그러나 심리적인 싸움이 주를 이루며, 특히 여자들에게 여초 집단 내에서 따돌리는 것보다 더 효과적인 싸움 방식은 없다.

여자는 유치원에 입학할 때부터 그들만의 소규모 집단, 즉 '또래 집단(peer clutches)'을 형성하는 경향을 보인다. 이런 집단은 집단 내 구성원들에 대한 보상이 점차 커지고, 영향력이 강해지면서 소속되지 않은 사람들을 배제하고 소속된 사람들을 보호한다.

이런 형태의 파벌은 고등학교 교실 내 사춘기 소녀들 패거리부터 대학을 거쳐 성인기까지 지속될 수 있다. 어떤 형태를 갖추든 이러한 여초 파벌을 관통하는 공통점, 파벌이 갖는 권력의 핵심은 사람들의 관심을 집중시키는 힘과 주변 사람들에게 미치는 영향력이다. 한 구성원이 다른 구성원을 불쾌하게 할 경우, 일반적으로 누가 세력 싸움의 승자가 되는 가는 각자에게 관심을 유지하도록 하는 여자들의 능력에 달려 있다.

　이러한 여초식 분쟁이 야기하는 최악의 결과는 집단에서 배척당하고 완전한 무관심 속에서 사라지는 것이다. 여자에게 관심이란 집단 내외 모든 곳에서 받을 수 있는 것이다. 사춘기 이후 여성에게는 이성의 관심이 가장 중요하다. 여자의 '관심을 끄는 능력'이 여초 파벌 내에서 사회적 계급을 결정한다. 소녀의 인기와 영향력은 매력에 비례하여 증가한다. 하지만 모든 소녀들이 이런 역학관계를 알고 행동하는 것은 아니다.

　집단에서 배척당한 여자 입장에서는 계속해서 많은 관심을 끌 수 있는 여자의 능력이 이제 경멸의 대상이 된다. 물론 이런 경멸의 시선도 여전히 그러한 관심을 받는 여자가 자신을 긍정적으로 보도록 하는 데 도움이 될 수 있다. 다만 이 경우에는 그 의도가 바뀐 것뿐이다. (예: 다른 소녀의 질투 대상이 되는 것을 즐긴다)

　이렇듯 여성은 개인 차원에서 또는 집단 내에서 자신의 존재를 긍정하기 위해 주변의 관심을 유도할 뿐만 아니라, 서로 싸워 이기기 위해서도 관심을 동원하려고 한다. 여성에게 육체적 싸움보다 훨씬 더 해로운 것은 외부의 관심이 주는 만족을 부정하거나, 더 나아가 관심을 끌 수 있는 다른 여성의 능력을 부정하거나, 본인이 그럴 자격을 박탈당했을 때 그 여성이 받는 심리적 타격이다.

　여기에 비언어적 의사소통(즉, 은밀한 의사소통)에 탁월한 여성의 타고난 능력까지 합쳐지면, 이런 기 싸움이 라이벌에게 피해를 줄 수 있는 잠재력은 엄청나다. 이것이 바로 여자들이 남을 뒤에서 흉보는 걸 좋아하는 이유다.

　한 여성이 다른 여성의 여성성을 공격할 때(예를 들어 '저 여자는 걸레야.') 이는 본질적으로 그 여성의 관심 끄는 능력을 공격하는 것과 마찬가지다.

　'관심'은 여자들의 세계에서 매우 중요한 키워드다. 여성이 성숙해 가는 모든 단계에 걸쳐서, 남성들이 기억해야 할 여성의 존재 방식 중 하나다. 처음 화장을 배우는 12세 소녀나 평생 화장을 해온 80세 할머니까지, 주변의 관심은 매우 중요하다.

예외

물론 어떤 환경적인 조건이나 사건 때문에 파티 시기를 포기하는 여자들도 있다. 사회경제적 상황이나 계획에 없던 임신 또는 종교적 신념 등 다양한 이유로 이 여자들은 파티 시기를 제대로 즐기지 못한 채 지나친다.

관점에 따라서는 차라리 이런 인생이 온갖 남자를 다 거치고 찾아오는 '깨달음의 시기(epiphany)'와 '전환의 시기'(transitory, 둘 다 다음 장에서 설명 예정)를 겪는 것보다 나은 것처럼 보이기도 하다. 그러나 여자가 남다른 삶을 살았다고 해서 내가 방금 위에 언급한 단계들을 아예 피해 간다는 뜻은 아니다. 이 여자들은 성숙 단계에 따르는 체험이나 태도를 다른 형태로 겪거나 드러낸다.

파티 시기를 그냥 넘겨버린 여자들은 자기 친구들이 겪은 파티 시기의 경험을 맛보지 못하도록 '방해'한 그 남자에게 분노할 수도 있다. 처음 정착했던 남자 말고 다른 남자가(의식적 차원에서) 자신의 하이퍼가미 본능을 더 잘 충족시킨다는 것을 깨닫고 분노할 수도 있다. 다음 장에서 살펴보겠지만, 이런 식의 분노는 깨달음(epiphany)과 전환(transitory)의 시기에 접어든 여성이 현재 결혼 생활에 대해 만성적인 불만(및 이혼)을 품는 원인이 되기도 한다.

이쯤에서 '깨지는 시기(breaking Phase)' 또한 남자들이 이해해야 할 중요한 개념이다. 앞서 살펴본 것처럼 깨지는 시기는 고등학교 졸업 무렵에 발생하지만, 이 시기가 꼭 10대 후반에만 국한되는 건 아니다. 대학을 졸업할 때(또는 그 직전에) 올 수도 있고, 직장이나 대학원을 시작하는 시기에도 온다. 이렇게 성인이 되고 난 후에 오는 깨지는 시기는 일반적으로 여성의 SMV가 가장 높은 시절, 즉 여자 나이 22~25세 사이에 발생한다.

또한 여자가 거쳐 가는 인생의 흐름, 상황에 따라 18세 전후, 22세 또는 23세 전후 등, 두 번 이상의 '깨지는 시기'를 경험할 수도 있다.

깨지는 시기는 고등학교 졸업, 대학 졸업, 새로운 지역으로 이사, 이직 등 인생의 주요한 변동 즈음 발생하는 경우가 많다. 일반적으로 남자들은 이런 사건이 있을 때, 여자친구와 헤어질 위기가 올 것을 예상하고 대비해야 한다.

여자들이 남자친구와 깨지는 이유는 여자를 둘러싼 환경이 변하면서, 여자의 감정에 영향을 주기 때문이다. 환경이 바뀌면서 일어나는 감정의 변화, 그 변화 속에서 현재 만나는 남자의 역할에 대한 여자의 기대와 평가도 변하기 때문이다.

이런 '깨지는 시기'와 관련하여 명심해야 할 또 다른 사항은 만약 이런 변화가 발생하면, 여자는 인생에서 일어나는 변화와 남자친구 사이에서 무엇이 더 중요한지 결정해야 한다는 것이다. 여성 중심적인 사회 분위기에서는 어린 여자들에게 개인적인 목표와 기회가 남자친구보다 더 중요하다고 가르친다. 이런 사회적 풍조는 여성의 야망을 자극하고, 사회적 차원의 '여자에게 힘 실어주기(women empowerment)' 풍조를 더 굳어지게 만들며, 여성들로 하여금 개인의 빛나는 목표를 달성할 때까지 남자를 만나거나 결혼하는 것을 미루게 한다. 게다가 이 시기의 여자는 언제나 다른 남자를 만날 수 있다. (또는 그렇다고 주변 사람들이 이야기한다)

이번 파트는 젊은 남자들이 청소년기와 청년기에 어떤 일이 생길 수 있는지 미리 깨우치게 하여, 더 나은 인생의 결정을 내릴 수 있도록 돕기 위해 쓰였다. 전체 그림을 머릿속에 그린 뒤 그에 따른 세부 계획을 세우길 바란다. 또한 남자들이 여자친구와 겪게 될 사건을 예측하고, 일련의 사건과 변화가 여자친구에게 어떤 영향을 줄 수 있는지 이해하는 데도 도움이 될 것이다.

지금 이 부분을 읽고 있는 젊은 남성들에게 해줄 수 있는 최고의 조언은 다음과 같다. 현재 여러분이 마주하고 있는 선택지와 환경이 10년 이내에 아주 크게 달라질 것이라는 점을 기억하라. 지금 당장 열망의 감정이나 로맨틱한 환상에 빠져 내린 결정이 남은 여생동안 여러분의 인생 궤적에 부정적인 영향을 미칠 수 있다는 점을 꼭 기억하길 바란다.

이런 말은 고등학교 3학년 때 아버지나 학교 진로 상담사가 하는 말처럼 들릴지 모른다. 나도 어린 시절에는 이런 이야기를 귀담아듣지 않았을 것 같기 때문에 이해는 한다. 그러나 그 어른들은 (아마도 이런 것들을 무시하도록 사회적으로 길들여져 있기 때문에) 여러분이 '백마 탄 왕자 같은 이상주의적 믿음을 가지고 있으면 여자들이 점수를 줄 거야'라는 순진한 착각에 빠지도록 교육받으면서 자랐다는 사실에 대해서는 침묵한다.

레드필이란 주제를 다룰 때, 젊은 남성들이 가장 접근하기 어려운 독자다. 왜냐하면 자신의 꿈을 희생하면서까지 여자친구를 위해 참고, 지지하고, 희생하는 것이 진정한 남자의 배려와 헌신적 태도를 보여주는 거라는 잘못된 관념을 온 사회가 젊은 남성들에게 주입했기 때문이다.

마지막으로 기억해야 할 것은 극도의 절박함이나 투철한 윤리적 신념을 가진 경우를 제외하고, 선진국 여성 대부분은 18~20세 사이에는 말 그대로 어떤 남성에게도 전념하지 못한다. 이는 어린 여자들의 머릿속에 무슨 꽃밭 같은 게 심겨 있어서, 정신이 나가서 그런 게 아니다. 말 그대로 이 여자들은 연애 시장이라는 사탕 가게에 막 들어왔고, 처음 먹어본 사탕 맛에 빠져서 도통 가게에서 나갈 생각을 하지 않기 때문이다.

이런 점을 지금 기억해 두는 것이 중요한 이유는 나중에 한참 지나서 나이 먹은 여자들이 남자들에게 이중 잣대를 들이댈 수 있기 때문이다. '남자들은 한 여자에게 헌신하는 법을 몰라' 같은 볼멘소리는 SMV가 감소하기 시작한, 나이 먹은 여자들이 정착할 만한 남자를 만나 안정적인 삶을 꾸리려고 시도할 때 자주 뱉는 말이다.

남자들은 그즈음 SMV 상승기에 접어들고, 여자들보다 뒤늦게 '사탕 가게'에 들어간다. 19세 무렵 여자가 남자들을 통해 누렸던, 상대방에게 마음을 다 줄지 말지 정하는 권력을 이제 33세가 된 남자가 갖게 된다. 따라서 이 시기 남자들은 여자에게 헌신'해야 한다'는 사회적 압력에 직면한다. 반면 또래 여자들은 자신에게 주어진 선택지 속에서 기회를 최대한 끌어모으고 붙잡아야 한다. 남녀의 입장이 180도 뒤바뀌는 것이다.

예방의학 파트2

깨달음의 시기
(The Epiphany Phase)

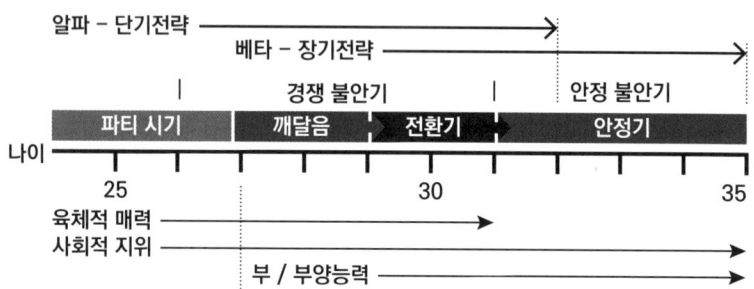

후기 파티의 시기

    파티 시기를 굳이 구체적으로 나눌 필요는 없지만, 파티 시기의 후반부 3분의 1은 따로 잘라내어 자세히 다룰 만한 가치가 있다. 이 부분이 여자들의 심리적 합리화가 시작되는 단계인 그 유명한 '깨달음의 시기(Epiphany Phase)'의 서막이기 때문이다. 온라인 데이트 사이트 인포매틱스와 같은 곳의 조사에 따르면, 여성의 SMV가 최고조에 이르는 시기를 25~26세로 보고 있다. 이런 기준은 여성 회원을 고려한 처사인 것으로 보인다. 특히 과거에는 남녀 모두 훨씬 어린 나이에 성인이 되었다는 점을 고려하면, 여성 SMV의 최고점을 25~26세로 보는 건, 나이를 너무 높게 잡았다고 생각한다.

    오늘날 대부분의 여성은 27~29세 전후로 정착하여 결혼하고 가정을 꾸리고 싶어 한다. 실제로 초혼 연령은 평균 28세다. (2013년 미국 인구조사 데이터가 이를 입증한다)

    여자들이 결혼을 미루게 만드는 주된 요인은 직업적 전성기를 누리는 여성에 대한, 대중적으로 그려낸 이상적인 이미지이다(보통 자신의 '커리어 우먼'이라고 포장한다). 여기서 중요한 건 커리어 우먼 같은 단어가 아니다. '후기 파티의 시기'에 도달한 여자와 데이트하는 남자는 다음과 같은 점을 분명히 깨달아야 한다. 파티 시기의 마지막 끝물 2년의 기간은 여자들이 남자와 장기적 관계를 절박하게 원하기 시작하는 시작점이라는 것이다.

이 시절에 선견지명이 있는 여자는 알파적인 유전자뿐만 아니라, 부양 능력, 부모로서 능력을 모두 갖춘 남자와 결혼하기 위해 최선을 다한다. 여성은 자신의 성 전략의 두 가지 측면, 즉 알파와 베타를 모두 충족시킬 수 있다고 여겨지는 남성을 만나기 위해 아직 죽지 않은 전성기의 성적 매력을 활용해야 한다는 압박감을 크게 느낀다.

"우리 무슨 사이야?"

이 시기를 거치는 여자들과 사귀는 남자들은 여자친구로부터 "우리 무슨 사이야?"라는 질문을 받거나, 가까운 시일 내에 프러포즈가 없을 경우 여자의 최후통첩(더 이상 성관계를 하지 않거나 헤어지겠다는 위협)을 자주 받는다.

여성은 일반적으로 은밀하고 간접적인 의사소통법을 선호한다. 그런데 여자들이 나이가 들면서 다른 젊은 여자와 연애 시장에서 경쟁할 수 있는 능력이 떨어지기 시작한다. 결국 이 연령대의 여자들은 경쟁 불안(competition anxiety)을 보이며, 상황에 따라서 남자들을 상대로 점점 더 직접적이고 노골적인 소통법에 의존하게 된다.

여자들이 SMV 전성기를 누리던 시절, 남성의 관심을 사로잡기 위해 하던 밀당, 어장관리, 무관심한 듯한 도도한 태도는 사라지기 시작하고, 점차 더 솔직하고 직설적인 소통법으로 바뀐다. 여자들이 이렇게 태도를 바꾸는 건 남성에게 자신을 향한 헌신과 미래의 안전을 구체적으로 보장을 받는 데 그 목적이 있다.

특히 여자들이 나이가 들면서 다른 여자와 경쟁해야 하고, 젊은 여자들에 비해 SMV가 하락하면서 발생하는 스트레스가 심해지면서, 한 남성과 관계를 굳건하게 꾸려나가야 한다는 절박함이 더욱 커진다. 이러한 절박함으로 인해 여자는 점점 더 남자와 직접적인 의사소통(남성들이 선호하는 의사소통)을 해야 할 필요성을 느끼고, 덕분에 남자는 여자의 요구와 바람을 오해할 여지가 줄어든다.

여기서 말하는 '여자들이 원하는 안정'이 경제력만 뜻하는 것은 아니라는 점을 알아야 한다. 정서적 투자, 자녀의 아버지, 물리적 안전, 특히 여자 인생에서 안정적이고 지배적이며 지도자의 역할을 하는, 자신을 이끌어줄 정신적 지주를 필요로 하는 여자의 본능적 욕구를 충족시키는 형태도 포함한다.

가장 중요한 점은 이 연령대의 여자들은 한 남성에게서 알파와 베타의 최적화된 균형점을 찾으려고 노력한다는 것이다. 물론 모든 여성이 이런 전략을 대놓고 구사하는 것은 아니다. 그러나 일반적으로 이 시기의 여성은 파티 시기 후반부야 말로 줄어들기 시작하는 자신의 성적 잔존 가치를 활용하여, 가능한 가장 최적화된 하이퍼가미를 충족할 수 있는 마지막 기회라는 것을 깨닫는다. 이는 꼭 자신의 SMV가 곧 감소하기 시작할 것이라는 것을 여자가 깨달아서 그런 게 아니라, SMV가 최고조에 도달한 어린 여성들을 상대로 자신의 경쟁력이 줄어들기 시작했다는 점을 처음으로 인정했기 때문에 가능한 일이다.

이 기간에 여성은 처음으로 알파 남성이 자신의 하이퍼가미의 베타 측면도 충족시키도록, 때로는 강압적인 수단을 동원하여 알파를 '개조(fix)'하려고 하기도 하고, 반대로 이미 헌신적인 베타 남성에게 '남성적인 기질을 보이라며(Man Up)' 베타 남자친구가 알파남이 될 수 있는지, 그 잠재력을 진지하게 재평가하기도 한다.

마지막으로 이 시기의 여성은 자기 외모와 성적 매력에 얼마나 자신감이 있는지에 따라, 즉 본인 스스로 인지하는 '남자의 관심을 끌 수 있는 능력'에 따라 저마다 심적 압박감을 다르게 느낀다. 신체적 매력을 잘 보존한 덕분에 계속해서 남성의 관심을 끌 수 있는 여자는 그런 인생을 가능한 한 오래 지속하려 할 것이다. 따라서 나이가 조금 들어도 아주 특출나게 매력적이거나 외모가 동안인 여성은 남성의 관심이 갑자기 줄어드는 어느 시기가 올 때까지 파티 기간을 더 연장할 수도 있다.

깨달음(Epiphany)의 시기와 전환기(Transitory)

28~30세 사이(아주 매력적인 여성의 경우 파티 시기가 길어지면서 이 시기가 뒤로 밀리기도 한다) 여자들은 점차 연애 시장에서 몸값이 감소한다는 사실을 깨닫게 된다. 이 시기를 '깨달음의 시기(The Epiphany Phase)라고 하는데 이때 여성들은 자신의 성적 매력이 나이의 벽(Wall)에 부딪혀 줄어들기 시작한다는 현실을 더 이상 무의식적으로 억압하거나 무시할 수 없게 된다.

남자들은 이 시기가 여자들에게 얼마나 큰 의미를 가지는지 제대로 이해해야 한다. 다시 한번 강조하지만 이 시기의 깨달음(Epiphany)이란 '여성의 SMV가 벽에 부딪혀 갑자기 폭락하기 시작했다'는 뜻이 아니라(물론 경우도 있지만), 자신이 남자의 관심을 끄는 데 있어서, SMV가 정점에 오른 더 젊고 어린 여자들과 경쟁하는 능력이 현저히 줄어들었다는 점을 있는 그대로 받아들인다는 뜻이다.

'여성이 30세가 되면 필연적으로 나이의 벽에 부딪혀 신체적 매력이 급격히 떨어지고, 하룻밤 사이에 고양이를 키우는 노처녀로 마법처럼 변한다'는 생각은 지나친 비약이다. 실제로 여자는 30대 후반과 40대에도 적절한 관리와 노력을 통해 외모와 성적 매력을 유지할 수 있으며, 실제로 그런 여자들이 많다. 하지만 이 시기를 거치는 여자들의 두드러지는 점은 자신의 외모가 더 이상 전성기 시절의 수준이 아니라는 것을 의식적으로 깨닫는다는 점이다. 또한 장기적인 남성의 헌신과 생계 안정을 확보하려고 노력하는 과정에서, 최고의 매력을 발산하는 젊은 여성들과 경쟁할 수 없다는 점을 깨닫는 것이다.

깨달음의 시기에서 우리가 기억해야 할 핵심은 여성의 매력이 감소한다는 게 아니다. 과거에 잘나가던 시절, 남자들이 먼저 여자에게 제안했던 장기적이고 안정적인 생활을 이제는 여자 쪽에서 확실히 보장받아야 한다는 욕구가 생겼다는 것, 그리고 이제 삶의 안정을 위해 연애에서 노력해야 하는 쪽은 자신이라는 사실을 깨닫는 데서 오는 여자의 불안이다.

깨달음의 시기는 여자가 지난 20대 10년을 재평가하는 묘한 시기다. 흔히 '햄스터(Hamster)'라고 불리는 여성의 심리적이고 내적인 합리화 기제가 이 시절에 맹렬하게 작동한다. 햄스터를 통해 여자들은 자신이 그동안 본인의 매력에 걸맞은 알파 남성과 결혼하지 못한 이유를 합리화하는 데 큰 노력을 기울인다. 깨달음의 시기 이전에 일찍 결혼한 여자들도 자신의 결정에 대한 극도의 불확실성('그 남자가 정말 내가 할 수 있는 최선이었을까?')을 헤쳐 나가면서, 어떤 형태로든 자기 의심이나 자기 연민과 씨름하게 된다.

'파티 시기' 후반기에 여성은 자신의 하이퍼가미의 본능을 충족시켜 주는 나쁜 알파 남자를 길들일(civilize) 수 있다는 기대를 품고, 그가 안정적인 삶의 공급자 역할을 맡도록 격려하는데, 이 시기 여자들은 시간이 가면 갈수록 이런 바람이 더 커진다.

이 시기는 또한 과거에 성관계를 맺었던 남자 중 가장 뛰어난 알파남을 정서적으로 잊지 못하는 알파 미망인(Alpha Widow, 알파남을 잊지 못하는 여자를 미망인에 비유-감수)이 가장 많이 생겨나는 때이기도 하다. 아무튼 깨달음의 시기에 이른 여자들은 삶을 '바로잡기' 위한 일련의 노력과 정서적 씨름을 본인의 심적 필요에 따라 손쉽게 해내고 합리화한다.

이 단계에 도달한 여자들의 내적, 외적 대화는 주로 자기변명, 좋게 말해 자기 교육, 그리고 자기 축하로 이루어져 있다. "대학 시절에는 조금 놀았지만 지금은 인간적으로 성장했어." 또는 "이제 나쁜 남자와는 끝났어.", "착한 남자는 다 어디 갔어?"라는 말은 이 시기 여자에게 흔히 들을 수 있는 상투적인 문구들이다.

여자들은 직간접적으로 남성들에게 본인의 이런 변화를 홍보하며, 그녀가 이제 여성스러운 여자이고, 남성에게 마땅히 주어야 할 사랑, 지조, 의존성을 받아들일 준비가 되어 있음을 넌지시 알린다. 여자들이 홍보하는 이런 여성적인 가치들은 과거 만났던 남자들이 지속해서 여자에게 달라고 요청했지만 여자 쪽에서 거부했던 것들이다.

깨달음의 시기에 여자가 겪는 일련의 사건과 심리 상태는 남자들이 겪는 '중년기 위기'와 구조적으로는 비슷해 보인다. 깨달음의 시기에 여자는 남자의 '매력'에 해당하는 요소의 우선순위를 급격하게 수정하고, 스스로 창조한 새로운 '참된 여자(do-it-right-girl)'라는 페르소나에 맞춰 자신의 행동을 바꾸는 등 변신을 시도한다.

이전에 여성을 동하게 했던 요소인 남자의 신체적 매력, 성적 능력, 알파남의 존재감 같은 것들에 대한 집착이 점차 줄어들면서 여성의 우선순위가 바뀐다. 이제는 남자의 신뢰성, 부양 능력 또는 잠재력, 유머, 지성, 유대감, 친밀감 등 남성의 내적인 자질에 더 중점을 둔다. 이러한 남성을 향한 여자들의 선호 변화는 여자가 이 시기를 거치면서 새롭게 정립한 성숙함, 깨달음, 지혜와 결을 함께 한다.

형이상학적 가치를 추구하는 여성(대부분의 여성이 이에 포함된다)이라면, 파티 시기에는 무시했거나 잊어버렸던 종교적 신념으로 되돌아가기도 한다. 어떤 여자들은 일종의 '자기 강제적 순결 주의'로 무장하기도 한다. 즉 부양 능력이 뛰어난 남자가 나타나, 지난 10년 동안 그 남자를 차버린 다른 여자들에게서 볼 수 없는 조신함을 보여주기 위해 일부러 그 남자와 성관계를 거부하는 것이다.

여자들이 이런 행동을 하는 이유는 스스로 '마침내 여성스러운 옳은 일을 하고 있다'라거나 '이번에는 제대로 새출발하겠다'고 결심했기 때문이다. 그러나 이런 변신은 여자의 장기적 안정 욕구를 '바로 그 남자'가 등장해서 채워주길 바라는 마음에 불과하다. 만약 이런 여자의 바람이 이루어지지 않으면, 여자는 자신이 저지른 과오를 용서하지 못하는 남자들을 '남자답지 못한 남자(less-than-men)'라고 비난하면 된다.

이 시기의 여성에게 남성의 외모와 신체적 특성은 여전히 여성을 흥분시키는 중요한 요소이지만, 그보단 사회적 지위가 높고 부유한 남성과 엮이고 싶은 욕구가 점차 더 커진다. 이런 여자의 우선순위 변화는 자기 행복뿐만 아니라 앞으로 태어날 자식을 부양하기 위해, 남자의 이러한 능력들이 중요하다는 것을 인식했기 때문에 가능하다. 남성의 부양 능력이 가지는 매력은 여성이 그 필요성을 절실하게 느낄수록 더 커진다는 점 역시 기억하자.

전환 단계 (The Transitioning)

여성이 전환 단계(29~31세)에 돌입하면서, 깨달음의 단계에서 남자를 향해 가졌던 매력 기준을 바꾼 것처럼, 여자 본인에 대한 SMV도 재평가한다.

여성이 하이퍼가미를 충족시켜줄 남자를 차지하는 경쟁력이 약해졌다는 사실을 인지하게 되면. 여성은 자신의 자아상을 재평가해야 한다. 그러나 이러한 재평가 자체를 여자가 거부하게 하거나, 재평가 의지를 약화하는 데 일조하는 여러 사회적 통념이 사회 곳곳에 이미 준비되어 있다.

그러나 이런 장치들에도 불구하고, 여성은 본능적으로 경쟁 불안을 인식하고 있으며, 노력이나 유전적 요인으로 인해 신체적으로 특출난 여자가 아닌 이상, SMV가 최고조에 달한 어린 여성과 연애 시장에서 경쟁할 수 없다는 사실을 잘 알고 있다. 따라서 이 시기의 여성은 외모 말고 다른 가치를 창출해야 하며, 이런 여성의 새로운 장점들을 남자들이 인정하지 않는다면, 남성성이 떨어지는 거라고 남자들을 설득해야 한다.

참고로 여자들이 연애 시장에서 자신의 가치에 대한 평가가 객관적이거나, 현실 감각이 있어서 이런 불안이 생기는 게 아니다. 다시 말해, 이러한 여성의 불안은 여성이 자기 평가에 대해 어떤 믿음을 갖고 이를 어떻게 받아들이는지, 주관적인 인식에 달려 있다.

서른 살이 되어도 아주 매력적인 여자는 평균적인 또래 여자들의 매력을 뛰어넘어 여전히 남자를 잘 끌어당길 수 있는 능력을 갖추고 있을 수 있다. 그러나 이 특출한 여자의 불안감은 자기 인식, 자신에 대한 기대치, '파티 시절'의 경험에서 얻은 교훈에서 싹튼다. 예상했겠지만 이때도 여러 사회적 통념이 등장하여, 여성의 자기 평가 과정에서 여자의 자존심이 상처받지 않도록 돕는다.

매노스피어에는 이런 말이 있다. "'남자답지 못하다'고 비난하거나, '남자들이 책임을 회피한다'고 주장하는 여자들은 대개 30대 이상이다." 젊고 어린 여자들은 보통 남성의 신체적 매력을 평가하는 것 이상의 필요를 느끼지 못하기 때문에, 저런 불만을 표현하지 않는 경향이 있다.

전환기라고 불리는 이 단계는 지금까지 안정적인 공급에 능한 남성들(보통은 베타 남성)과 관계를 오래 유지하지 못했던 여자들에게 '깨달음의 시기'가 가장 큰 영향을 미치는 때이다. 이 시절 여자들이 남성성을 걸고넘어지며, 착한 남자가 없다며 남성들에게 불만을 가진다는 것 자체가, 사실 하이퍼가미의 이중적 측면인 알파와 베타의 균형을 최적으로 맞출 수 있는 남성을 찾지 못하는, 여자 스스로의 만성적 무능력을 한탄하는 셈이다.

때로는 대부분의 여자들이 여성의 생체 시계에 대해 잘못된 인식을 가지는 바람에 여자들의 마음이 더 조급해지기도 한다. 생물학적인 관점에서 이 시기의 여성은 이미 가임기를 훨씬 지났고, 해가 갈수록 아이를 배고 출산하는 것이 점점 더 어려워진다.

이 시기 여성들이 내리는 다른 개인적인 선택과 그에 따른 영향을 살펴보는 것도 의미가 있다. 앞서 설명한 것처럼 여자가 이러한 사태가 발생하기 훨씬 전에 일찍 결혼하는 경우도 꽤 흔하다. 그러나 체험의 방식이 다를 뿐이지, '깨달음'과 '전환'의 시기가 여성에게 미치는 영향은 본질적인 측면에서 일찍 결혼한 여자들의 경우에도 어느 정도 비슷한 양상을 보인다. 결혼을 일찍 한 여자의 경우, 특히 뒤에 나오는 구간과 깊은 연관이 있기 때문에 파트 3에서 자세히 다루겠다.

깨달음의 시기, 전환 단계와 사회적 관습 및 통념

이 단계를 '전환 단계'라 부르는 이유는 간단하다. '깨달음의 시기'에서 촉발된 여성의 연애 시장 내 '경쟁 불안'이 이제 '장기적인 안정성을 확보하지 못할지도 모른다는 불안'으로 전환된다. 그러나 언제나 그랬듯 여성에게 우호적인 사회적 통념과 관습은 이런 불안이 여성의 잘못이 아니라는 식의 주장을 하면서, 여자들을 심적으로 보호한다.

가령 '남자는 강한 여성 앞에서 위기 의식을 느낀다', '남자는 연약한 자아를 가지고 있다.', '남자는 깊이가 없어서 지적으로 동등한 여자 대신 자신이 조종할 수 있는 어린 여자를 원한다.' 등 남성을 성적 수치심에 빠뜨리고 동시에 남성으로 하여금 여성의 하이퍼가미 성 전략에 협조하도록 유도하기 위한 다양한 비난이 시작된다. 이러한 사회적 통념들은 전환기 여성들이 겪게 되는 불안감을 덜어주고, 여성의 (본인의 선택에 따른)책임을 덜어주는 역할을 한다.

레드필 남성, 또는 게임에 관심이 많은 남성에게, 깨달음의 시기(Epiphany Phase)는 여성의 일평생 타임라인에서 꼭 기억해야 할 가장 중요한 시기다.

깨달음의 시기를 거치는 여성은 사실 새로운 깨달음을 얻은 게 아니라, 훨씬 더 본능적인 이유로 '새로운 시작'을 추구하는 것이다. 이를 뒷받침하는 근거로 여자들의 문란한 과거에 대해 남자들이 용서할 수밖에 없도록 유도하는 다양한 사회적 통념들이 존재한다. 앞서 언급했듯 이 시기의 여성(또는 이 시기를 거치는 어머니로서 여성)은 남자들이 한 여자에게 전념할 줄 모른다고, 가장 큰 목소리로 불평하는 사람들이다. SMV가 최고조에 달한 어린 여자들은 결혼할 만한 남자가 부족하다고 불평하지 않는다. 반면 '남자다운 남자(Man Up)'를 찾는 볼멘 소리는 깨달음의 시기에 이른 여성들의 단골 레퍼토리다.

'후기 깨달음의 시기'와 그 뒤를 잇는 '전환기'를 거치는 여성에게는 여전히 동원할 수 있는 사회적 통념들이 많지만, 여자들은 실제로 막상 30대 중반이 되고 나서야 이런 사회적 관습과 통념이 정말 유용하다는 걸 체감한다.

이러한 사회적 통념은 크게 두 가지 역할을 한다. 첫째, 하이퍼가미의 성 전략을 따르며 여자들이 내린 선택과 그 귀결에서 여성 본인의 책임을 면제시켜주는 것이다. 여성의 성 전략 관점에서, 파티 시기의 여성은 하이퍼가미의 알파의 번식 측면(Alpha Fuck)을 선호한다. 그러나 사회적 통념은 이후 찾아오는 깨달음의 시기를 마치 '여자들의 자기 찾기' 또는 '여자가 선택지를 탐색하는' 시기로 묘사하며 미화한다. 그러나 사실 깨달음의 시기를 냉정하게 설명하면, 여자들이 보통 '여자에게 썩 좋지 않은' 남자들을 고르는 나쁜 결정을 내리는 시기이기도 하다.

모든 여성이 이러한 실수를 저지르는 것은 아니다. 그러나 심지어 내성적인 여성들조차 베타 남성이 주는 편안함과 익숙함보다, 알파 남성이 주는 성적 흥분을 우선시하며, '나쁜 남자'와 정착을 시도하는 경우가 있다.

"엉뚱한 곳에서 사랑을 찾고 있었어요."
"저는 항상 결혼을 원했어요. 항상 좋은 남자를 만나 정착하고 아이를 낳고 싶었습니다. 하지만 제게는 그런 일이 일어나지 않았죠."
"저는 실수를 많이 했어요." (그 순간에는 좋은 결정처럼 보였지만 지금 생각해 보면 남들이 볼 때 나쁘게 볼만한 결정을 많이 내렸어요)
"결혼하지 않고 서른 살이 될 줄은 몰랐어요. 어쩌다 보니 이렇게 되었어요."

위 표현을 관통하는 문제의 본질은 다음과 같다. 여자들이 자신이 원하는 조건(알파)에 맞춰서 한 여자에게 전념하려는 남자를 만날 수 있다는 희망을 가진 채, 정작 알파적 매력이 넘쳐서 다른 선택지가 많은 남자를 골라 섹스한다는 것이다. 이렇게 여자가 가진 기준(알파)에 맞춰, 섹시한 남자에게 장기적인 지원을 보장받으려는 시도가 실패하면, 여자는 자신의 자존심을 지키기 위해 최대한 이 실패를 정당화할 방법을 찾아야 한다. 이 경우 여자들이 자존심을 지키는 가장 간단한 방법은 "원래 결혼하고 싶었는데 모종의 이유로 잘 안되었을 뿐이야."라고 말하는 것이다. 이것이 바로 많은 남자들이 나이 든 여성들에게 '다 지나간 철없던 과거'에 대한 이야기를 많이 듣게 되는 이유다. 하지만 정작 여자들은 알파남과 가졌던 첫 경험을 잊지 못한다. (알파 미망인)

두 번째 전략은 베타 남성의 헌신을 확보하면서, 여자가 정한 조건을 남자가 준수하도록 하는 데 도움이 된다는 점에서 첫 번째 전략과 결을 같이 한다. 여성이 원하는 장기적인 안전을 보장받으려면, 여성이 이를 확실히 보장받을 때까지 남성이 자신의 진정한 SMV(성적 가치)를 모르고 있어야 한다. 더 무서운 점은 남성이 시간이 한참 흘러 자신의 성장 잠재력이 손상되고, 이런 희생 때문에 본인의 자아실현의 길이 막힌 후에야 이 사실을 깨닫는다는 점이다.

이 과정에서 남성의 사회적 책임을 강조하는 다양한 사회적 통념이 사방에서 남성을 몰아세우며, 심지어 남성이 자발적으로 이러한 멍에를 뒤집어쓰기도 한다.

"남자는 또래의 여성과 데이트해야 한다."
"미혼모를 아내로 고려하지 않는 남자는 '비겁한' 존재다."
"남자는 아기처럼 끊임없이 인정받아야 하는 '연약한 자아'를 가지고 있다."
"남자는 '성공한' 여성에게 위협을 느낀다."

이는 몇 가지 예시에 불과하다. 이런 널리 퍼진 사회적 통념은 주로 (베타) 남성에게 사회적 책임을 환기하고, 남성의 성적 수치심을 이용하여 남성이 남성의 성 전략을 추구하며 얻을 수 있는 최대의 이익을 포기하게 하거나 타협하게 만드는, 다시 말해 남성의 '의무와 책임'을 강조하는 데 중점을 두고 있다.

성 전략의 절대 법칙 (The Cardinal Rule of Sexual Strategies)

"한 성별의 성 전략이 성공하려면 다른 쪽이 자신의 성 전략을 타협하거나 포기해야 한다."

작금의 시대에서 남자들은 위의 법칙을 정말 잘 이해해야 한다. 왜냐하면 남자들이 여자의 다급한 요구에 이끌려 남자의 미래가 걸린 중대한 결정을 성급하게 내리는 경우가 많기 때문이다. 이 중요한 순간에 등장하는 사회적 통념에 따르면, '남성의 성 전략이 여성의 성 전략(하이퍼가미)과 합치해야 한다'며, 은밀하게 남자들을 설득하려고 한다. 이러한 통념의 진짜 목적은 '하이퍼가미 최적화'라는 여성의 성 전략에 남성들이 협조하게 하는 것이고, '그것이 곧 남자의 의무'라는 식으로 남성들을 설득하는데 있다. 결국 여성의 성 전략을 달성하는 것이다.

이러한 사회적 통념의 핵심 목표는 남성이 자신의 성적 가치가 최고 수준에 올랐다는 것을 인식하기 전에, 다시 말해 남자가 여자를 고를 수 있는 자리에 오르기 전에 남자를 사전에 설득하는 것이다. 자신의 성적 가치를 자각한 남성은 여성이 하이퍼가미 실현에 위협이 되기 때문이다.

지난 60년간 성 역학과 관련한 가장 심각한 오류는 '남성과 여성이 동일한 성 전략을 채택해야 옳다'는 사고방식이다. 이런 순진한 평등주의 이데올로기는 남녀가 서로 비슷하며, 협력적인 삶의 목표를 추구하여 이를 달성하기 위해 남녀가 유사한 방법론을 사용해야 한다고 주장한다. 그러나 정작 남성과 여성이 보여주는 고유한 생물학적 우선순위는 이러한 여성 지배적인 이데올로기가 주장하는 인공적인 이론과 끊임없이 모순되며 대자연의 순리와도 충돌한다.

남성들을 여성 중심적인 성 전략에 동화시키는 첫 단계는 어린 남자들을 대상으로 여성화 작업 진행하는 것이다. 내가 '동화(assimilation)'라는 용어를 사용하는 이유는 남자들이 여성의 성 전략(보통 여자들의 입맛에 맞게 정의한다)이 보편적으로 '올바른 전략'이라고 믿도록 교육받으며 자랐기 때문이다. 그리고 남자가 조금이라도 여성의 하이퍼가미 본능 충족 시나리오에서 벗어나는 행동을 하면 남성성을 조롱받기도 하고, 최악의 경우 여성 혐오라는 비난을 받고 따돌림을 당하게 된다.

하이퍼가미는 본질적으로 좋은 유전자를 가진 남성(직접적인 혜택)과 안정적인 조건을 제공하는 남성(간접적인 혜택) 사이에서 여성의 성 선택을 최적화(그리고 선택의 시기를 최대한 연장)하는 데 초점을 맞춘다. 이것은 '알파는 섹스하고 베타는 먹여 살린다'는 개념으로 함축된다.

생물학적 관점에서 남자는 기회가 있을 때마다 끝없이 섹스를 추구하는 것이 본능적이고 정상이다. 물론 결국에는 남자도 아이가 친자식이 맞는지 확인하려는 욕구가 중요하지 않은 것은 아니다. 그러나 '부모로서 투자' 이전에 남자의 성적 충동은 다양한 성적 경험에 대한 무한한 접근을 추구한다.

남성의 성적 명령과 이를 달성하기 위해 남자가 사용하는 성 전략을 생각해 보면, 여성 중심적인 사회질서가 남성의 성 전략을 엄격하게 규제하고, 통제하기 위해 사회적 통념을 동원하는 이유를 더 잘 이해할 수 있게 된다.

예외

여성이 남성에게 장기적인 관계를 보장하도록 요구하는 방법은 무한대에 가까울 정도로 많다. 여성은 인생 주기의 두 번째 장(깨달음의 시기)에서 자신만 바라보고 살 남자를 만나지 못하는 최악의 시나리오에서 벗어날 기회를 찾아낸다. 만약 여성이 하이퍼가미의 베타 측면이 이미 충족되어서, 가령 경제적, 심리적으로 안정된 상태던가,

또는 알파적 욕망을 충족시킬 남자를 찾아낸 상태라면 여자들은 이 시기를 즐겁게 보낼 수 있다.

당연한 이야기지만, 이 책에서 다루는 여성의 연애 일대기와 패턴화된 경험들, 일반적인 궤적은 실제 개인마다 차이가 있다. 예를 들어 어떤 여자는 파티의 시기가 현저히 짧아지거나 아예 없을 수도 있다. 강한 알파 성향의 남자친구가 여자를 자신에게 푹 빠지게 만들어 깨지는 시기(Breaking Phase)가 더 뒤로 밀리기도 한다. 어떤 식이든 깨달음(Epiphany)과 전환(Transitioning)의 시기는 모든 여성이 조우하겠지만, 만족스러운 결혼을 한 여성은 이 단계가 오더라도 불안감을 덜 느낀다.

깨달음과 전환의 시기에 도달하기 전에 결혼을 하고 정착한 여성은 어쩔 수 없이 자신이 나이가 먹는 걸 인식하고 (때로는 마지못해) 그러는 동안 남편의 SMV가 최고조를 향해 나아가는 걸 지켜볼 수밖에 없다.

바로 이것이 여자들이 남자들에게 혼인신고서에 도장 찍을 때까지 여성의 성 전략에 대해 무지하게 만드는 또 다른 이유다. 남자들이 평생 이상적이고 안정적인 베타남이 되도록 꾸준히 교육받고 길든다면, 남자가 자신의 진짜 SMV를 깨닫고 눈을 뜨기 전까지는 아내에 대한 사회적 책임을 다하게 된다. 이런 책임감은 결국 아내의 장기적인 안정을 보장하는 보험 역할을 한다.

남자가 어린 나이에 한 남자에게 정착하려는 여자를 만난 경우, 훗날 그 여자가 이 책에 서술된 일련의 시기(단계)들을 거치게 된다면, 그 여자는 마음껏 젊음을 즐기지 못하고 벌써 아이까지 둔 자신의 삶을 후회할 가능성이 잠재되어 있다.

이런 여자들은 여성의 사회적 권리를 주장하는 분위기, 이런 운동을 미화하는 사회 분위기 속에서 여러 방면으로 심적 고통을 느낀다. 이 여자들은 본인에게 자기개발의 기회가 풍부하게 주어지고, 하이퍼가미를 직접 휘두를 수 있는 특별한 시대에 살고 있다는 인식에서 헤어나오지 못한다. 세상은 직업적으로, 성적으로 여성에게 무한한 기회가 열린다는 메시지를 설파하는데, 어떤 여자가 스스로를 '굴레'에 가두면서, 최고인지 아닌지 불확실한 남자와 결혼해서 쉽지 않은 삶을 살고 싶어 할까?

이런 사회적 분위기도 참기 힘든 데다가, 여사들은 매년 나이를 먹어가면서 매력이 떨어지는 와중에, 어쩔 수 없이 한 남자를 선택한 대가로 '평균 이하'의 삶을 살아가야 한다고 여긴다. 그러면서 한편으로는 싱글인 친구들의 이야기를 통해, 파티 시기를 즐겼던 독신 여성의 인생 이야기를 전해 듣고, 주류 미디어에서 끊임없이 송출하는 독신 여성의 이상화된 이미지를 접하고 분노한다.

이상적인 꿈을 안고 일찍부터 정착의 길을 선택한 여성과 결혼하거나 장기 연애하는 남자는 아내나 동거녀가 나이를 먹고 깨달음의 단계에 이르러 불만이 고조되는 모습을 지켜보게 될 수도 있다. 이때 남자가 가졌던 블루필 환상이 흔들리기 시작한다. 그 시기 와이프의 독신 여자 친구들은 전혀 다른 삶을 살고 있는 것처럼 보이는데, 와이프는 그런 친구들의 삶에 대해 남편에게 이야기하기 시작한다. 이런 여자들은 자신이 일찍 한 남자에게 정착했고, 헌신했기 '때문에' 독신 친구들의 '멋진' 라이프 스타일을 더 이상 누릴 수 없게 되었다고 생각한다.

20대의 대부분을 한 남자와 관계를 유지해온 여자는 요즘 시대엔 '예외적인 여성'이다. 또래 친구들의 20대 시절 광란의 연애 드라마, 희로애락, 자유로운 성생활에 대한 이야기를 전해 들은 이런 예외에 해당하는 여자 입장에선, 나이 서른쯤 다가온 깨달음의 시기(Epiphany Phase)는 제2의 인생을 시작할 수 있는 마지막 기회처럼 보일 수 있다. 이혼에 관한 환상을 심어주는 소설과 영화는 주로 이런 여성들을 타깃으로 삼는다. 젊었을 때 결혼한 남자가 알고 보니(남자의 그간의 헌신과 노력에도 불구하고) 베타남으로 드러나고, 이제 여자는 지금이라도 지난 10여 년 동안 친구들의 경험담을 통해 전해 들은 알파 유형의 연인을 만날 수도 있다는 희망에서 위안을 찾는다.

일반적으로 여성들은 이 깨달음과 전환의 시기에 이르러, 자기보다 어린 여성들과 성적으로 경쟁할 수 없다는 점을 깨닫는다. 그러나 동시에 이 시기가 '좋은 삶(good life)'을 선택할 수 있는 마지막 기회라고 생각한다. 독신 친구들에게 전해 들은 간접 경험과 나이 먹으면서 저절로 얻은 깨달음을 통해, 그녀는 이제 헌신적인 베타남을 '평범한 남자'이자 결코 자신을 이해하지 못할 남자로 여긴다.

그 남자를 좋아는 하지만 그렇다고 뜨겁게 사랑하는 것은 아니다. 그와 같이 있는 현실은 그 남자가 없었으면 경험했을 환상적인 성적 모험에 비하면 지루하다. 그녀는 좋은 시절을, 기회를 놓쳤다. 하지만 깨달음의 시기는 이런 여성의 환상을 충족하기 위해 모든 위험을 감수할 수 있는 마지막 기회처럼 보인다.

최후통첩에 대해 기억해야 할 것

여기서 짚고 넘어가야 할 게 하나 있다. 여성이 깨달음의 시기와 전환 단계에 도달했을 때, 남자들은 종종 여자친구에게 "나랑 결혼할 거 아니면 헤어져."라든가 "우리가 함께하려면 이 문제부터 해결해야 해."라는 식의 최후통첩을 받는 경우가 많다.

최후통첩은 자신이 원하는 것을 상대방이 이행하도록 하기 위해 직접적인 위협을 가하는 것이지만, 뒤집어 보면 통첩하는 쪽의 약한 입지를 대놓고 드러내는 것이기 때문에 자신의 무력함을 선언하는 셈이다. 여자가 정말 관계를 주도할 수 있는 위치에 있다면 남자에게 최후통첩할 필요도 없이(파티 시기에 했던 것처럼) 그냥 주어진 권력을 이용하면 된다. 상대방의 태도 변화를 끌어내는 방법에는 여러 가지가 있지만 최후통첩은 결코 상대방의 진정성 있는 변화를 끌어내지 못한다. 상대방이 행동을 바꾼다면 그것은 협박 때문에 그런 것이지, 자발적인 욕구에서 비롯된 것이 아니다.

남자가 여자의 최후통첩에 굴복하는 경우, 그 관계의 주도권은 물론 결혼을 포함한 남녀관계의 미래를 근본적인 차원에서 훼손하는 결정이라는 점을 명심해야 한다. 남자가 여자의 최후통첩에 굴복하는 것은 남자의 욕망을 협상하는 것이며, 여성에게 당신이 베타남이라는 관념을 영구적으로 각인하는 짓이다.

내 게임 철학의 주요 신조 중 하나는 '진정한 욕망은 협상할 수 없다'는 것이다. 욕망을 '거래'하는 데서 발생하는 의무감, 두려움이나 염려 따위가 없는 순수한 욕망 상태는 남녀 관계의 이상적인 토대가 된다. 교환, 협상, 의무, 상호 호혜 등 이런 순수한 욕망을 방해하는 것들은 욕망 자체를 흔들고 관계를 훼손한다. 최후통첩하든, 최후통첩에 굴복하든, 이런 행동은 파괴적인 요소들을 관계에 직접 주사하는 짓이다.

최후통첩으로 상대를 협박하는 방법으론 진정한 욕망을 끌어낼 수 없다. 그런 관계는 위협에 기반하기 때문이다. 여자는 남자가 자신의 성 전략에 순응하고 맞춰주기를 간절히 원하기 때문에, 그 길이 결코 진정한 길이 아니라는 것을 알면서도 일단 협박을 통해 남자의 결정에 영향을 미치려고 한다.

그러나 아이러니하게도 정작 여성의 하이퍼가미 본능은 남성에게서 자연스럽게 느껴지는 남성의 타고난 지배력만을 인정한다. 여성이 강세로 나지는 지배력에 굴복하는 남자는 여자 쪽에서 본능적으로 인정하지 못하기 때문에, 결국 최후통첩은 여러모로 궁극적인 해결책이 아니다.

깨달음의 시기와 베타 남성: 섹스는 최고의 남자랑만!

"내가 25살이었다면 절대 너와 사귀지 않았을 거야."

한 친구가 자신의 여자친구의 청혼을 거부하자 여자친구가 뱉은 말이다. 친구의 말에 따르면 여자친구는 '한창 잘나가던 시절'에는 보디빌더 유형의 남자에게 끌렸지만 지금은 그런 우락부락한 몸이 징그럽다고 말했다. 하지만 진실과 마주한 친구는 서글픈 기분이 들었다. 내 친구는 그동안 관계에서 주도권(프레임)을 꽤 잘 유지했지만, 여자친구가 고작 한 시간 전에 뱉은 이 말 한마디 때문에 금세 우울해졌다.

"솔직히 눈물이 나더라. 단순히 남이 먹다 남긴 찌꺼기가 내게 돌아와서 그런 게 아니야. 그 말이 남자에게 주는 충격을 여자들은 절대 이해하지 못할 거라고 생각했기 때문이야.

그리고 내가 예상한 것보다 관계를 위해 내가 더 큰 노력을 해야 한다면, 그냥 이 여자랑 끝내야 할 것 같아서 그래. 그리고 내가 이 여자를 차버리면 내 약한 정신력과 감정을 통제하지 못하고 방황할지도 모른다는 생각에 울고 싶더라고. 그리고 우리가 헤어진 뒤에도 여자친구가 이놈, 저놈 가릴 것 없이 계속 섹스하고 다닐 거라는 걸 생각하니까 눈물이 날 것 같더라. 이런 멍청한 생각을 하지 말자고 다짐해도, 나는 이미 걔와 사랑에 빠졌기 때문에 눈물이 나. 게임은 얼어 죽을."

위 내용은 남자들이 깨달음의 시기와 전환기를 통과하는 여성들과 교제하다가 겪는 가장 흔한 좌절감을 잘 보여준다. 즉 남자가 결혼 후 아내에게 기대했던 화끈한 성관계가 사실 불가능하다는 냉혹한 현실과 조우하는 것이다.

안정 단계(Security Phase)를 제대로 이해하려면, 여성의 이중적 성 전략이 창조한 여성 중심적인 사회적 분위기가 베타 남성의 사고방식에 장기적으로 미치는 영향을 제대로 이해해야 한다.

여성이 깨달음의 시기(Epiphany Phase)에 접어들면 자신의 타고난 성적 자원을 활용하여 경제력을 가진 '적절한' 남성을 잡아야 한다는 것을 본능적으로 느낀다. 대부분의 경우 이런 베타 타입 남성들은 블루필 환상에 너무 깊게 빠져서, 여자들이 이런 속마음을 무시할 수 없을 정도로 대놓고 드러내더라도 하이퍼가미에 근거한 여자들의 요구에 더 잘 응하게 된다.

여자들은 그동안 자신의 문란한 성생활의 역사를 생생히 기록하는 기술이 개발되기 전까지는 많은 남자들을 속일 수 있었다. 그러나 SNS처럼 과거가 디지털로 기록되는 기술이 더욱 보편화되고, 더 영구적이고 적극적으로 사용되면서(남성들도 이 기술을 많이 접하고 사용하면서) 과거에 저지른 명백히 '부적절한 과거(indiscretions)'를 정당화하는 작업이 여성에겐 필수 과정이 되었다.

한평생 여성 중심적인 사회 분위기의 영향을 받고 길든 베타 남성들은 앞서 본 내 친구처럼 여자의 하이퍼가미에 근거한 호구 역할을 잘 받아들인다. 그리고 남자가 사회적으로 성공하고, 인내하고, 진보적인 이데올로기가 묻은 남녀관계를 지지하고, 이러한 평등주의 신념이 마침내 열매를 맺는다면, 여자가 '온몸을 바쳐' 자신에게 충실할 것이라고 진심으로 믿는다.

문제는 이런 남자들은 너무 늦게, 대개는 여성에게 헌신하면서 시간을 보내는 사이에 자신의 전성기(최고의 SMV)가 지나가 버렸다는 사실을 깨닫고 난 후에, 자신이 오쟁이 진 호구 남편이었을 뿐만 아니라(심지어 남자가 '남자답다'고 이를 자랑스럽게 여기는 경우도 있다), 사실은 자신의 어머니, 남성성을 상실한 아버지, 여자 형제, 여자 사람 친구, 학교 선생님, 그리고 평생 여성들의 집단적, 사회적 노력으로 그런 호구 남편이 되도록 프로그래밍 되었다는 사실을 깨닫는다.

나를 위시해서 여러 남성성 담론의 주류에 있는 논객들이 여성 중심적인 사회로부터 많은 경멸의 시선을 받는 이유 중 하나는 우리가 이런 실체를 까발렸기 때문이다. 이런 호구 남성 서사의 전형은 여성의 이원적(알파/베타) 성 전략이 내포하고 있는 불편하면서도 보편적인 진실이다. 여성이 연애 시장에서 퇴장하여, 아이를 낳고 자신의 요구 조건대로 가족을 꾸리기 위해서, 결혼 전 본인이 난잡하게 놀았다는 것을 부양 능력을 가진 남성이 알지 못하게 자단하고, '부양과 희생이 남성의 신성한 의무'라고 온 사회가 나서서 세뇌시켰기 때문이다.

"난 정말 운이 좋은 남자야. 아내가 결혼 전에는 엄청 문란한 줄 알았는데 나랑 할 때는 아주 조신하더라고."

남자가 여자의 과거 성 경험에 집착하는 이유는 남자 본인이 그 여자와 '최고의 성관계'를 하고 싶기 때문이다. 여자의 남성을 향한 헌신, 정서적 애착과 같은 다른 요인도 중요하지만 남성은 일반적으로 여자가 요부가 되기를 원한다. 그것도 오직 딱 자기에게만 요부가 되기를 원한다. 남성의 입장에서 일단 파트너 여성이 제공할 수 있는 최고의 성적 체험을 하고 있다는 믿음에 금이 가기 시작하면, 남성은 그때부터 그 여자와 관계를 처음부터 진지하게 재고한다.

여성 중심적인 사회 분위기와 이젠 숨기긴커녕 대놓고 드러내는 하이퍼가미 풍조가 만연한 사회에서, '남자들에게 권력이 없다'는 식의 인식을 남자들이 받아들이게 만들고, 여성의 지배적인 성 전략을 충족하는 역할을 하는 대가로 남성성을 인정해 주는 식의 수법은 흔하다. 그리고 이와 관련된 사회적 통념들은 아주 다양하다.

깨달음의 시기까지 나이를 먹은 여자는 베타남에게서 '새로운 매력'을 발견했다고 생각한다. 베타 남성 입장에선 종종 여성의 이러한 관심이 진정성 있고, 본능적이고 자연스러운 것이라고 확신한다. 관점에 따라서는 틀린 말이 아니긴 하다. 하지만 이런 매력(성적 자극과 혼동해서는 안 된다)은 진정성도 있지만, 한편으론 여자의 필요에서 나오는 매력이다. 그 '필요'란 여자의 난잡했던 과거의 성생활을 지금의 남자가 기꺼이 눈감아주고, 사회가 세뇌한 대로 그런 여자를 품어주는 게 남성의 의무라고 믿으며, 여자와 함께 소위 '성숙한 성인(mature adult)'의 삶을 추구하려는 남성을 만나 정착하고 싶은 여자들의 욕망을 가리킨다.

깨달음의 시기를 거치는 여자들의 선택을 받은 베타 남성은 마침내 본인의 시대가 왔다고 믿는다. 인내와 끈기로 일관한 고집스러운 착한 남자, 호구남, "좌절한 흔남들"(Average Frustrated Chump, AFC) 전략이 결국 보상는다고 착각한다.

그와 동시에 이런 베타 남성의 선택을 장려하는 사회적 분위기가 더 많은 남자들을 그쪽으로 몰아가고, 덕분에 남자들은 여자의 안정 불안을 실제로 본인들이 종식했는지 여부는 차치하더라도, 최소한 그 여자의 과거를 "남자답게" 용서한 것에 대해 칭찬받을 거라고 믿는다.

'최고'의 정착

내가 운영하는 합리적 남성 블로그에는 남자들이 아내나 여자친구의 과거 성생활에 대해 알게 되었다는 댓글이 매우 많이 달린다. 동시에 아내가 과거의 남자들과 그렇게 적극적이고 자유분방한 성생활을 즐겼으면서, 자신과 섹스할 때는 매우 내성적이고 수줍어한다는 점에 상당히 놀랍다는 반응을 보인다.

그러나 여기서 중요한 건, 단순히 아내가 꼭꼭 숨기고자 했던 과거 성생활을 남편에게 들켰다는 게 아니다. 그 남자가 결혼 생활에서 아내를 향해 가졌던 '최고로 흥분되는 성관계'라는 기대감이 무참히 깨졌다는 게 중요하다. 적어도 여자가 파티 시절에 알파남과 즐겼던 모험이 넘치는 섹스 수준은 아니더라도, 그 남자가 오랫동안 사회가 하라는 대로, '원칙대로(by the rules)' 살아온 자신의 인내와 미덕이 보상받을 거라는 기대, 다시 말해 아내가 과거의 애인들과 했던 것과 비슷하거나 더 흥분되는 성생활을 본인에게도 누릴 수 있도록 보상 해줄 거라는 기대가 무너진 것이다. 베타 남성들은 이제 자신이 이런 보상을 누릴 차례라고 생각했다. 여자가 자신을 최고의 남자로 여기고 자신에게 삶을 맡겼다고 믿었기 때문이다.

깨달음의 시기에서 여성이 장기 투자 대상으로 베타 남성을 선택하는 이유는 그 여자가 '놀 만큼 놀았고' 마침내 '자신을 책임지지 않는 나쁜 남자와 계속 데이트하는 것보다 베타남과 함께 하는 게 낫다는 것을 깨달았기 때문'이라는 점을 남자들이 유념해야 한다. 게다가 베타 남성은 여자의 이런 동기를 모른 채, 자신이 여자의 과거에도 그랬고, 지금도 본인이 이 여자의 최고의 선택지라고 착각한다는 점도 주의하라. 정말 그 남자가 최고의 선택지라고 여자가 느꼈다면 현 남편과 최고의 성생활을 즐기지 않을 이유가 없지 않은가? 특히 여자가 살면서 처음으로 남자의 끈기, 신뢰, 남녀평등에 대한 신념이 그 남자를 매력적으로 만드는 요소라는 사실을 깨달았다면 말이다. 베타 성향의 남자들은 이런 식의 착각에 빠지지 않도록 조심해야 한다.

정작 베타 남성과 결혼하려는 알파 미망인(과거의 알파남을 못 잊는 여자-옮긴이)은 베타 남편의 성적 매력이 이전 알파 애인들과 비교하면 형편없다고 여기지만, 이전에 알파 남성(또는 알파라고 생각했던 남성)에게서는 찾지 못했던 장기적인 안정감을 베타에게 느낄 수 있기 때문에 갈등할 수밖에 없다. 따라서 여자가 새로운 베타 남성과 섹스할 때는 대체로 조신하고 자제하며, 수줍어하는 것처럼 보인다. 그녀는 베타와의 섹스가 이전 연인들처럼 강렬하고 숨넘어가지 않는다는 것을 알고 있지만, "이번에는 그래도 정상적인 이유로 섹스하고 있다"는 식의 깨달음의 시기에 도달한 여성에게서 쉽게 발견할 수 있는 자기 확신에 찬 합리화를 한다.

물론 남편에게서 장기적으로 안정적인 부양을 보장받기 위해서는 임신을 하는 것이 제일 좋을 것이다.

베타 남편은 아내가 과거에 즐겼던 열정적인 성 경험을 다른 여자와 해본 적이 없기 때문에, 나중에 증거를 발견하지 않는 이상 아내가 성관계에 임하는 태도가 정상인지 아닌지 알 방법이 없다. 하지만 베타 남성은 포르노나 자신이 성관계를 가졌던 다른 여성들과 비교를 통해, 현재 아내가 점점 성욕이 줄어들며 성관계를 점점 피하고 있다고 의심하게 된다.

예방의학 파트3

안정 및 개발 단계

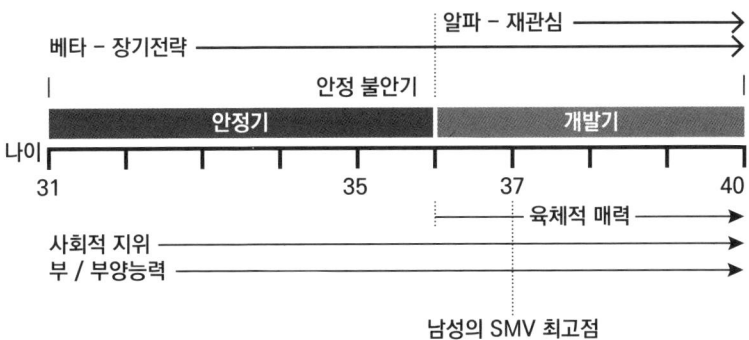

더 나아가기 전에, 이 타임라인 그래프의 취지를 다시 한번 상기한다. 이 도표는 여성이 성숙하는 과정에서 남성의 어떤 측면의 매력에 우선순위를 두는지에 대한 일반적인 경향성을 보여준다.

이 표의 의도는 모든 여성의 상황에 맞는 구체적인 로드맵을 제시하는 것이 아니다. 이 표는 각 시기(단계)마다 발생할만한 사건과 여성의 선택, 여성의 정서에 따라 어느 정도 예측할 수 있는 패턴을 설명하는 것이다. 이 도표는 성적 자유권을 행사할 수 있는 개인적, 사회적 권리를 가진 비혼, 독신 또는 일부일처제를 필수로 여기지 않는 현대 여성을 기준으로 만들어졌다. 그런 여성은 자기 삶의 방향에 대해 어느 정도 주관을 갖고 통제할 수 있다고 생각하거나, 그런 인상을 나인에게 강하게 심어 준다.

물론 여성의 개인적인 상황이 저마다 다른데, 어떤 상황에서 반드시 동일한 사례를 따를 것이라고 가정하는 것은 무리가 있다. 모든 여성의 삶에서 일어나는 일들은 이 책에서 다루기에는 경우의 수가 너무 많기 때문에, 경향성을 가급적 일반적인 용어로 자세히 설명한다.

중요한 것은 현재 자신이 사귀고 있는 여자의 개인적 조건, 과거에 내린 결정, 문란했던 과거 경험의 여파가 그 여자를 어떤 식으로 움직이게 만드는지, 그래프에 비추어 해석하는 것은 이 책을 읽는 남성들 각 개인의 몫이라는 점이다. 내가 설명한 어떤 구간에 도달한 여성이 결혼 경험이 있거나 출산했을 가능성이 작더라도, 그런 경우도 충분히 가능하다. 또한 여성이 특히 파티 시기에 해당하는 어린 나이에 이미 여러 남자와 일부일처제 관계를 맺거나(동거를 반복하는 등), 여러 번 결혼하는 것도 불가능한 시나리오는 아니다.

여성이 현재 도달한 성숙 단계와 사회화 수준, 그리고 처한 환경에 따라 여성을 움직이는 동기를 읽어내는 것이 바로 픽업 아티스트(PUA)에서 A가 의미하는 '기술(Artistry)'이다. 여성의 행동과 사고방식, 동기에 영향을 미치는 요인을 파악하는 데 있어 가장 중요한 것은 그 여성이 타임라인 그래프에 표시된 단계 중 어디에 와 있는지 파악하는 것이다. 일반적으로 여성의 성숙 단계가 진행되면서 생기는 남성에 대한 우선순위(알파/베타)의 변화, 그리고 그에 따라 바뀌는 여성의 행동과 태도는 전반적인 여성들 사이에서 큰 차이가 없다. 세부적인 변수는 여성 개인이 특정 남성에게 매력을 느끼게 만드는, 그 여자가 처한 환경이 만들어낸다.

이 책을 읽는 남성들은 본인이 현재 교제하는 여성이 처한 상황과 이 책에서 설명하는 각 단계가 부합하는지 살펴보자. 그리고 남성의 입장에서 파트너 여성이 처한 상황을 살펴보고 이 여자가 전념할 가치가 있는지 고려해 보라. 이런 방식으로 여러분은 여성의 상황 및 여성이 겪고 있는 삶의 국면에 대해 알게 된 것들을 남녀 모두를 위해 더 잘 활용할 수 있다.

나는 타임라인 그래프를 활용하여, 특정 주제에 대한 나의 개인적인 관찰과 깨달음을 여성이 거쳐 가는 단계와 연결 지어 설명한다. 몇 년 전부터 포럼에 게시물을 작성하면서 이와 관련된 주제의 글을 여러 번 써왔지만, 남자들이 현실에 적용할 때는 상대가 누구인지, 그리고 그 여성이 인생의 특정 시기에서 남성과 자신 중 어디에 우선순위를 두는지, 무엇이 그녀에게 동기를 부여하는지 기본적으로 파악해야 한다. 그리고 그 여자에게 영향을 미치는 요소, 즉 여러분이 살고 있는 공동체, 사회적인 분위기가 여자에게 미치는 영향력도 고려해야 한다.

누가 이렇게까지 해?

당장은 이 모든 분석이 쓸데없이 번거로운 것처럼 보일 수 있다.

"토마시, 왜 이렇게 머리가 아프게 여자를 만나야 해요? 매번 새로운 여자를 사귈 때마다 그 여자의 정신세계와 사회화 수준을 분석해야 한다면 차라리 머리를 밀고 절에 들어가는 게 낫겠네!"

사실 우리는 여성과 사귀기 위해 노력할 때(심지어 하룻밤 상대에 불과하더라도) 의식적, 무의식적 차원에서 이미 상대 여성에 대해 이런 식의 분석을 한다. 여러분이 그동안 의식하지 못한 것일 수도 있지만, 여러분이 여자에게 시간, 자원, 관심을 투자하는 방식은 여러분이 사회적 네레티브에 길든 정도, 그리고 여러분이 가진 강점 및 약점에 따라 다르다. 핵심은 간단하다. 우리 모두 어느 정도 알게 모르게 여자를 유혹할 때 이미 이러한 분석을 하고 있으니 부담 갖지 말라는 이야기이다.

다만 이전과 달라지는 점이 있다면, 이제 여러분은 여자에 대해 적절한 평가를 하는 데 도움이 되는 큰 틀을 얻었다는 점이다. 이를 위한 개념과 이를 꿰뚫어 볼 수 있는 통찰(프레임)을 갖추었다는 뜻이며, 이런 것들이 바로 레드필 지식의 주춧돌 같은 역할을 한다.

타임라인 그래프에 나오는 내용을 이해하는 것은 특정 단계를 거치는 중인 여자와 사귀어 본 경험이 있는 남자들에겐 생각보다 쉽다. 내가 이 그래프를 개발한 이유는 아직은 상처 어린 여자 경험이 부족한 젊은 남자들이 다양한 단계를 거쳐 가며 변화하는 여성의 행동을 예측하고, 나중에 적절한 선택을 내릴 수 있도록 돕기 위해서다.

마찬가지로 여러분에게 중요한 것은 여성 중심 사회가 권장하고 교육하는 사회적 통념과 그 근거들이 여러분과 더불어 살아가는 여성들의 사고방식에 미치는 영향력을 깨닫고 이해하는 것이다. 여성들이 어떻게 개인적인 책임을 질 줄 모르는 사기중심적 사고방식을 갖게 되는지, 그 원리를 깨닫는 것 역시 매우 중요하다.

또한 여성들이 특정 시기마다 스스로 마땅히 누려야 한다고 생각하는 경험을 놓쳤을 때 겪는 죄책감과 후회를 이해하는 것도 중요하다. 현대 여성들은 이런 생각을 심어주는 사회적 메시지를 사냥꾼처럼 적극적으로 이용하지만, 정작 나중에는 오히려 이러한 사회적 통념들이 야기한 사고방식의 희생양이 되는 경향이 있다.

SNS 같은 인터넷 수단의 발달로 인해, 남성들은 최근에야 이러한 여성 중심적인 사회 통념과 여성들이 내리는 선택 사이에 일련의 연결고리가 있을 것 같다는 감을 잡기 시작했다. 게다가 이러한 사회 분위기를 만들어내는 통념들 덕분에, 여성들이 자발적으로 내린 결정에 따르는 대가를 손쉽게 합리화한다는 것도 깨닫기 시작했다.

여성들은 항상 본능적으로 하이퍼가미를 충족을 원한다. 그러나 하이퍼가미를 적절하게 조절하고, 균형을 잡기 위해 고안된 사회적, 이데올로기 차원의 안전장치들이 성 혁명으로 인해 붕괴하였고 여성들이 '해방'되었다. 따라서 여성들에게 부여된 새로운 '자유'에 그에 따른 책임감(심리적, 사회적)을 심어줄 필요성이 생겼다. 덕분에 과거에는 거의 불필요하다고 여겨졌던 새로운 사회적 통념의 등장이 절실해졌다.

안정 시기 (The Security Phase)

여성들이 갖고 있는 남성의 (꼭 성적 자극이 아닌 넓은 범주의) 매력에 대한 우선순위는 여성이 현재 삶의 어느 단계 와 있는지에 따라 달라진다.

보통 연애 시장에서 남성의 가치가 최고조에 달하는 시기를 일반적으로 36~38세 전후로 본다. 이 나이대의 남성들이 여자들 입장에서 장기적인 파트너로서 매우 바람직하다고 여기는 특성과 능력을 모두 지녔기 때문이다. 또한 이 나이대의 남성과 사귈만한 여자들의 나이대를 고려해 보아도. 이러한 자질을 갖춘 남성들을 여자들이 특히 필요로 하는 시기와 일치한다.

여성이 깨달음의 시기(곧 나이의 벽에 부딪히는 시기)에 가까워지고, 젊은 여성 대비 자신의 SMV가 하락한다는 사실을 깨닫게 되면, 여성은 베타 남성이 제공하는 장기적인 안정성에 매력을 느끼게 된다. 이런 '깨달음의 상태'에 도달한 많은 여성들은 과연 남성을 유혹해서 안정적인 관계를 유지할 수 있을지, 처음으로 연애에서 불안을 느낀다.

여전히 블루필 환상에 빠져 있는 많은 남자들은 파티 시절 SMV가 최고조에 달하는 23세 여성들의 니즈와 SMV가 최고조에 달한 37세의 남성들이 달성한 가치들과 비교하며, 이 표가 보여주고자 하는 큰 그림을 비판하고 무시한다. 그러나 여성의 SMV를 극대화하는 요소와 남성의 SMV를 극대화하는 요소는 다르다.

안정 단계에 도달한 여성들의 경우 남성의 매력 우선순위가 '부양 능력'으로 바뀐다. 이 시기의 여성들은 남성의 외적인 요소보다는 내적인 자질에 끌린다는 점이 지나치게 강조되는 면이 있지만, 아무튼 이 시기 여자들에게 가장 중요한 고려 사항은 남자가 본인 앞가림은 물론, 여자와 미래의 가족 구성원 모두에게 충분한 자원을 제공할 수 있지 여부다. 이러한 능력은 SMV가 최고조에 달한 남성에게 사회가 기대하는 자질이기도 하다. 마찬가지로 이러한 자질을 가장 필요로 하는 여성은 일반적으로 29~31세 사이의 여성이다.

안정 단계에 이르면 여성은 자신에 대한 기대치를 바꾸기 시작한다. 동시에 사회적으로도 적합한 배우자라고 인식되는 남성에게 헌신을 보장받지 못하는 자신의 무능력과 그에 따른 좌절감을 노골적으로 토로한다.

이 시기의 여성은 이미 굳어진 사회적 통념 덕분에 남성에게 장기적으로 안정적인 생활을 보장하도록 요구하는데 거리낌이 없다. 특히 '남성의 연약한 자아'에 대해 불평하고 남성들이 '강하고 독립적인 여성'에게 위협을 느낀다고 주장하거나, 남성들이 하이퍼가미의 이원적 성 전략에 관한 사회적 기대에 응하지 않는다고 불평하는 게 바로 이 시기의 여성들이다.

정착

여성이 안정에 대한 불안감을 가지며, SMV의 하락으로 내적, 외적 갈등이 일어나면 필연적으로 두 가지 현상이 생긴다. 하나는 자신의 SMV가 아직 젊은 여성과 비슷하다고 억지로 믿는 것이며, 다른 하나는 하이퍼가미의 기대치에는 미치지 못하지만 안정적인 공급을 해주는 남자를 찾아내 타협하는 것이다. 파티 시기에 알파남과 마음껏 섹스를 즐겼다가 미혼모가 되어 안정적 생활을 지원할 남자를 찾아 헤매기도 한다.

여성의 전환(Transition) 및 안정(Security) 단계는 대부분의 남성(베타)이 여성 우위 사회로부터 약속받았던, '그 보상'을 받는 순간이다. 인내심을 갖고 오랜 세월을 기다리며, 여성에게 성적으로 인정을 받는 순간을 기다렸던 베타 남성은 인생 최고 순간을 경험한다. 흥미로운 점은 파티 시기에는 이런 남자들을 거들떠보지도 않던 바로 그 여자(또는 비슷한 유형의 여자)에게 베타 측면의 가치를 인정받는다는 점이다.

사회적 통념을 잘 주입 받은 베타 남성은 인내심과 여성 중심적 사고방식으로 철저하게 무장되어 있다. 안정 단계에서 이런 타입의 남자들은 꾸준히 여성 우월주의를 지지한 대가로 보상을 받는 것처럼 보인다. 이런 남자들은 여자가 파티 시절에 아무리 난잡하게 놀았더라도 이를 용인하는 것이 남녀평등을 달성하기 위한 투자라고 생각하며, '고귀한(quality)' 여성이라면 누구나 이런 남자의 관용을 감사하게 여길 것이라고 짐작한다.

여성 중심적인 사회 통념으로 프로그래밍이 된 베타 남성은 특히 여자가 가장 안정성이 필요할 때 등장해서 백마 탄 왕자 역할을 해야 한다고 교육받는다. 이'때'란 여성의 SMV가 감소하기 시작하고 베타 남성의 SMV가 (여성의 수요 증가에 따라) 상승하기 시작하는 시기를 의미한다.

안정 단계에 도달한 여성은 주로 재력, 부양 능력, 높은 사회적 지위에 매력을 느낀다. 남자의 신체적 매력과 성적 자극 신호도 여전히 중요하지만 남성의 성숙함, 부유함, 기타 내적 특성이 우선시된다. 그렇다고 해서 이 시기의 여성들이 알파 남성과 일시적이고 우연한 섹스 기회가 왔을 때, 이를 포기한다는 뜻은 아니다. 특히 배란 주기 동안에는 더욱 그렇다. 아무튼 이 시기의 여성들은 장기적인 안정을 최우선 순위로 삼는다.

이 시기(또는 깨달음의 시기)에 한 남성에게 정착을 결심한 여성은 자신의 결정을 '유전자가 뛰어난 아버지'가 아니라 '좋은 아버지'와 결혼한 것이라며 스스로 합리화한다.

이러한 합리화는 여성이 하이퍼가미 전략의 안정적 측면(베타)에 안주한 자신의 결정을 정당화하기 위한 심리적 노력이다. 일단 자녀가 생기면 이런 깊은 차원의 정서적 갈등은 여자의 관심 밖으로 밀려난다. 아무튼 여자는 안정적인 생활을 가능하게 하는 남성을 떠나 다른 알파남에게 가거나(알파 미망인의 대체 남성 찾기), 자신이 정착한 남성이 하이퍼가미 필터를 통과한 가장 적합한 남성이라고 스스로 합리화하는 심리적 처리 과정을 겪게 된다.

여성이 안정 단계의 후기를 지나면서 자녀가 어느 정도 자립해서 둥지를 떠나게 되면, 여성은 이 시점에서 과거 자신의 깨달음 시기(Epiphany)를 보다 비판적인 시각으로 되돌아보고, 그때 내린 결정의 진짜 동기가 뭐였는지 진지하게 되짚어본다.

개발 단계 (The Development Phase)

여성이 하이퍼가미 이상을 실현할 수 있는 능력은 해가 갈수록 감소한다. 너무 절박해지는 경우 여성은 그나마 당장 그 이상향에 최대한 가까운 남자와 즉시 정착하길 원할 수도 있다.

하이퍼가미는 자신의 이상형에 해당하는(또는 이상형에 가까운) 남성의 잠재력에 베팅하는 위험을 감수해야 하므로, 다른 조건이 똑같은 후보라면 당장 더 확고한 입지를 다진 남성을 선호하는 경향이 있다.

짐작할 수 있듯이 이 시나리오의 문제는 여성의 SMV는 하락하지만 남성의 SMV는 상승한다는(최소한 하락하지는 않는다는) 것이다. 아이러니하게도 남성을 잘 고른 게 맞는지 끊임없이 시험하고 의심하는 하이퍼가미의 특징이 오히려 여성으로 하여금 관계 만족도에 상한선을 긋게 한다.

여성이 '안정 단계'에서 '개발 단계'로 넘어간다는 말의 의미는 일반적으로 여성이 깨달음(Epiphany)-전환(Transition) 단계에서 선택한 남성과 오랜 시간 안정적인 관계를 유지하며, 하이퍼가미의 베타적 측면(안정 측면)을 충족했다는 뜻이다.

개발 단계에 대해 더 자세히 다루기 전에, 우선 개발 단계는 때때로 어떤 여성의 경우에는 '깨달음-전환 단계'보다 먼저 오기도 한다는 점을 짚고 넘어가자. 가령 계획하지 않은 임신, 여성의 개인적 신념 등이 원인이 되기도 한다. 또는 향후 SMV가 높아질 것으로 예상되는 남성에게 아예 일찍 정착하거나, 당장 외모, 재력 또는 사회적 지위나 명성 면에서 일반적으로 기대할 수 있는 수준을 훨씬 뛰어넘는 남성을 발견하여, 그에게 일찍 정착하는 상황이 발생하는 경우도 이에 해당한다.

이러한 '빠른 안정 단계'는 여성이 파티 시기에 알파 애인으로부터 당한 매우 안 좋은 경험이 원인이 되어 발생하기도 한다. 그 정서적 트라우마로 인해 여성은 적절한 타이밍에 그 기회를 잡은 착하고 성실한 남자, 그 여자의 과거를 용서하며 지지해 줄 만큼 충분히 인내심을 가진, 운 좋게 자신의 수변을 맴돌던 베타 님싱을 만나 위안을 얻는 경우다.

그러나 일반적으로 개발 단계는 여성이 장기적으로 안정적인 삶을 제공할 수 있는 남성에게 마음을 굳힌(또는 굳힐 수밖에 없던 20대 후반~30대 초반) 후 7~9년 이내에 발생하며, 주로 여성의 파티 시기가 지나고 전환기(Transition)를 맞아, 장기적인 관점에서 유망한 남성을 찾아야 정착해야 하는, 여성의 발등에 떨어진 불을 끄고 난 뒤에 발생한다.

이 단계가 찾아오기 전에 성공적으로 짝을 찾은 여성의 경우, 그 여성이 경험하는 환경이 다른 상황에 부딪친 여성, 가령 싱글이거나, 결혼해 본 적이 없거나, 이혼한 여성 등이 겪는 환경과 무엇이 다른지 차이점을 이해하는 것도 중요하다. 27세에서 37세 사이의 여성들과 교제하는 남성들은 본인과 교제 중인 여성이 처한 환경과 개인적 조건에 따라 남성의 대응 방식이 달라져야 한다는 점을 기억하자.

7년 만의 외출

30대 초반부터 중반까지, 이 7~9년 동안 기혼 여성은 여성 중심적인 사회가 정의하는 가정적인 역할에 어느 정도 만족할 가능성이 높다. 직장인과 엄마라는 이중 역할을 해야 할 수도 있으나, 대부분의 이 시기의 여성에게 파티 시기의 추억은 굳이 떠올리고 싶지 않은 기억으로 남는다. 특히 과거 알파 애인들만큼 자신을 성적으로 흥분시키지 못하는 남자와 결혼한 경우에는 더욱 그렇다. 또는 이제 아이까지 있는 자신이 남편에게 왜 성적 흥분을 느끼지 못하는지, 불만 섞인 탄식 속에서 여자 스스로 지칠 수도 있다.

이 시기의 기혼 남녀가 겪는 매우 흥미로운 사회적 패턴이 있는데, 영화 〈7년 만의 외출, The Seven-Year Itch〉이 이러한 패턴을 잘 보여준다. 이 영화는 아주 흥미로운 심리 현상을 바탕으로 만들어졌다. 이 영화는 남자들이 결혼 후 (마법의 숫자인) 7년이 지났을 때, 새로운 여성을 두고 방황하는 모습을 그렸다. 실제로 결혼 생활은 7년과 20년이 되었을 때 위기를 맞는 경우가 많다.

이는 주로 부부가 한 명 이상의 자녀(두 명일 수도 있음)를 낳고 자녀가 7세가 되어 손이 많이 가지 않아도 괜찮은 나이가 되면서, 부부가 서로를 재평가하기 때문이다.

부족 사회 차원의 진화론적 관점에서, 자녀가 대략 7살이 되는 이 시기는 성인 남성이 최소한의 투자로 자녀가 어느 정도 홀로서기를 할 수 있는 시기다. 그러나 현대적 관점에서는 여성이 공급자(자녀의 아버지 등)와 짝을 이루기로 했던 과거 깨달음 시기에 내렸던 결정을 다시 곱씹어보고, 남편의 SMV를 과거의 알파 애인이나 새로 생겼으면 하는 알파 애인감과 비교할 수 있는 충분한 정신적 여유가 생기는 시기이기도 하다.

참고로, 일반적으로 20년이 지나면 남녀 모두 '빈 둥지(Empty Nesters)'가 되어 서로에 대해 두 번째 재평가를 내리는 시점이 온다. 이에 대한 자세한 내용은 파트 4에서 확인할 수 있다.

독신녀의 길

장기적으로 한 남성에게 정착하지도 못하고, 타협도 하지 못하는 여성은 안정 단계에 도달하면 자신을 부양하고 안정적인 생활을 보장하기 위해 개인적인 노력을 해야 한다.

이런 여자들이 안정을 확보하는 방법은 정부의 여성 정책의 지원을 받거나, 이혼한 경우 양육비 그리고(또는) 위자료를 받을 수 있다. 미혼모 지원 정책의 혜택을 입는 방법도 있다. 물론 자신의 '생물학적 시계'(가임 기간)를 완전히 무시하고 열심히 사회생활을 하면서 끝까지 독립적으로 살아가는 여성도 있다.

로이시가 이 연령대 여성의 특징을 잘 표현했는데, 31~34세 미혼 여성에 대해 그가 묘사한 부분을 인용해 보자.

> 31~34세
>
> "어떤 면에서 31~34세 여성은 가장 공략하기 어려운 연령대. ('가장 어렵다'는 말은 '가장 시간이 오래 걸린다'는 뜻이다) 의외라고 생각하겠지만 여성의 미모가 쇠퇴하는 것 말고도 쉽고 빠른 성관계를 방해하는 요인들이 많다. 일단 31~34세 미혼 여성을 유혹하는 것이 더 어린 미혼 여성을 유혹하는 것보다 확실히 더 어렵다. 여자가 느끼는 결혼에 대한 압박감은 순전히 육체적 쾌락만 추구하는 남성들의 기회를 제약한다. 그래도 이 남성들은 결혼제도가 야기하는 골치 아픈 문제들을 어떻게든 우회하며, 이 여성들과 섹스 기회를 만들기 위해 열심히 노력한다."
>
> "31~34세 여성이 다른 연령대의 여성들보다 게임을 하기 어려운 더 큰 이

유는 이 연령대의 여성들이 가지고 있는 자격지심과 자기 보호 심리의 강력한 조합 때문이다. 오랜 기간에 걸쳐 페미니즘, 안정적인 급여, 승진, 응원해 주는 게이 남자친구 등이 심어준 특권의식과 자기에게 다가오는 남자들의 동기에 대한 의심, 청혼 없이 성관계에만 이용당할 수 있다는 끔찍한 불안감이 결합하여 독사 같은 존재가 되어버린다. 이 독사는 남성에게 끝없는 아첨과 찬양을 바라지만, 자신의 요구에 응하지 않는 악마(남성)에게는 독을 내뱉는다."

[...] "난 33살 먹은 여자보다는 23살짜리 여자랑 연애하고 섹스하는 게 더 쉽다."

"이 모든 논리는 여성의 뇌 속에서 포동포동한 엉덩이에 땀을 흘리는 햄스터(여성의 정신세계에서 자기 행동을 합리화하고 자존심을 지키려는 노력을 비유적으로 이르는 용어-옮긴이)의 관점에서 바라보지 않으면 이해하기 어렵다. (불쌍한 이 작은 생명체는 30대 중반이 되면 똥으로 나와야 한다) 물론 33살의 여성은 23살의 여성만큼 섹시하지는 않지만 자신이 아직 결혼할 만한 연애 시장에서 가치가 있는 상품이라고 생각하며, ASD(문란한 여자로 인식되지 않기 위한 여자의 방어기제를 통칭, Anti-Slut Defense)가 하늘을 찌른다. 나이 든 여성들은 자신의 인생 경험, 성숙함, 성취, 재정적 안정성이 아내감을 찾는 남성들에게 마냥 젊기만 한 여자보다 더 어필할 수 있다고 확신한다. 물론 현실은 전혀 다르지만 이 여자들은 그렇게 생각이라도 하는 것이다."

"이 여성들은 어린 남자 대학생들과 쉽게 성관계를 갖는 유형으로, 이러한 경험을 심리적으로 '순전히 재미를 위한' 모험처럼 포장한다. 그러나 31~34세 여성들이 진정으로 원하는 남성은 결혼을 제안하고 가정을 꾸릴 수 있는 연상의 기혼 남성이다. 역설적으로 정작 남성들이 젊은 시절의 매력이 아직은 남아 있는 나이 든 여성과 로맨틱한 관계를 맺는 것이 더 어려워지는 진짜 이유는 이 여자들의 기대와 욕구가 젊은 여성들이 바라는 것보다 엄청나게 더 크고 많기 때문이다."

개발단계에 영향을 미치는 사회적 통념

깨달음의 시기(Epiphany Phase)를 지나면서 알파 미망인이 된 여자 또는 여러 남자와 놀았던 예비 신부는 장기적으로 베타 남성에게 '정착'하면서, 베타 남편에게 알파의 잠재력 또는 장기적인 성공 가능성을 실제로 보았다고 스스로 합리화할지 모른다.

결혼 전이나 결혼 당시 아내가 정착하기로 마음먹는 과정에서, 여자들이 미래에 대해 많이 불안해한다고 이야기하는 남성들이 많다. 하지만 나는 여성이 의식적으로 이런 걱정을 한다고 보지 않는다. 아내가 나중에 남편에게 불만을 품는 행위는 일반적으로 의식적으로 계획된 게 아니라, 결혼 생활 내내 베타적 사고방식을 벗어나지 못하는 남편에게 아내가 보이는 당연히 예상할 수 있는 반응이다.

첫 아이를 낳은 후 아내가 점점 더 베타 남편과의 성관계를 회피할 때, 이를 정당화하는 여러 사회적 통념이 존재한다. 예를 들어 '출산 후 달라진 몸을 보여주기 싫다'라거나 '성욕 감퇴' 또는 '결혼하면 원래 성관계 잘 안 해' 같은 핑계들이 이러한 통념에 해당한다.

아내의 배신 (The Turning)

첫 번째(또는 두 번째) 자녀를 출산한 후, 여성이 애정을 기울이는 최우선 순위는 남편에서 자녀로 바뀐다. 이제는 부부 사이에 '착한 아이에게 과자를 주듯' 바람직한 행동이나 성과에 대한 보상 또는 긍정적 강화 차원의 섹스는 사라진다. 대신 이 시기의 여자들은 남편이 집안일을 도와주거나 하는 식의 '바람직한 행동'을 했을 때 가끔 주어지는 대가성 보상으로 섹스를 이용한다.

섹스는 이제 유용한 도구로 전락한다. 이런 아내에게 섹스는 과거에 알파남과 했거나, 혹은 남편과 더 젊었을 때 했던 것 같은 본능적 즐거움보다는 베타 남편의 부양 능력을 강화하는 긍정적인 강화제가 되었다.

이러한 섹스의 새로운 역할은 항상 아내와 가장 친밀하다고 믿었던 남편에게는 아내의 '배신(turning)'처럼 다가온다. 그러나 이런 '배신 현상'은 '알파 부양남(Alpha Provider)'과 결혼하여, 한 남편에게서 하이퍼가미의 알파와 베타적 측면을 모두 **충족**한 여성의 경우에는 해당 사항이 없다. 이런 알파 남편은 베타 남편들이 흔히 하는 것과 같은 고민을 하지 않으며, 애초에 여자 입장에서도 베타 남성에게 거는 것과 같은 기대감 속에서 알파 남편과 결혼한 것도 아니기 때문이다.

베타 사고방식을 고수하는 남자(또는 결혼 생활 도중 그런 사고방식으로 후퇴하는 남자)에게 이러한 아내의 '배신'은 점점 더 분명해진다. 이런 아내의 태도 변화는 이제 침실을 벗어나 결혼 생활의 다른 측면인 재테크, 가족 관계, 남편의 야망에 대한 아내의 기대, 남편의 직장 내 입지, 친구들에게 보이는 자신감 등 점점 더 다양한 측면에서 남편을 다른 남성들과 비교를 하기 시작하는 것으로 번진다. 결국 아내가 과거에 사귀었거나 지금까지도 마음속에 남아 있는 알파 남성(알파 고스트)과 비교한다.

베타 남편은 이제 자녀가 아내에게 자신보다 우선이라는 것을 알고는 있지만, 블루필 망상에 여전히 갇혀 있기 때문에 아직도 이런 희생을 받아들인다. 사회적 통념은 이런 남성의 희생에 불만을 가지는 남자들을 비난한다.

"섹스가 당신에게 그렇게 중요한가요? 그렇지 않아요. 중요한 건 당신의 내면에 있습니다." 내면이 중요하다고 해도 남편은 아내가 자신을 대하는 태도가 점점 존경심과 거리가 멀어지고 있다는 느낌을 떨칠 수 없다.

이쯤 되면 베타 아빠는 노력에 박차를 가한다. 사회가 주입한 신념, 그 환상에 힘입어 그는 자신을 더 완벽하게 희생해야 한다는 강박관념에 사로잡힌다. 아내의 존경은 줄어들었지만 명예와 의무감이 그를 앞으로 나아가게 한다. 그는 무뚝뚝하고 억압적이었던 기성세대 아버지들의 단점을 되풀이하지 않기로 결심한다. 그는 아버지를 '뛰어넘고' 싶고 다른 남자들이 결혼 생활이 어려워졌을 때 취하는 '흔한 방식'을 따라가고 싶지 않다.

그렇게 그는 참고 인내했지만 이쯤 되면 아내는 이미 마음이 '돌아선' 상태다. 이런 결과를 남편들이 의도한 것은 아니다. 그러나 베타 남편의 순교자 같은 선택이 오히려 아내로 하여금 베타 남편에게 정착한 것에 더욱 분노하게 한다. 어느 정도 임계점을 지나면, 아내의 무관심 또는 좌절감이 남편의 헌신 능력에서 오는 만족감을 뛰어 넘어선다. 여기까지 이르게 되면 남자들은 내게 와서 이렇게 말한다.

"젠장, 롤로! 제가 서른 살이었을 때 당신은 어디 있었어요? 지금 내가 깨달은 것들을 그때 알았더라면 좋았을 텐데."

그렇다면 모든 베타 남성의 결혼과 연애가 이런 과정으로 진행되는가?

그렇지 않다. 그러나 이런 사태를 예방하고 싶다면, 남자가 이런 아내의 신호를 알아차리고, 남성에게 주어지는 여자들의 진짜 기대가 어떤 것인지 원리와 구조를 똑바로 이해해야 한다.

무엇보다 애초에 남자가 결혼하기 전에 여자가 이기적인 불평을 하든 말든, 자신이 언제 정착할지를 아는 것이 중요하다. 남자가 여자와 관계에서 이루어내는 성과는 여자의 기대에 남자가 얼마나 잘 부응하는가에 국한되지 않는다. 오히려 남자의 개인적인 역량, 탁월함과 자기 개발에 대한 열정을 바탕으로 여자의 기대치를 뛰어넘는 게 정답이다.

자신의 세계관을 가지고 아내든 다른 여성이든 자신의 프레임(세계관)에 들어오게 만드는 것이 중요하다. 그러나 베타 남성은 여성이 자신을 선택한 것에 대해 지나치게 감사하면서, 여성의 이중적 성 전략에 순응하고, 여자의 과거를 용서해야 한다는 조건, 그에 수반되는 의무, 부족한 자신감 속에서 연애나 결혼생활을 시작한다. 그렇기 때문에 베타 기질을 가진 남성에게 이런 식의 초월적인 사고에 따른 전략을 기대하기 어렵다. 베타 남성은 이미 자신에게 그 여자가 과분하다는 말을 너무 많이 들었고, 지금도 그렇게 믿고 있기 때문이다.

예방의학 파트4

재개발/재보험 및 안정 단계

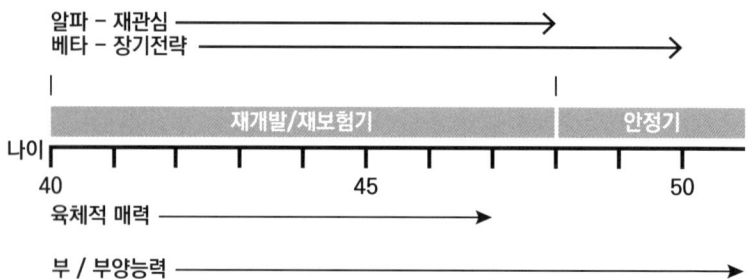

공중파 라디오 쇼가 유행하던 시절, 진행자 톰 레이키스(Tom Leykis)는 평범한 주부들이 방송사에 전화를 걸어, 여성들의 '과거' 성생활과 지금의 성생활이 어떻게 다른지 들어보는 프로그램을 진행했다. 그는 스튜디오로 가는 길에 한 초등학교를 지나가다가 그곳에서 아이들이 나오기를 기다리는 엄마들을 보고, 그 여성들이 자녀가 없었던 20대의 삶이 문득 궁금해졌고, 프로그램에 대한 아이디어를 떠올렸다고 한다. 이 프로그램은 선풍적인 인기를 끌었는데. 여자들이 마치 남편은 상상도 하지 못할 정도로 대담한 성적인 모험에 대해 익명으로 털어놓기를 오랫동안 기다리기나 한 것처럼 엄청나게 많은 고백이 쏟아져 들어왔다.

제보를 한 여성들은 모두 그런 경험이 과거의 대단한 업적이라도 되는 것처럼 자랑스러워하며 향수에 빠져들곤 했다.

이것이 바로 내가 대부분의 남성이 가지고 있는 환상, 운이 좋아야 만날 수 있다고 믿는 '고상한 여자(Quality Woman)'라는 개념에 대해 회의적인 이유다. 그렇다고 해서 '모든 여자 = 걸레'라는 극단적인 이분법적 사고로 치닫지 말기 바란다. 내 말은 대부분의 남성이 생각하는 '좋은 여성'에 대한 개념이 너무 이상적이고 비현실적인 경우가 많다는 뜻이다. 사실 모든 남자는 어떤 여자와 결혼하기로 마음을 먹을 '당시'에는 그 여자가 조신하고 고상한 여성이라고 생각했기 때문에 결혼한 것이니까.

심지어 그 여자가 정서적인 문제가 있더라도, 남자는 그 여자가 '단점을 보완할 만한 다른 장점'을 가지고 있다고 믿었기 때문에 관계에 노력을 기울인 것이다. 하지만 남자는 파트너 여자를 상대로 구축한 이상적인 이미지가 불에 타 재가 되어 날아간 후에야, 그 여자가 '결코 고상한 여자가 아니었다'라는 사실을 깨닫게 된다.

여성의 내적 갈등

여성은 타임라인 그래프의 안정 단계(Security Phase)의 후반부와 개발 단계(Development Phase)를 거치면서 흥미로운 내적 갈등을 경험하게 된다. 이러한 심리적 갈등의 첫 번째 측면은 변하지 않는 안정감을 향한 욕망이다. 여성이 나이가 들면서 자녀를 출산할 때마다, 그리고 여성의 안정감이 시험대에 오르는 순간마다 계속해서 안정감의 중요성이 더욱 커진다.

최고의 남성이라고 믿고 의지하여 남편과 결혼한 아내에게 이러한 갈등은 보통 끊임없이 이어지는 쉿 테스트(Shit Test)로 나타난다. 이 테스트의 주된 동기는 끊임없이 커지는 안정을 향한 불안(욕구)을 지속해서 만족시켜 줄 수 있는 남편의 그릇을 주기적으로 확인하고, 남편이 결국 알파가 될 것이라고 믿고자 하며, 남편의 알파 기질에 대한 잠재력을 다시 확인하는 것이다. 위 과정을 거치면서 여자가 겪는 주된 갈등의 요인은 다음과 같다. 현재 남편의 SMV가 아내가 과거 파티 시기에 만났던 알파 남성에 대한 미화된 추억과 전혀 합치하지 않거나, 비교 대상조차 되지 않는다는 것.

나는 알파 미망인의 발전 과정을 주제로 글을 여러 번 기고했지만, 여성은 삶의 그 어떤 시절보다도 개발 단계에 진입할 때 과거의 알파 연인을 가장 그리워한다.

이 시기는 여성이 깨달음의 시기(Epiphany Phase)에서 그토록 원했던 안정직인 생활이 여전히 없어서는 안 되지만, 동시에 그런 안정적인 생활이 부담되는 시기다. 이러한 여자들은 안정감이 보장되면 하이퍼가미의 알파 측면으로 관심을 돌릴 수 있다.

즉 신체적으로 우수한 알파 남성에 대한 새로운 흥미가 생긴다. 동시에 자신의 성숙한 면모를 이용하여 현재 베타 공급자(남편)보다 알파 역할을 더 잘 충족시켜 줄 수 있는 남성을 만날 수 있을 거라는 희망을 품는다.

일반적으로 이 현상을 '쿠거(cougar: 젊은 남성과 성적인 관계를 꿈꾸는 나이 든 여자를 뜻하는 표현-감수) 판타지 단계'라고 부른다. 베타 남편이 스스로 큰 변화를 일으켜 SMV를 눈에 띄게 높이지 않는 한, 아내가 20대 시절 만난 알파남과 겪었던 짜릿한 5분이 베타 남편이 아내를 먹여 살리느라 고생했던 5~10년보다 아내 입장에선 압도적으로 더 크게 다가온다.

여성이 파티 시기에 하이퍼가미의 알파 측면을 경험하고, 깨달음의 시기 이후에 베타 남성을 선택한다는 관점에서 이 상황을 살펴본다면, 결국 여성이 개발 단계에서 경험하는 내적 갈등은 현재 남편이 하이퍼가미의 알파와 베타, 두 가지 측면을 조화시키지 못하기 때문에 발생하는 셈이다. 그 결과 여성은 현재 짝을 이루고 있는 남성에게 알파적 특성을 찾으려고 하거나, 그게 불가능하면 알파 기질을 가진 다른 남성에게 관심을 가지는 것이다. 여자가 이 단계까지 오게 되면, 남편은 그가 알파형 남성이든 베타형 남성이든 골치 아픈 지경에 이른다.

남자들의 시험대

알파 남편이 외모, 경력, 성숙도, 사회적 지위 등을 유지(또는 향상)하여 자신의 SMV를 높일수록, 아내의 SMV는 남편과 비교하여 나이가 들수록 지속해서 하락하기 때문에, 장기적인 안전을 보장받으려는 여성의 욕구가 남편의 외도 등으로 위협받게 된다. 이러한 새로운 형태의 경쟁 불안에 대한 여성의 반응 양상은 보통 두 가지 형태로 나타난다.

첫째, 아내가 관계에서 지배적인 위치를 차지하여 관계를 주도하고 통제하려 한다. 아내는 새로 만들어낸 편리한 신념, 또는 '남편(모든 남성을 포함하여)은 원래 믿을 수 없다'며, 자신이 지어낸 불신을 통해 결혼 또는 연애의 주도권을 점거(또는 점거하려 시도)한다.

이런 여자는 자신의 SMV 감소에 대한 불안감으로 인해, 남편에게 '한눈팔지 마라(Do the right thing.)'고 경고하거나, 가족의 헌신적인 부양자 역할을 우선하라고 말하면서, 남성의 잠재적인 SMV 발전을 억제하려고 한다. 이런 여자가 남편에게 주는 메시지를 한마디로 정리하면 다음과 같다.

'자신이 대단하다고 생각하지 말 것이며, 책임이 막중하다는 걸 잊지 말라.'

문제는 여성의 이런 시도를 남자가 묵인하는 것 자체가 남성 자신의 SMV 잠재력을 극대화하는 힘을 잃게 할 뿐 아니라, 역으로 아내에게 자신의 그릇이 생각만큼 알파가 아니라는 인식을 심어준다는 것이다. 이런 식으로 자기 남편에게 '너는 대단한 알파가 아니야'라는 믿음을 주입하는 것은 재개발 단계에 도달한 여성의 주요한 임무다.

이런 여성들이 보이는 두 번째 반응은 냉담한 태도 또는 원망하듯 토라지는 태도다. 겉보기엔 여성이 자신의 SMV가 감소한다는 사실을 묵묵히 받아들이는 것처럼 보이지만, 사실은 첫 번째 유형처럼 관계에서 우위를 점거하려는 목표, 즉 남편이 스스로 SMV 발전 잠재력을 억제하도록 유도하여 남편으로부터 지속적인 안정과 물질적, 심적인 부양을 보장하려는 목적을 갖고 있다.

이런 아내의 냉담한 태도는 아내와 가족보다 자신의 자기개발에 더 집중하려는 남성들에게 죄책감을 불어넣는다. 그 결과 남편은 아내의 태도 때문에 생기는 불안감을 달래기 위한 행동, 그러나 정작 진짜 문제를 해결하지 못하는 어리석은 선택을 하게 되는데, 이를 다르게 표현하면 아내의 은밀한 쉿 테스트를 통과하지 못하게 되는 셈이다.

어떤 쪽이든 남성의 성공과 실패를 가르는 열쇠는 이러한 여자의 심리 역학 속에서, 남성이 자신의 SMV상 변화가 아내에게 어떤 영향을 미치는지 심리적 메커니즘을 제대로 이해하는 통찰력에 달려 있다.

이런 여성의 내적 갈등이 지니는 가장 큰 모순은 아내가 남편이 SMV 잠재력을 끝까지 실현하지 못하도록 방해하면서, 동시에 아내가 남편의 능력 부족을 재개발 시기에 발생하는 불만의 명분으로 사용한다는 점이다.

재개발/재보험

재개발 단계는 연애 또는 결혼 생활이 혼란에 빠지는 시기가 될 수도 있고, 여자가 현재 같이 사는 남자에 대해 하이퍼가미의 균형 차원에서 다시 현실과 타협하고 합리화하는 방식으로 관계를 안정시키는 시기가 될 수도 있다.

재개발 시기는 하이퍼가미의 안정적(베타) 측면이 충족되면서 여성에게 장기적인 심적 만족을 준다. 그러나 다시 새롭게 알파 남성에 대한 관심이 피어오르면서, 이러한 익숙하고 기댈 수 있던 안정감이 오히려 여자를 슬슬 긁기 시작한다.

잠깐 짚고 넘어가자면, 여자들이 이런 안정감을 반드시 꼭 남자에게서 찾아야 하는 건 아니다. 가령 '미혼' 여성이 스스로 부양할 수 있는 경제력을 갖고 있거나, 전남편이나 자녀의 친부에게 받은 양육비나 위자료, 정부 보조금, 가족의 지원 등의 방법이 있다.

어쨌든 삶의 안정은 여성에게 여전히 중요한 요소지만, 이제 와서 돌이켜보니 알파였던 옛 애인, 또는 알파였던 시절의 남편과 즐겼던 짜릿한 순간을 회상할 때, 안정감은 이제 한편으론 여자에게 답답한 것이 되어버렸다.

내 동료이자 존경받는 블로거인 달록(Dalrock)은 여성들의 '먹고, 기도하고, 사랑하는 단계(영화 제목으로 유명한 문구이다)'로 전환하는 현상에 관해 설명하면서, '그녀는 행복하지 않았다...'라는 한 줄로 이 모든 현상을 아주 잘 요약했다. 이는 여성들이 재개발 단계에 진입할 때 종종 동원하는 명분이다. 이 시기의 여성들은 대중 매체에서 주로 접할 수 있는 '이혼 판타지'를 심어주는 프로그램을 즐겨본다.

언제 결혼했는지에 따라 다르기는 하지만, 이 단계를 거치는 여성의 자녀는 거의 독립할 나이가 되었거나 이미 독립했을 수 있다. 이 시기가 3부에서 언급한 '20년 만의 외출', '빈 둥지 단계'와 일치할 수도 있다. 한편 이 시기에 남편(또는 동거남)에 대한 근본적 차원의 재평가가 이루어지며, 그 남성의 SMV 잠재력에 대한 투자가 현명한 결정이었는지 아니면 후회스러운 실수였는지 판단한다. 하지만 이전의 다양한 단계들과 마찬가지로, 여자들은 이러한 재평가를 통해 내리는 새로운 선택이 무엇이든, 그것을 정당화하는 데 도움 되는 편리한 여러 사회적 통념이 이미 준비되어 있다는 것을 잘 알고 있다.

자녀 양육을 위해 남성들이 자신들의 성 전략을 포기하게 하고, 한 여성에게 헌신하도록 약속을 받아내야 한다는 압박감은 여자들이 안정을 추구하게 만든 원동력이었다. 그러나 시간이 지나면서 안정의 중요성은 조금씩 줄어든다. 대신 이 시기의 여성에게는 새로운 욕구가 생기는데, 만족스럽지 않은 남성과 살면서 자신의 SMV와 외모가 완전히 가치를 손실할 때까지 세월을 보내기 전에, 진정으로 여자와 '공감'하는 남자와 관계를 형성해야 한다는 욕구다. 베타 반려자는 이제 쓸모가 없어졌고, 이제 그녀는 자신이 진정으로 필요로 하는 것은 정말로 존경하는 알파 남성이라는 사실을 깨닫게 된다.

이 시기는 남녀평등 신화에 안주하는 대부분의 베타 남성이 평생 의식적으로 외면했던 하이퍼가미 특유의 인지부조화를 온몸으로 겪고 대응해야 하는 현실과 마주하는 시기다.

한 가지 분명히 짚고 넘어가자면, 그렇다고 해서 암울하고 우울한 시나리오만 있는 게 아니다. 여성이 자신의 SMV에 대한 현실 감각을 갖고 실용적인 선택, 즉 지금 사귀고 있는 남자가 그나마 장기적으로 자신에게 가장 균형 잡힌 하이퍼가미 본능을 충족할 수 있는 남자라고 믿고 받아들이는 경우다. 또는 지금 같이 살고 있는 남자에 대해 진정으로 장기적인 (여성이 나름 정의하는) 사랑과 호감을 가지고, 건강한 정서적 유대를 맺을 수도 있다.

이것 외에도 고려할 다른 시나리오가 있다면, 아내가 남편을 재평가하는 데 걸리는 기간보다 남편이 정점에 오른 SMV를 더 오래 지속하는 경우다. 또는 아내의 종교적 신념이 관계 재평가에 따르는 부정적 결말을 예방하는 브레이크 역할을 할 수도 있다. 또는 현실적으로 아내 자신의 SMV가 너무 하락해서, 이제는 현재 남편과 함께 사는 것만이 유일한 길이라고 생각할 수도 있다.

베이비붐 세대의 이혼 과정을 살펴보면, 앞서 설명한 재개발 단계 및 재평가와 밀접한 관련이 있는 흥미로운 추세가 있다. 바로 '황혼 이혼(Grey Divorce)'이다. 50세 이상의 미국인은 20년 전 동년배에 비해 이혼할 확률이 두 배 더 높다.

> 콜로라도주 볼더에 사는 55세의 짐 캠벨은 아내와 34년 동안 함께 살다가 이혼했다. "전처와 나의 가장 큰 공동의 목표는 자녀 양육이었습니다."라고 캠벨이 말한다. "두 아들이 성장하면서 양육 외에 부부가 함께할 수 있는 활동, 열정, 관심사가 부족하다는 것을 알게 되었죠. 아이들이 자립해 떠난 후 이 사실이 점점 더 분명해졌습니다."
> - 국립 공영 라디오방송 인터뷰, 황혼 이혼

여성 중심적인 주류 미디어에서는 부부가 이혼하면 주로 남편에게만 대중의 시선이 쏠린다. 하지만 통계적으로 전체 이혼 중 70% 이상을 여자 쪽에서 시작한다. 이는 여성이 재개발 단계에 진입할 때 나타나는 심리적 동기를 연구한다면 반드시 참고해야 할 중요한 단서다.

마찬가지로 남자가 자신의 SMV가 최고조에 달했다는 사실을 깨닫고, 여성의 하이퍼가미 본능 추구에서 비롯된 모든 것들이 자기 삶에 어떤 영향을 미쳤는지 알아차리고 여자를 떠나버리는 경우, 여자는 어쩔 수 없이 재개발 단계에 돌입할 수밖에 없는 경우도 생긴다. 소수의 남성은 레드필을 받아들이고, 여성의 플랜 B로 살아가며 '안주했던' 결혼 생활을 스스로 끝장내기도 한다. 또는 여성이 자신의 SMV를 재평가하고 이를 활용하는 것처럼, 남성도 이제라도 진정으로 연애 시장에서 몸값을 올리고 싶어 할 수도 있다.

어떤 경우의 수가 됐든, 여성의 입장에선 이렇게 불리한 상황에서 연애 시장에 재진입하는 것은 매우 힘든 일이다. 소위 '나이의 벽'이라 불리는 시점을 지나버린 뒤, 이 여성들은 매우 불리한 여건에서 다시 새로운 시작을 해야 한다는 점에서 엄청난 불안을 느낀다. 쉽게 말해 '영구적인 안정성(security forever)'이라는 이전 시나리오에서 조금만 벗어나도, 여자들은 상당한 위험을 느낀다.

그러나 만약 여성의 안정성이 어느 정도 보장이 됐다면, 재개발 시기를 보다 장밋빛으로 보이게 하는 사회적 통념들이 이미 준비되어 있다. 가령 '40대는 새로운 30대야(40 is the new 30)' 또는 '아직 매력 있어.(You still got it)', '강인하고 독립적인 여성' 같은 슬로건은 이 시기를 거치는 여성에게 '쿠거(젊은 남성과 성적으로 맺어지려는 나이 많은 여성)' 판타지를 충족하도록 종용한다.

해당 연령대 여성 집단 내에서도 개인차가 있지만, 여성은 이러한 사회적 통념들을 어느 정도 잘 이용할 수 있다. 그러나 여성이 이와 같은 '새로운 파티 시기'를 다시 누리더라도, 일정 시간이 지나면 결국 또다시 안정성을 추구해야 할 때가 온다. 연애 시장에 재진입해서 자신이 남자들에게 먹히도록 요리조리 나이의 벽을 피하는 방법을 터득하는 게 이 시기를 거치는 여자 입장에서는 흥미진진할 수 있지만, 이게 실제로 가능하기 위해서는 아무튼 여성의 근본적인 욕구인 '안정'이 여전히 밑바탕에 깔려야 가능하다.

후기 안정 단계

결국 우리는 그래프를 한 바퀴 빙 돌아 마지막 지점에 도달했다. 이제 여성들은 깨달음의 시기 이래로 쭉 좇기 시작한 그 '안정'을 새로운 눈으로 바라보게 된다. 40대 후반, 50대, 심지어 SMV의 불가피한 하락으로 인해 무기한 길어질 수 있는 이 후기 안정 단계에서 여성의 하이퍼가미 본능의 안정 추구 측면은 최종적이고 영구적인 입지에 정착한다. 이러한 안정감은 반드시 돈을 의미하는 게 아니라는 점에 유의하라. 오히려 여성이 본인의 나이, 남자 경험에 비추어 용서받고 싶은(또는 용서받을 거라고 기대하는) 과거가 있음에도 불구하고, 적절한 남성성을 갖춘 남성이 제공하는 친밀한 의존관계, 남성이 여자의 과거를 수용하는 데서 오는 정서적 안정감도 포함한다는 점을 명심해야 한다.

이 시기의 여성 중에선 이제 다 자란 딸들이나, 다양한 인생 단계에 도달한 젊은 여성들의 삶에 개입하여 대리만족을 느끼고 싶은 욕망을 품고 있을지 모르겠다. 이 인생 선배 여성들이 타임라인 그래프의 여러 구간을 거치고 있는 젊은 여성들에게 전하는 메시지는 모종의 경고처럼 보인다. 그러나 정작 그 메시지들은 나이 든 여성이 과거 경험을 통해 형성한 프레임의 영향을 받은 것이다. 후기 안정 단계에서 여성은 종종 자기기만의 일환으로, 자신의 과거사를 정신적으로 다시 고쳐 쓰는데, 정작 본인은 그 이야기를 듣는 젊은 여성들을 위해 그렇게 한다고 믿는다.

여담이지만 인터넷이 등장하고 모든 디지털 자료가 영구적으로 보존되기 때문에, 이제 중년 여성들이 과거를 다시 쓰는 일이 점점 더 어려워지고 있다는 점을 지적하고 싶다.

이 시기의 여성은 괜찮은 남성에게 자신이 어떤 여자인지 확실히 인정받기를 원할 뿐만 아니라, 자신에게 안정을 보장해 주는 사회적 패러다임을 만들려고 시도하는 시기이기도 하다. 물론 이러한 행동의 동기는 여성의 타고난 유아론 사고방식(solipsism: '세상에는 나만 존재한다'는 생각. 여기선 여자들이 자신의 안위를 제일 중요하게 여기는 사고방식을 가리킨다-감수)에 근거한다. 그러나 여성들의 안전에 대한 욕구는 개인 차원의 욕구를 넘어 여성 집단 전체에 대한 것으로 확장된다.

이 시기의 여성은 자기 딸뿐만 아니라, 아들에게도 혹시 본인이 아들의 아버지에게 직접 사용했던 성 전략을 다른 여성이 아들에게 쓸지도 모른다며 걱정한다. 이런 경우를 제외하고 일반적으로 이 나이대 여성들이 내는 우려의 목소리는 주로 '여성'과 '사회'를 한 묶음으로 보는 관점에서 나온다. 이러한 사회적인 공익을 명분으로 하는 목소리가 그 목소리를 내는 여성의 개인적인 후회의 감정을 인정하거나 시인하는 경우는 거의 없다. 오히려 하이퍼가미 본능에 따라 과거에 본인이 내린 선택의 부정할 수 없는 결과와, 또는 과거 본인의 행적을 심적으로 받아들이기 위한 과정이라고 봐야 한다. 폐경기가 시작되면 이러한 과거를 되돌아보고 싶은 욕구가 더욱 강해진다.

사회적 통념, 브리포의 법칙 (Briffault's Law)

로베르 S. 브리포(Robert S. Briffault)(1876~1948)는 외과의로 수련을 받았지만 사회 인류학자로서, 그리고 말년에는 소설가로서 명성을 얻었다. 위키피디아에 그의 사상이 잘 나와 있는데 일부는 나도 동의하지만 다른 부분은 시대에 뒤떨어진다고 생각한다. 그러나 브리포의 법칙은 21세기 매노스피어에서 예상치 못한 인기를 얻었는데, 특히 후기 안정 단계와 맞물려 그 의미가 새롭게 부각되고 있다.

> "수컷이 아닌 암컷이 동물 가족의 모든 구성 조건을 결정한다. 암컷이 수컷과의 연대로부터 아무런 이득을 얻을 수 없다면 연대 자체가 발생하지 않는다." - 로베르 S. 브리포, 《어머니들, The Mothers》, 1권, 191쪽

짐작하겠지만 성적으로 가장 활발한 시기가 훨씬 지난 여성은 가족, 과거 또는 현재의 남편의 지원, 사회적 지원, 인프라 및 여성에게만 주어지는 사회적 혜택이 필요하다. 여성에게 장기적인 안정이 필요하다는 점을 고려해 보면, 브리포의 사고방식은 인간종에게도 적용 가능하다고 볼 수 있다.

레드필 블로거들은 브리포의 법칙에 대해 추가적인 해석을 추가하고 수정을 하기도 한다. 그러나 여성 성숙의 후반기 단계들을 더 잘 이해하려면, 브리포의 개념을 원본 그대로 따르는 것이 좋다고 생각한다.

2013년 퓨 리서치 센터(Pew Research Center)는 미국 인구조사국의 데이터를 기반으로 결혼 트렌드에 대한 분석 결과를 발표했다. 이 분석에 따르면 결혼 경험이 있는 남성의 약 3분의 2가 재혼을 희망하는 반면 여성의 경우는 절반이 채 되지 않는 것

으로 나타났다.

현재 연애 시장의 틀 안에서 이 데이터를 분석하면, 여성들이 새로운 일부일처제 관계를 맺을 준비가 되어 있지 않거나, 그럴 마음이 딱히 없다는 결론에 도달할 수도 있다. 하지만 나는 여성의 이러한 재혼 의지 부족 현상의 상당 부분을 브리포의 법칙으로 설명 가능하다고 생각한다.

남성들, 특히 이 나이대 여성과 동일한 수준의 인구통계학적 특성 및 사회경제적 지위에 있는 남성들은 재정적으로, 대인관계 차원에서도, 이미 장기적인 안정을 확보한 여성이 현재 누리는 것과 동일한 수준의 효용을 제공하지 못할 수 있다.

후기 안정 단계를 거치는 나이 든 여성은 어느 정도 의식적 차원에서, 지금보다 더 젊었던 때인 '깨달음의 시기'를 거쳤던 젊은 시절과 다르게, 인제 와서는 남성에게서 베타적 측면의 효용을 더 이상 체감할 수 없다는 점을 깨닫는다.

"그는 결코 대단한 남자가 아니었어..."

소수아브(SoSuave)에 글을 쓰기 시작한 이래, 특히 여자들이 하이퍼가미를 대놓고 드러내는 사회적 분위기에 대해 이야기하기 시작하자, 많은 남성들이 비슷한 경험의 이야기를 해주었다. 즉 할머니, 어머니, 장모가 자기 남편이 '한 번도 남자답지 못했다'고 말하는 것을 들어보았다는 것이다.

이 여성들은 모두 70대 후반에서 80대 초반의 나이로 더 이상 바랄 것이 없는 나이다. 딸과 손녀에게 한 남성에게 '정착'하는 것이 위험하다고 경고해도 잃은 것이 없다. 심지어 여성 독자 중에는 자신의 어머니가 "아버지 같은 남성(베타 남성)에게는 절대 밝힐 수 없는 나의 모습이 있다."고 고백한 이야기를 하는 사람도 있었다.

이런 고백은 대개 남편이 세상을 떠났거나 요양 시설로 보내졌을 때, 또는 평생을 함께 살아온 아내가 남편에 대해 부정적인 평가를 해도 남편이 완전히 이해할 수 없는 상태에 이른 후에 발생한다. 내게 이런 이야기를 해준 남성들은 레드필에 익숙했기 때문에 어느 정도 예상했던 일이라는 반응을 보였다. 그러나 이러한 노년 여성의 딸과 결혼한 블루필 환상에 빠진 사위라면, 이런 장모의 고백을 그냥 받아들이기는 쉽지 않을 것이다. 블루필 남성들이 여자들에게 이러한 이야기를 들었다면, 그 충격을 어떻게 받아들여야 할까?

여성들은 본인이 정말 잃을 것이 없다는 생각이 들면 들수록, 하이퍼가미를 대놓고 드러내기가 더 쉬워진다. 그런데 이러한 태도와 경향은 사회적, 개인적 안전을 보장받을 '자격이 있다(entitled)'고 느끼는 젊은 여성들 사이에서 증가하고 있다. 하지만 노년기가 되어서야 '진짜 잃을 게 없다'고 느끼는 여성들 입장에서, 이렇게 대놓고 드러내는 하이퍼가미성 훈계와 고백이 노년 여자들에게 심적 안도감을 주는 것처럼 보인다. 딸이나 손녀에게 '플랜 B' 남자, 즉 '깨달음의 시기'에서 선택한 베타 남성에게 안주하는 안전한 베팅 대신 (본인의 개인적 취향이더라도) 흥분되는 알파 애인 또는 남편을 선택하는 게 좋다고 충고를 해주었다는 생각에 안도감을 느끼는 것이다.

여성들이 노년기에 접어들면 자매연대(sisterhood)의 차원에서, 젊은 세대 여성들에게 하이퍼가미 본능에 따른 결정과 그 결과에 대해 경고하고 싶은 마음이 더욱 절실해진다. 물론 딸이나 손녀의 삶에 개입하여 대리만족을 느끼며 살고 싶은 욕구도 일정 부분 있겠지만, 그보다는 본인이 젊은 시절 내렸던 결정이 실제로 어떤 요소들의 영향을 받았던 것인지, 그리고 그 결정으로 인해 본인이 어떤 삶을 살았는지(또는 살지 않았는지) 마지막으로 정리하고 싶은 욕구 때문에, 손녀나 딸에게 훈수를 두는 것이다. 여성이 인생의 어느 지점에 이르면, 불편한 진실을 인정하는 것이 타인을 진심으로 걱정하는 척하는 것보다 낫다고 느끼는 때가 온다.

블루필 남성, 심지어 젊은 남성 중에서도 '외로운 말년'을 두려워하는 남성들이 많다. 이 남자들은 여성 중심적 사회 통념이 미리 정해둔 남녀관계 프레임에 순종하지 않으면, 고독하고 절망적인 삶을 살게 될지 모른다고 걱정한다. 《합리적 남성》 1권 중 '고독한 노인의 신화(Myth of the Lonely Old Man)'에서 이 현상을 설명했는데, 그 내용은 남성들이 여성의 우월적 관계에 순응하지 않으면 도태되어 노년기에 외로움에 시달리고, 돌봐 줄 사람도 없어서 임종할 때 침대 옆에서 자신을 지켜 줄 자녀가 없는 삶을 살게 될 것이라고 협박당한다는 이야기이다.

이 블루필 남성들이 깨닫지 못하는 불편한 진실은 이것이 단지 스스로 지어낸 환상에 불과하다는 것이다. 구글에서 '임종'을 검색하면 깨끗하고 안락한 호스피스 병상의 침대에서 아내와 가족들의 손을 잡고 마지막 작별 인사를 하는 할아버지의 사진이 나오는가? 그런 광고 사진이 바로 블루필 남자들의 환상이다. 실제로 대부분의 경우 노인은 요양원에서 폐에 물이 차서 죽거나, 한밤중에 아무도 없는 곳에서 죽거나,

옆 침대에는 전혀 모르는 환자가 누워있는 상태에서 죽게 된다. 물론 이런 그림이 우울하다는 것은 이해한다. 하지만 막상 거기까지 가면 그 누구도 인생을 통제할 힘이 거의 없다는 사실을 알아야 한다. 남자들은 어서 빨리 이런 식의 두려움, 순응, 회유에 기반한 블루필 사고방식에서 벗어나길 바란다.

이제라도 생각을 바꾸어 남성들이 진정 레드필의 관점으로 눈을 떠 세상을 바라보았으면 좋겠다.

사랑의 체계

남녀 간 계층구조

블루필의 삶, 즉 매트릭스에서 플러그를 뽑을 때 나타나는 남자들의 금단 증상 중 하나는 남성이 한 평생 길들여진 블루필 사고방식에서 벗어나면서 발생하는 심각한 수준의 허무주의다.

나는 레드필을 받아들인 남자들이 각성하는 과정에서 얻은 통찰과 진리를 아들과 딸은 물론 그들이 알고 있는 다른 남자들에게도 전파하기를 바란다. 그러나 안타깝게도 실제로 남자가 블루필 환상에서 벗어나려면 고통스러운 이별, 이혼 또는 한 남자가 평생을 바쳐 구축했다고 믿었던 '평등한 남녀관계'라는 신념 따위가 여성의 하이퍼가미 본능 앞에서 아무 의미가 없다는 것을 깨닫는 일련의 고통스러운 과정을 거쳐야 한다.

블루필 사고방식에서 벗어나는 과정, 이게 특히 고통스러운 이유는 이 과정이 종종 감정적인 갈등을 일으키기 때문이다. 하지만 종국에 남자들이 회의감을 느끼게 되는 지점은 레드필을 통해 직면한 가혹한 현실, 즉 남자가 살아온 그 시점까지, 남자의 개인적인 투자와 자부심을 뒷받침하던 그 모든 가치가 여성 중심적인 문화에 뿌리를 둔 허구라는 사실을 깨닫고 나서도, 여전히 그러한 세상 속에서 살아가야 한다는 것이다. 이 개념은 첫 번째 책에 등장하는 '레드필의 쓴맛(The Bitter Taste of the Red Pill)'에서 설명했다.

"진실을 알게 되면 자유로워질 수 있지만 그렇다고 해서 고통이 완화되거나 진실이 더 매력적으로 느껴지는 건 아니다. 또 진실을 아는 데 따르는 책임도 면제되지 않는다. 남성들이 직면하는 가장 큰 장애물은 이러한 진실이 그들 눈앞에 갖다 놓는 가혹한 현실을 인정하는 것이다. 여기에는 오랫동안 믿어왔던 익숙한 이상향, 애정 어린 기대가 사실은 주입받은 굴레였다는 사실도 포함된다. 그걸 거짓말이라고 부르고 싶다면 그렇게 불러라. 이런 것들을 버리고 나면 절망적인 허무감이 몰려올 수 있다. 그러나 그건 당신에게 새로운 희망이 없어서가 아니라 새롭게 알게 된 세상에서, 여러분이 더 직접 통제할 수 있는 판 위에서 새로운 희망을 창조해 낼 통찰력이 아직 부족하기 때문이다.

마지막 부분을 염두에 두고 내가 이 장에서 제안하는 내용을 읽어주길 바란다. 많은 남성이 레드필 지식이 사실이라고 인정한 후 여러 온라인 포럼을 통해 절망감을 표출한다. 그런데 이런 절망감은 순전히 길이 미리 정해져 있지 않기 때문에 생기는 것이다. 남자들이 블루필, 여성 중심의 사회적 메시지에 순종하면 정답이 정해져 있는 것처럼 길이 훤히 보이고, 남성에게 부여된 책임이 무엇인지 확실히 안다. 그러나 지금 막 진실을 자각한 남성은 이제부터 스스로 새로운 길을 개척해야 한다. 이는 두렵기도 하고 동시에 설레기도 한다.

서로 다른 남녀의 사랑의 방식

거의 4년간 블로그를 운영하고 책을 쓰면서 가장 인기 있었던 세 개의 작품은 '사랑에 빠진 여자들', '사랑에 빠진 남자들', '사랑과 전쟁에 대하여'(〈합리적 남성〉 블로그에 수록)와 같은 '사랑 시리즈'였다. 링크를 타고 들어오는 트래픽은 SMV 그래프가 가장 많지만, 위에 언급한 사랑 시리즈가 합리적 남성 블로그에서 조회수가 가장 많다. 아쉽게도 이 글들은 가장 많이 인용되면서 동시에 가장 많이 오해받는다.

남자들이 레드필을 받아들이는 데 가장 어려운 지점은 남성과 여성이 사랑을 인식하고 체험하는 방식에 차이가 있다고 인정하는 것이다. 특히 독자들이 처음 글을 읽었을 때 '사랑에 빠진 여자들'이라는 글의 주제를 잘못 해석하는 경우가 많았다. 의도적이든 아니든, 여러 이유로 남성 독자와 여성 독자 모두 이 에세이의 주요 전제를 근본적인 차원에서 오해하는 경향이 있다.

토마시의 철칙 6
"여자는 절대로 남자가 기대하는 방식으로 남자를 사랑할 수 없다."

이 간단한 문장 하나만으로도 보통 남자들의 심리를 잘 파악할 수 있다. 위 문장은 남성들이 이를 인정하고 받아들이든, 받아들이지 못하고 평생 부정하든, 어쩔 수 없이 직면해야 하는 사회 전반에 퍼진 허무주의를 정확히 표현한다.

여성은 남성이 이상적으로 생각하는 방식, 또는 남성이 여성에게 그렇게 해줄 거라고 기대하는 방식으로 남성을 사랑할 수 없다.

대부분의 레드필 비판자들은 남녀가 사랑을 어떻게 해석하고 생각하는지에 관한 위의 내용을 다룰 때, 마지막 부분을 누락한다. 그들은 위 문장의 의미를 지나치게 단순화하여 "토마시는 여자는 남자를 절대 사랑할 수 없다고 주장해. 정말 말도 안 되는 소리야!"라고 말한다.

물론 이는 요지에서 완전히 벗어난 이야기다. 하지만 평등주의 이상을 품고 살아온 남성과 여성이라면, 이들이 이러한 사랑의 개념을 애써 무시하고 싶은 심정을 이해는 한다. 남성과 여성이 상호 합의한, 공동의 이익을 위해 함께 사는 평등하고 합리적이고 이성적인 주체란 개념을 부정하는 이러한 발상은 사람들이 오랫동안 해온 심적 투자(ego investment)를 하루아침에 붕괴시킬 수 있다.

하지만 여성이 타고난 하이퍼가미 본능의 작동 방식은 이런 평등주의 환상을 대놓고 부정할 뿐만 아니라, 여성들이 사랑하는 남자(사실은 그 남자의 자질)의 유형에 대한 구체적인 조건들이 여자마다 일관될 정도로 유사하다는 나의 주장을 뒷받침한다.

역설적으로 나의 사랑에 관한 6번째 철칙을 비판하는 사람들이 '사랑의 언어(Love Languages, 게리 채프먼의 《5가지 사랑의 언어》라는 책에서 도입한 개념-옮긴이)'라는 대중적인 심리학 개념을 빠르게 받아들이는 경우가 많다.

나는 레드필에서 이야기하는 사랑에 대한 개념이 왜 여성들은 물론, 사고방식이 여성화된(feminized) 남성에게 불쾌감을 주는지 이해한다. 여자든 남자든 '여성이 기회주의적으로 남성을 사랑한다'는 이야기를 듣는 것은 분명 기분 좋은 일이 아니다. 하지만 분명히 말하건대, 내 말의 참 의도는 여성이 사랑을 대하는 방식을 비판하려는 것이 아니다. (물론 어떤 사람들은 비판한다고 생각하겠지만) 나는 여성이 남성을 사랑하는 방식이 '옳다' 또는 '그르다'며 가치판단을 내리는 것이 아니다. 여성의 '기회주의적 사랑 방식'과 남성의 '이상주의적 사랑 방식' 모두 장단점이 있다. 남성과 여성이 서로를 다른 방식으로 사랑하는 것은 서로를 보완('합의'가 아니라 '보완'이다)하기 위해 진화한 것으로, 각 성별의 장점이 상대방 측의 약점을 보완하는 역할을 한다고 생각한다.

"맙소사! 이 레드필 어쩌고 하는 놈이 여자는 남자를 진정으로 사랑할 수 없다고 생각한다니 기가 막히는군."과 같은 잘못된 주장에 대해, 물론 고의로 악의를 가진 건 아니겠지만, 특히 레드필 개념을 처음 접하는 남자들조차 종종 이와 비슷하게 지나친 단순한 오류에 빠진다는 점을 지적하고 싶다.

이러한 남자들의 반응은 블루필 환상으로 길든 상태에서 받은 정서적 충격에서 벗어나려는 시도다. "토마시는 여자는 남자를 진심으로 사랑할 수 없다고 했어. 맞아! 이제 확실히 알겠어! 그 여자가 왜 나를 떠났는지 알겠어."와 같은 일부 남자들의 반응은 전에는 블루필 상태에 있었지만, 이제는 블루필에서 벗어났다는 것을 확인하려고 애쓰는 시도에 불과하다.

다시 말하지만 이 주제는 사랑을 표현하는 방식이 '옳다', '그르다' 차원의 문제가 아니다. 진짜 문제의 원흉은 사람들이 남성과 여성의 사랑에 대한 인식의 차이를 인정하지 않으면서, 정작 이런 차이를 부정하는 바람에 생겨난 문제들만 강조하는 데 있다.

남성은 종종 명예나 정의라는 개념을 동원하여 이상주의적 사랑의 '옳음'을 인정받고 가치를 심판하는 경향이 있지만, 여성은 여전히 남성과 사랑에 빠지는 전제 조건으로 그 남자가 '무엇'인지, 남자가 지닌 가치를 바라볼 것이다.

여성의 하이퍼가미 본능은 남자들의 사랑에 관한 이상주의적 기대를 포용하지 않는다. 마찬가지로 남자의 이성은 여자들의 기회주의적인 사랑을 쉽게 허용하지 않는다.

낭만적인 남자들

아래는 레드필의 서브레딧 포럼의 게시판에 올라온 글이다.

> "나는 평생 정직하고 열심히 일하면 진정한 사랑을 만날 수 있을 거라고 믿었다. 나이가 들면서 '내가 어느 정도 건강하고, 연봉 6만~8만 달러를 버는 좋은 직업을 가지면, 내가 사랑하는 것처럼 나를 사랑해 주는 아름다운 여자를 만날 수 있다.'고 생각했다."

여러 차례 언급했듯이 남자들이야말로 진정한 낭만주의자. 물론 수 세기에 걸쳐 진화한 '기사도적 사랑(courtly love)'이란 개념의 의도치 않은 결과물이기도 하지만, 낭만(romance)이란 차원에서 실제로 로맨스를 '만드는' (또는 만들고 싶어 하는) 주체는 바로 남성이다. 그러나 문제는 남성이 인위적으로 여성을 낭만에 빠진 상태로 '만들 수 없다'는 것이다.

남자가 여자의 마음을 움직이기 위해 상상력을 발휘하고 창의적인 노력을 기울인다고 해도, 이미 '노력'이라는 상태 자체가 행위의 진정성을 훼손한다. 남자는 결혼한 후에도 아내와 로맨틱한 밤을 보내려고 계획을 짜지만, 정작 지저분한 집에 사는 남자친구에게 홀딱 빠져, 창문이 없어서 천 조각으로 대충 가리고, 재활용 쓰레기장에서 가져온 가구가 놓인 곳에서 싼 맥주를 마시며 중고 매트리스를 깔고 자는 알파 기질의 남자친구와 섹스하고 싶어 안달이 난 여대생도 있다. 로맨스는 만들어지는 것이 아니라 자연스럽게 생기는 것이다. 섹시한 남자가 우연히 발견한 사탕 껍질이나 껌 포장지로 만든 반지가 매력이 없는 남성이 돈을 잔뜩 바른 '낭만적인 휴양지'보다 여성에게 오래 기억된다는 사실을 일반적인 남자들이 받아들이는 것은 쉽지 않다. 그러나 이런 비유는 남성들에게 소중한 교훈이 될 것이다.

레드필을 받아들이고 이해한다는 개념의 핵심은 남성이 여성과 할 수 있는 가장 기억에 남는 사랑의 행위가 (겉으로 보기에도 그렇고 실제로도) 자발적이어야 하며, 결코 여자 눈에 다 보일 정도로 지나치게 계획한 행동이 아니라는 점을 깨닫는 것이다. (그리고 이는 섹스에도 적용된다)

이러한 깨달음은 남자에게 좌절감을 안겨줄 수 있는데, 블루필 사고방식에 길든 남성은 신중하게 계산한 로맨틱한 행동이 여성에게 인상을 심어줄 것이라는 믿음을 갖고 레드필 지침과 반대로 행동하기 때문이다. 게다가 이런 식의 계산된 행동에 의존하는 태도와 준 만큼 돌려받는 사랑을 원하는 남성의 로맨틱한 본성이 더해지면 문제를 악화시킬 수 있다. 결국 남자가 더욱 로맨틱한 계획을 세우면 세울수록, 여자에게 더 잘 인정받고 상호 간 주고받는 사랑을 할 것이라고 순진한 착각에 빠진다.

사랑의 위계 구조

현대 남성들이 좌절하는 진짜 이유는 여자의 사랑에 대한 개념이 남자의 사랑 개념과 똑같을 것이라는 잘못된 희망 때문이다. 남자들은 자신이 쏟는 사랑만큼 예쁜 여자가 자신에게 사랑으로 보답하는 것을 이상적인 사랑이라고 여긴다. 평등주의에 기반한 이런 사고방식은 '여자도 남자랑 똑같이 생각할 거야'라는 발상에서 출발한다.

이러한 블루필 사고방식에 길든 남성들은 하이퍼가미 본능에 따르는 여성의 사랑은 남성이 누구(Who)인지 알아가기 전에, 계속해서 그 남성이 무엇(What)인지(남자의 자질, 능력, 지위 등을 의미-감수) 먼저 고려한다는 사실을 모른다. 이것이 바로 남녀 간의 사랑에서 위계가 발생하는 원인이다.

관습형 모델

관습형 모델

여성 중심 사회가 등장하기 전, 과거 남자들에겐 사랑의 우선순위를 표현한 위와 같은 표 따위는 거의 관심의 대상이 아니었다. 즉 남성의 사랑이란 아내와 자녀의 안전을 지키고, 식량을 제공하며, 가정을 감독하고 책임지는 자세에서 비롯된다는 발상에 대해 남자들이 굳이 의식하거나 깊게 사색할 필요가 없었다. 요즘 남자들처럼 상호 교환적인 사랑 모델을 원하는 열망도 딱히 없었다.

물론 사랑, 섹스, 존경, 정조라는 기본 요소는 과거 남성들에게도 중요했지만, 이런 것 때문에 남자가 사랑받는다는 기분이 드는 것은 아니었다. 남자가 여자(더 나아가 그들의 자녀까지)를 사랑하듯, 여자도 남자를 사랑할 것이라는 기대는 아예 없었다. 남자가 된다는 것은 자신에게 필요한 것 이상의 잉여 자원을 제공하고 유지할 수 있는 능력을 갖추는 동시에, 안정감과 보호받는 느낌을 가족들에게 제공하는 것이었다.

미국 드라마 〈브레이킹 배드〉 시리즈에서는 구스타프 프링이 암으로 죽음을 앞둔 월터 화이트에게 마약을 제조해달라고 설득하는 장면이 나온다. 이 장면에서 둘 사이에 나누는 대화가 정말 흥미롭다. 프링은 월터를 설득하기 위해 뒤에 남겨질 가족의 생계를 위해서라도 그렇게 해달라고 한다.

"남자는 인정받지 못해도, 존경받지 못해도, 심지어 사랑받지 못해도 자신의 책임을 다한다. 그저 참고 또 참는다. 그게 남자이기 때문이다."

구스타프의 대사는 특히 레드필 관점에서 보면 시대착오적이다. 현대 레드필 관점에서 이런 사고방식은 남자가 사랑받든, 존경받든, 결혼했든 안 했든 상관없이 남자에게 불공정한 부양 의무 계약이다.

물론 이 글을 읽고 있는 여러분 중 일부는 남녀 평등주의에서 벗어난 사랑의 모델에 대해 여전히 거부감을 가질 수 있다. 그러나 소위 '평등모델'은 사람들이 남녀 사이에서 평등주의 이념이 실현 가능하다고 믿도록 주입받았기 때문에 생겨난 것이다.

여성 우월주의가 부상하기 전에는 남성이 부양 의무를 실현하고 가족이나 관계를 이끌면서 사랑을 표현해도 여성이나 자녀는 보답할 수가 없었다. 여성의 지위가 상승하면서 남자들이 원래 알던 사랑의 개념이 변하기 시작했다. 남성을 더욱 여성화하고 남성성의 본질에 대한 혼란을 야기하려는 시도의 일환으로 '전통적인 사랑 모델'은 '여성 중심적인 모델'로 대체되었다.

여자가 일정 수준의 존경과 사랑을 남성에게 돌려줄 수 있지만, 아무튼 여성의 일차적인 사랑과 관심은 자녀를 향한다.

가끔 출산 전이든 출산 후든, 여성이 자녀를 살해하는 사건을 듣고 사람들이 놀라는 이유는 인간이 본능적으로 이러한 자연적 질서를 알고 있기 때문이다. 여성의 뇌 기능과 신체기능은 종족의 생존을 보장하는 핵심 요소, 아이와 강한 유대감을 형성하도록 진화해 왔다. 육체적 차원에서 아이를 낳고 기르는 것 외에도, 아이가 혼자 살아갈 수 있도록 키우는 과정에는 상당한 노력과 자원, 지속적인 관심이 요구된다. 자연은 생물학적, 정서적(심리적) 양육 능력을 타고난 여성이 우선으로 자식에게 사랑을 쏟고 키우는 것을 선호해 왔다.

여성의 하이퍼가미 본능이 알파 남성의 우수한 신체적 능력과 베타 남성의 책임감 및 부양 잠재력을 둘 다 갖춘 남성을 찾도록 진화한 이유는 여성의 사랑이란 관점에서 자녀가 최우순 순위를 차지하기 때문이다. 남자가 가족에 지속적인 헌신과 투자를 쏟게 하려면, 여자는 남자에게 성적, 정서적 측면으로 관심을 쏟아야 한다. 그렇다고 하더라도 여성의 일차적인 애정은 자녀를 향한다.

물론 모든 여성이 아이를 가질 수 있는 것도 아니고, 심지어 아이가 없는 경우에도 남성보다는 아이를 대신하는 대상에 대한 사랑이 먼저다. 이런 식의 설명은 관점에 따라선 남성에 대한 여성의 사랑을 냉담하거나 무관심한 것으로 묘사하려는 것처럼 보일 수 있다. 그러나 이런 식의 우선순위 배정은 여성이 의식적으로, 고의로 하는 것이 아니다. 여자들은 그저 남자들의 최우선 순위가 여성이라는 것을 알기 때문에 이렇게 행동한다.

여성 중심 모델

여성 우위 모델

"좋은 여자를 기다리지 마라. 그런 여자는 존재하지 않는다. 몸과 영혼을 동원해 당신을 남자로 더 많이 느끼게 해줄 수 있는 여자들이 있지만, 바로 그 여자들이 군중 앞에서 당신에게 칼을 들이댄다.

예상했지만 칼에 베인 상처는 상당히 고통스럽다. 여자는 남자들을 서로 대립시키는 것을 즐긴다. 그럴 기회만 있으면 반드시 그렇게 한다. 남성은 겉으로는 자신감과 모험심이 넘치지만, 충성스러우며 사랑을 더 잘 느끼는 존재다. 반면에 여성은 배신과 고통 그리고 비난에 탁월하다.

멋진 여자를 둔 남자들 부러워하지 마라. 화려한 겉모습 뒤에는 살이 있는 지옥이 있을 뿐이다."

- 찰스 부코스키(Charles Bukowski)

긍정적인 사고방식을 가진 독자들에게 반가운 소식을 전하자면, 나는 찰스 부코스키의 사상에 전적으로 동의하지는 않는다. 그러나 찰스는 남녀 간 계층 구조가 어떻게 이루어져 있는지, 개괄적인 그림을 잘 그렸다.

찰스가 문학적으로 표현한 것처럼 모든 여성이 '배신, 고통, 비난'에 능하다고 확언할 수는 없지만, 남성의 본성에 대해서는 찰스가 정확히 이해하고 있다. 또한 바로 이러한 남성의 본성이 찰스가 여성을 '배신', '고문', '저주'와 같은 키워드와 연결한 진짜 원인이라고 생각한다. 여성의 본성이 사악해서라기보다 남성들이 가진, 뿌리 깊은 사랑을 향한 이상주의 때문에 남성이 쉽게 배신, 고통, 비난을 당한다는 의미다.

찰스 부코스키를 조금이라도 아는 사람이라면 그를 당당하고 남자다운 상남자로 기억할 것이다. 그는 엄청나게 오만하며 자신감, 남성적인 독립성의 전형이었다. 그는 부족한 세련미를 본인의 재능과 잔인할 정도의 정직함으로 보완했는데, 이는 오늘날의 여성 중심적인 사회 질서에서는 결코 받아들일 수 없는 것이었다. 60년대 중반에 이미 그는 뼛속까지 레드필 맨이었다.

그는 여성에 대해 많은 사색을 했지만, 여성이 남성을 아프게 할 수 있는 것은 남성의 본성 때문이라는 것을 이해하고 있었다. 그때나 지금이나 페미니스트들은 그를 여성혐오 시대의 유물로 취급하지만 그의 진정한 통찰은 여성에 대한 것이 아니라 남성의 내면에 관한 것이다.

'남성은 겉으로는 자신감과 모험심이 넘치지만 사실 충성스러우며 사랑을 더 잘 느끼는 존재다.' 나는 부코스키의 이런 관찰이 시대를 앞서갔다고 생각한다. 정확히 말하면 요즘 남자들이 남성과 여성이 사랑을 대하는 시각이 다르다는 사실을 인정하지 않고, 지속적인 여성 중심적인 사회화 과정 때문에 남자들이 사랑을 여성적인 문맥에서 해석하도록 길들었다고 생각한다.

남성의 '이상주의적 사랑'과 여성의 '기회주의적 사랑'의 차이점을 떠올려보라. 남성들이 여성이란 존재를 '남자들을 배신하고, 아프게 하며, 비난하는 존재'로 인식하는 이유를 알 수 있을 것이다. 특히 다른 사람에게 민감하게 공감하도록 '감수성 훈련(sensitivity training)'을 받은 남자들의 경우 그 정도는 더 심해진다.

사랑의 '여성 중심 모델'은 환상에 불과하다. 그러나 대다수 남성은 이 모델이 실제로 보편적인 사랑이라고 믿도록 길들었다. 이 모델에 따르면 여성이란 존재는 남성의 이상적 사랑에 보답하는 존재처럼 그려진다. 물론 이런 사랑 모델이 환상이라고 하더라도, 이 모델에 따라 남녀가 관계를 맺고 결국 자녀가 태어나기 마련이다. 그러나 남성들이 이 과정에서 직면하는 진짜 문제의 원인은 다음과 같다. 여성은 성과 기반의 기회주의적 접근방식으로 사랑을 대한다. 그러나 남성은 여성도 자신과 마찬가지로 '사랑을 위한 사랑(love-for-love's sake)'을 한다고 착각하는 데서 문제가 발생한다.

이 모델에 적용할 수 있는 가장 좋은 예시는 영화 〈블루 발렌타인〉이 보여주는 매우 냉혹한 교훈에서 찾을 수 있다. 넷플릭스 같은 스트리밍 플랫폼에서 이 영화를 찾아서 보는 걸 추천한다. 이 영화의 줄거리는 한 남성이 가진 '이상적 사랑'이란 믿음과 여성의 기회주의적 사랑이 충돌했을 때 발생하는 갈등을 생생하게 묘사한다. 이러한 남성들의 이상주의는 어린 시절부터 '여자도 사랑에 대해 남자와 똑같은 방식으로 생각할 것'이라는 평등 사상을 주입 받은 남자에게 더 잘 드러난다.

이 모델을 냉정하게 바라보면 '상호 교환적 사랑'이라는 디즈니 영화스러운 블루필 환상을 읽어낼 수 있을 것이다. 진정한 낭만주의자인 남자들은 이 평등 모델이 실제로 남녀 모두 동의하고 받아들일 수 있는 유일한 모델이라고 믿고 싶어 하는 경향이 있다. 이 모델이 지닌 환상을 없애는 것이 레드필을 받아들이는 과정에서 겪는 가장 큰 장애물이다. 실제로 남성들이 레드필에 저항하는 주된 이유 중 하나는 평등 모델 외에 사랑의 다른 모델이 존재한다는 걸 상상조차 하지 못하기 때문이다.

대부분의 남성에게 평등 모델에 대한 환상이 사라지는 시기는 동화의 결말부인 '그 뒤로 둘이 행복하게 살았답니다'(happily ever after)'라는 부분에 도달하고 나서, 아내가 왜 자신을 사랑했는지 진짜 이유를 깨닫고 나서다. 안타깝게도 이러한 깨달음은 너무 늦게 찾아오는 경우가 많다. 결국 이 순진한 남자들도 여성의 사랑 관념에 따르면, 결국 여자들에겐 남편이 어떤 사람(Who)인지보다 그가 무슨(What) 가치를 지닌 남자인지가 우선시된다는 것을 깨닫게 된다.

여성의 사랑은 분명 조건부 사랑이다. 물론 그렇다고 이 남자들이 여사를 상대로 무조건적인 사랑을 기대한다는 뜻은 아니다. 대신 요즘 남자들은 여자들이 내세우는 조건이 무엇인지, 보통 과거 전통적인 모델에서 힌트를 찾는다. '남성적인 책임감'을 그 조건으로 골라서 '남자답게 행동하면(Man Up)' 여성이 사랑을 되돌려 줄 거라고 순진하게 기대한다. 남자는 경제적인 능력만 있으면 여성이 '남자가 사랑하는 것처럼 여자가 남자를 사랑할 것'이라는 믿음을 가진다. 그러나 이런 '사랑의 공정거래' 개념, 평등주의 조건을 충족했음에도 불구하고 남자들은 결국 이상적인 사랑을 이루지 못한다. 남자는 이런 '실패'를 여성의 이상적 사랑 모델이 내세우는 조건에 걸맞은 남자가 되지 못한 자신의 무능력 탓으로 돌리는 경우가 많다.

그런데 이런 사고방식을 가진 남성들이 실제로 한 일은 다음과 같다. 한쪽으로는 사랑에 대한 이상주의적 환상을 유지하면서, 동시에 다른 한쪽에서는 여성의 기회주의적 모델이란 현실을 일부 받아들인 것밖에 없다. 따라서 위의 경우 여성은 아무 책임이나 잘못도 없게 되고, 관계 실패의 모든 책임을 남성이 짊어지게 된다.

이런 식으로 사랑의 모델과 그 역학을 이해하고 나면, 남자들은 여자들이 남자를 조종하려는 의도가 있었다는 식의 생각이 들 수밖에 없다. 그러나 정작 대부분의 여자는 이러한 남녀 간 위계 모델 뒤에 숨어 있는 무의식적이고 본능적인 원리를 인지하지 못하는 것 같다.

여성의 사회화는 다방면으로 이루어진다. 여성 우선주의가 부여한 사회적 지위 덕분에 여자들은 하이퍼가미, 즉 사랑을 기회주의적 접근 방식을 취하는 과정에서 남자가 모든 것을 희생하는 게 당연하다고 배운다. 우리는 이것을 여성의 특권의식이라고 비판하고, 그 태도가 점점 더 무소불위 수준에 올라가는 것을 본다. 사실 이런 여자들의 특권의식, 세상을 향한 여성들의 '당연한 기대'의 뿌리를 찾아 내려가면 여성의 사랑 모델, 즉 사랑을 기회주의적인 방식으로 접근하는 사고방식이 놓여있다.

남성은 현실주의자인 척하는 낭만주의자다. 여성은 그 반대다.

하위 모델

하위 모델

마지막으로 살펴볼 모델은 하위 모델이다. 이 모델은 남자들이 사회화 과정에서

또는 주변 환경에서 영향을 받아 남성이 여성에게 모성과 같은 사랑을 기대하는 모델이다.

하위 모델의 시나리오는 남자들이 양성평등을 극단적으로 진지하게 받아들인 결과물로 보인다. 그러나 근본적인 원인은 남자들이 남성성을 포기하고 그 결과 남자의 근본적인 역할까지 포기하는 데 있다. 이러한 남자들은 장기적인 관계를 맺기 전이나 맺는 동안에도 남성의 '리더 역할'을 망각한다.

이들은 내가 소위 '사전에 채찍질을 당했다(pre-whipped)'고 표현하는 남자들이다. 완벽한 남녀평등 프로그램으로 사회화되었기 때문에, 여성의 지시에 완전히 굴종할 준비가 되어있다. 이들은 여성을 만나기도 전에 이미 완벽한 '베타 호구남'이 되어버린 남자들이다. 그들은 여성과 사귀기도 전에 여자가 규정하는 관계 주도권 및 관계의 조건에 순응하도록 세뇌된 남자들이다.

이상적인 양성평등, 평등주의가 사회 전반에 퍼지면서, 이러한 남자들이 대거 양산되었고 하나의 계층 모델이 생겼다. 하지만 안타깝게도 이 모델을 실현할 수 있다는 사회적, 개인적 환상은 본래 '남성은 리드하고 여성은 따른다'는 보완적(Complementary) 사랑 모델, 즉 자연적 질서 앞에서 맥을 못 춘다.

하위 모델은 '전업 남편(house husband)'을 만들어낸, '성역할은 사회적 산물'이라는 페미니즘 사상이 남녀 관계에 영향을 미친 결과물이다. 이 사람들은 남녀관계 내에서 양성평등주의가 실현되기를 희망하지만, 현실에선 결국 한 쪽은 리드하고 한 쪽은 따라가는 관계로 귀결된다.

하이퍼가미의 고삐가 풀린 오늘날, 남녀관계에서 따라가는 역할을 맡고 싶어 하는 여성의 본능을 끌어내는 것은 더 이상 남성의 부양 능력이 아니다. 점점 더 많은 여자들이 하이퍼가미 본능을 제어하는 브레이크 역할을 하던 부양, 안전, 정서적 지원을 더 이상 한 남자에게 의존하지 않아도 된다. 현대 여성은 알파/베타라는 이원적 가치 사이에서 상대가 하이퍼가미 본능을 최적화할 수 있는 남자인지 여부를, 남자를 고르는 유일한 기준으로 삼는다.

여성의 원초적인 하이퍼가미 욕구를 충족시킬 수 있는 (알파) 능력을 갖춘 님성은 극히 드물다. 더구나 현재 진행 중인 '남성의 여성화 현상'으로 인해 이런 남자는 더욱 희소해졌고, 아이러니하게도 정작 남성성이 강한 남자들은 점점 더 사회적으로 무시당하고 있다. 점점 더 거품이 끼는 여성의 하이퍼가미를 만족시킬 수 있는 남자들에 대한 여자들의 수요는 이런 알파 남성들을 연애 시장 내 귀중품으로 만든다. 이런 양극화 현상은 현대 연애 시장에 참여한 남녀 모두에게 스트레스를 더욱 가중하고 있다.

평등주의 환상에 사로잡혀 이 모델을 따르는 남자는 어쩔 수 없이 (관습적으로 여성적인 역할인) '따르는 역'을 맡는다. 이 모델이 균형이 안 맞는 것처럼 보이는 진짜 이유는 본래의 자연적인 역할이 뒤바뀌었기 때문이다. 이에 따라 남자가 하는 게 더 적합한 역할을 여자가 맡게 되었다. (그리고 이런 커플은 이러한 가짜 이상을 억지로 실천하기 위해 많은 것을 희생해야 한다)

여성화된 남자는 남성이 가지고 있는 이상주의적 개념, 즉 '사랑을 위한 사랑'을 여자들이 받아들일 거라고 기대한다. 그러나 결국 여성에게는 그러한 사랑을 할 수 있는 능력이 부재하였다는 사실만 깨닫고 크게 실망한다. 본질적으로 하위 모델은 남자로 하여금 파트너 여성에게 아이들뿐만 아니라 남편의 어머니 역할까지 요구하게 한다.

자연적으로 남성이 하는 이끄는 역할을 어쩔 수 없이 맡아야 하는 여자들이 가진 가장 큰 불만은 남편이 정서적으로 또는 경제적으로 자립할 능력이 없어서 남편의 '엄마 노릇'까지 해야 한다는 식의 것들이다.

이 장의 서두에서 사랑에 대한 남성과 여성의 가장 자연스러운 접근 방법은 근본적으로 서로의 부족한 부분을 채워주는 상호보완적(Complementary) 모델이라고 말했다. 재미있게도 지금 여기서 다루는 이 마지막 '하위 모델' 덕분에 우리는 남성의 '이상주의 사랑'과 여성의 '기회주의 사랑'이 어떻게 서로 조화를 이루는지 확인할 수 있다. 요즘 시점에서는 다소 생소해 보일 수 있지만, 인위적인 사상의 개입과 조작으로 관습적이고 상호보완적인 남녀관계의 균형을 망가뜨리고 나서야, 우리는 남녀의 서로 다른 사랑의 방식이 사실 얼마나 조화로운지 깨닫는다.

여성의 기회주의적 사랑 방식이 부부, 가족의 주된 패러다임으로 자리 잡으면, 그 커플이나 가족의 관계 흐름은 이제 여성의 하이퍼가미를 최적화하려는 욕구를 추구하는 방향으로 쏠린다. 반대로 사랑에 대한 남성의 이상주의적 방식이 연애, 결혼의 지배적인 프레임으로 자리 잡을 때(보편적인 상호보완 모델이 이것에 해당) 그것은 여성의 기회주의적 사랑법에 대한 안전장치 역할을 하여 균형의 붕괴를 예방하고, 가족과 남녀관계의 지속성을 유지할 수 있다.

여성이 관계의 패러다임을 장악하고 주도권을 쥔 가정에서는 가사, 경제, 성생활, 혼외정사에 관한 다툼이 흔히 나타난다. 여성에게 의사결정을 맡기는 건 여성에게 생계를 부양 의무를 맡기는 것보다 더 큰 불화의 원인이 된다. 맞벌이 여성은 가계에 보탬이 되라고 요구받는 것보다 관계에서 리더 역할을 맡는 것을 더 싫어한다.

반면에 여성이 가족의 생계를 책임지더라도, 주요 의사 결정권자가 아닌 경우에는 부부싸움의 빈도가 감소했다.

여성의 사랑 개념이 관계에서 우세한 힘으로 작용할 때, 그 관계는 여성의 기회주의와 하이퍼가미의 최적화만을 추구한다. 그런데 아이러니하게도, 이러한 하이퍼가미 최적화가 달성하고자 하는 궁극적인 목표는 정작 지배적인 남성이 관계에서 리드하고 결정하는 관습적인 상호보완 관계에서 확실히 보장된다.

길들이기

조기교육

    2014년 말, 나는 '합리적 남성' 블로그에 어떤 글을 올렸다. 그 글에는 초등학교 교실에 비친 PPT 화면 사진이 실려있다. 사진 속 PPT 화면에는 여성 중심 사회 속 공교육 현장에서 교사들이 소년들에게 주입하는 자기혐오 사고방식을 있는 그대로 보여준다. 이 PPT 화면에는 공교육의 영향을 받은 9세 소년들의 생각이 나열되어 있었다.

    '내가 남자라서 싫은 점은?'이라는 제목은 가볍게 보면 별거 아닌 것 같다. 그러나 여성 편향적인 사회 분위기 속에서 이러한 질문과 그 대답은 소년들이 여성 중심적인 신념에 얼마나 잘 길들고 체화했는지 보여주는 리트머스 시험지와 같다. PPT 화면에 적힌 소년들이 이야기하는 불만은 아래와 같다.

- 엄마가 될 수 없다.
- 울면 안 된다.
- 치어리더가 될 수 없다.
- 모든 일을 잘해야 한다.
- 싸움을 잘해야 한다.
- 축구를 해야 한다.
- 냄새가 난다.
- 성질이 고약하다는 소리를 듣는다.
- 몸에 털이 많다.

이 목록은 마치 페미니즘을 세뇌하는 학교 교과서에나 나올 법한 것들이지만, 좀 더 자세히 살펴볼 필요가 있다. 위 내용을 관통하는 핵심은 소년들이 위에 나열된 '남자만의 특성'이 불만이라서 자신을 바꾸고 싶어 한다는 점이다. 이들은 남자가 아니라 여자'처럼' 살 수 있다면, 자기 삶이 개선(완성)될 것이라고 믿는다. 즉 남성적인 것은 틀렸고, 여성적인 것은 맞다고 생각한다.

여성 중심적인 사회가 남자들을 아주 어린 시절부터 교육을 통해, 커서 호구 남성의 역할을 잘 받아들이도록 길들인다는 내 주장이 음모론 같다고 비판하는 사람들이 많았다. 그러나 초등학교 교실 내 4학년 남학생들이 나열한 이 목록은 요즘 어린 남자들에게 닥친 현실을 잘 보여준다. 하지만 어린 남자들이 스스로 이런 사고방식에 순응하는 것으로 모자라, 다른 또래 소년들에게도 전파하는 모습은 여성 중심적인 환경의 실체를 보여주는 한 가지 예시에 불과하다.

남자들의 블루필 사고방식, 여성 중심적 사상을 향한 남자들의 에고 투자(ego-investment)를 올바로 이해하려면, 그 기원을 제대로 파악하는 것이 중요하다. 레드필을 접한 남성들은 동료 남성들을(그리고 극소수의 특정 여성들을) 평생에 걸쳐 이 길들여진 이 상태에서 탈출하도록 도우려 해도, 쉽지 않아 좌절한 경험이 있을 것이다.

대부분의 사람이 레드필을 받아들이기 어려워한다. 우리는 스스로 다른 사람의 생각을 평가하고 비교하는데 뛰어난 능력을 갖춘, 지적이고 교육받은 존재라고 믿고 싶어 한다. 우리가 속았다는 것을 인정하거나, 우리의 정체성과 성격을 빚어낸 신념을 충분히 고찰하지 않고 무턱대고 받아들였다는 것을 인정하기란 매우 불편한 일이다.

현대 대중 매체에 등장하는 서사를 살펴보면, 베타 남성이 주인공으로 등장하긴 하지만 진정한 영웅으로 묘사되는 경우는 드물다. 내 기억으로 베타 남성이 주인공인 영화는 주로 코미디 장르였고, 존경의 대상보다는 비웃음거리가 될 뿐 실제로 그를 존경하는 사람은 아무도 없다.

여러분의 지인인 베타 남성들도 비슷한 상황에 처해 있다. 그들에게 진실을 말해주면 그들은 여러분이 여성을 혐오한다거나, 여러분이 이상한 여자를 잘못 만난 거라는 둥 그들이 믿는 여성관, 그 여성관과 엮여 있는 감정을 보호하기 위해 생각해 낼 수 있는 모든 핑계를 댈 것이다. 그들은 블루필 모델에 감정적인 투자를 했고 그것에 만족하고 있기 때문에, 여러분이 그 모델에 반기를 드는 것은 말 그대로 그들의 우주를 파괴하는 것과 같다. 세상을 바라보는 관점뿐만 아니라 자신을 바라보는 관점도 파괴될 것이기에.

에고 투자와 현실 부정

이를 심리학 용어로 '에고 투자(ego-investment)'라고 한다. 이 용어가 많이 나오기 때문에 약간의 설명이 필요하다고 생각한다.

어떤 사람이 정신적 사고회로를 아주 철저하게 내면에 각인하고 오랫동안 그것에 길들면 그것은 그 사람의 성격을 형성하는 필수 요소가 된다. 따라서 그 신념을 공격하는 것은 말 그대로 그 사람을 공격하는 셈이다. 이것이 바로 사람들의 정치적, 종교적, 사회적, 성적 신념이 양극화되고, 자신의 신념과 반하는 이야기를 듣는 경우 사람들이 폭력적인 반응을 보이는 이유다. 사람들은 그들의 신념이 틀렸다고, 반박이 불가능한 물증을 제시하더라도 이를 인신공격으로 받아들인다.

레드필을 받아들인 남자들이 자주 좌절감을 느끼는 순간은 블루필 친구에게 왜 그 친구가 여자랑 데이트를 못 하는지, (혹은 왜 여자친구랑 오래 가질 못하는지) 왜 계속 여자에게 그냥 '친구로 지내자'며 거절당하는지, 아무리 설명을 해주어도 이해하지 못할 때, 더불어 '에고 투자와 사회적 길들이기'를 설명해 줄 때다. 내가 좋아하는 표현을 사용하자면, 이는 매트릭스에서 코드를 빼는 것(unplugging the Matrix)처럼 어려운 일이며, 특히 그 남자가 절대적인 부정 상태에 굳게 갇혀 있을 때는 더욱 어렵다.

인간은 어떤 사실이 자신이 소중히 여기는 것을 파괴할 수 있다는 것을 알게 되면 그 사실을 부정한다. 배우자가 바람을 피웠을 때, 파트너에게 얼굴이 붉어지게 만드는 물증을 코 앞에 들이대도 이를 부정한다. 남편은 아내가 남편의 가장 친한 친구와 침대에서 뒹구는 장면을 실시간으로 포착하지 않는 한 현실을 인정하지 않는다. 이는 충분히 이해할 수 있는 인간적인 반응이다. 인간은 믿고 싶지 않은 것에 대해 더 강하게 회의적인 태도를 취하며, 더 확실한 증거를 요구한다.

현실 부정은 무의식적으로 이루어져야 하며 그렇지 않으면 효과가 없다. 진실에 눈을 감고 있다는 것을 인지하면 진실이 무엇인지 알고 있다는 게 되어버리기 때문에, 부정을 통해 자아를 보호할 수 없다.

사람들이 지키려고 애쓰는 것 중 하나는 긍정적인 자아상이다. 불편한 진실에 의해 도전받는 자아상의 특정 부분이 그 사람에게 중요하면 중요할수록, 진실을 부정할 가능성이 커진다. 사람이 자존감이 강하고 능력이 뛰어나다면, 자기 이미지가 타격을 받더라도 크게 상처받을 게 없다. 그러나 베타 남성의 주된 특징인 자기 의심(self-doubt)에 사로잡혀 있다면, 그 남자는 상처를 크게 받을 가능성이 높다. 이렇듯 신념의 실패를 인정하는 것은 치명적일 수 있으며, 오류를 인정하는 것은 상상할 수 없을 정도로 고통스러울 수 있다. 사실 이런 류의 정당화는 자신은 유능하다고 믿지만 현실에서는 실수를 저지르는 부조화 때문에 생긴다.

블루필 남성은 여성 중심적 사회의 영향을 받아 무의식적으로 만들어진 신념 체계에 집착하는데, 이러한 신념은 주로 도덕주의에 입각한다. 이 신념은 미디어, 음악, e하모니 같은 데이트 어플, 종교 등 여러 사회적 요소에 의해 더욱 강화된다. 블루필 남성들은 자신이 도덕적으로 올바르다고 생각하는 신념이 사실은 여성적 성 전략을 우선시하는 움직임 의해 만들어졌다는 것, 그것이 외부에서 마음 안으로 들어와 고착된 거라는 점을 인지하지 못한다. 우리는 가장 중요한 어린 시절 성장기부터 이런 영향을 받았으며, 초기 사회화 과정의 일부로 블루필 사상을 향한 에고 투자가 시작된다.

남녀 불문 '여성적인 게 옳다'는 프로그램이 깊게 각인된 사람들 귀에는 사실 블루필 사상을 향한 남자들의 집착이 어린 시절 및 초기 성인기에 학습된 산물일 수 있다고 주장하는 게 터무니없게 들릴 수 있다. 블루필 남성의 신념에 맞서는 것은 개인의 정체성에 대한 도전이기 때문이다. 따라서 블루필 신념을 비판하는 것은 블루필 남성들에게 인신공격처럼 느껴진다.

이 부분의 원고를 쓰는 동안 나는 트위터에서 어떤 페미니스트 소녀와 대화를 나누게 되었다. 그 소녀는 내게 왜 페미니즘을 남녀 모두를 위한 평등이 아니라고 생각하는지 물었다. 페미니즘에 대한 소녀의 뿌리 깊은 신념 때문에, 그 소녀가 다른 관점으로 세상을 보기 어렵다는 것을 알면서도, 나는 페미니즘의 주요 목적은 '여성의 성에 대한 모든 제약을 없애고, 동시에 남성의 성을 최대한 억압해서 일방적으로 하이퍼가미를 실현시키는 것'이라고 말했다.

예상대로 내 대답은 그 소녀에게 격한 감정적 반응을 불러일으켰다. 곧바로 "그럼 페미니즘이 주로 남자를 억압하는 것이라고 생각하세요?"라는 식의 반박으로 대응했다. 이 대화는 레드필 진실이 소녀의 뿌리 깊은 여성주의(페미니즘) 신념과 충돌하기 때문에, 소녀에게 진실을 말하는 것이 얼마나 어려운지 일인지 잘 보여준다.

대부분의 서구권 문화에서, 인간의 초기 발달 단계부터 오랜 시간 동안 여성 중심적인 사고방식을 주입한다는 주장은 음모론처럼 들릴 수 있다. 하지만 이전 저서에서 언급했듯이, 이런 '길들이기(conditioning)'가 페미니스트들이 만든 비밀 조직에 의해 이루어지는 것은 아니다. 이런 길들이기는 그 자체로 진화하는 시대의 흐름이며, 그 배후에 존재하는 중앙집권화된 비밀 권력 집단 같은 건 없다. 역으로 그렇기 때문에 이런 형태의 길들이기가 그렇게 만연한데도, 특정 세력이 전적으로 영향력을 미칠 수 없는 것이다.

남자들이 레드필을 받아들이려면 여성을 향한 본능에 가까운 추종 심리에서 벗어나야 하므로, 블루필 남성이 하루아침에 각성하는 일은 더욱 쉽지 않다. 소년들은 어릴 때부터 자신의 남성성에 대한 의심과 혐오를 품는 동시에 여성(어머니, 누나, 여자친구, 아내)에 대한 무조건적 존중을 가져야 한다고 주입받는다. 반대로 소녀들에게는 소년들이 소녀들을 존중하는 건 당연하지, 여자가 노력이나 성과로 획득하는 것이 아니라고 가르친다.

여러분은 이런 식으로 '당연한 게' 되어버린 여성 존중 풍조가 보호자 역할을 맡고 싶어 하는 남성 고유의 성향과 밀접하게 상호작용한다는 점을 깨달아야 한다. 엄마, 누나 또는 반에 있는 또래 여자아이를 보호하고, 학교에서 집까지 책을 대신 들어주고, 타고난 허약함을 지닌 여자를 보호하면서, 여성에게 존중을 표하는 사고방식은 소년들이 사회적으로 교육받은 것이기도 하면서 동시에 자연스럽게 받아들인 성향이다.

소년들이 소녀들을 떠받들게 만드는 남자의 이러한 정서적 측면은 사실 진짜로 여자를 존중한다기보다 여자들과 가까워지고 싶은 욕구에 기인한다. 구세주 스키마(savior schema: 여성에게 문제가 생기면 남자가 나타나서 이를 해결해 주는 구조-옮긴이) 같은 개념, 이는 남자가 여자의 호감을 얻는 방법론 중에서 남성적인 논리가 남자 인생에서 처음으로 적용되는 사례다.

여성 중심적인 사회 분위기는 이러한 남성 심리를 알아채고 활용하는 데 능숙해졌고, 이를 소년들의 초기 사회화 과정에 필수 과정으로 포함했다.

우상화 (Pedestals)

남자들이 레드필 렌즈로 세상을 보기 시작하면, 남자들이 자신에게 관심을 보이는 여성을 우상화하는 경향이 있다는 것을 깨닫는다. 이러한 블루필 남자들의 성향과 '빈곤한 마인드' (scarcity mentality, 자원이 부족할 것이라는 예상이 불러오는 불안한 상태-옮긴이), 학습된 소울메이트 낭만주의(soulmate romanticism, 신이 내린 완벽한 상대가 존재한다는 믿음-옮긴이)와 결합하면 남성이 특정 한 여성을 '운명적 사랑(ONEitis)'으로 여기는 단계까지 발전할 수 있다.

이런 '우상화 습관'은 평범한 남성이 게임을 배우거나, 레드필을 이해하는 과정에서 진도를 나가기 위해 부숴야 할 주요한 장벽이다. 우상화 현상의 문제점을 강조하는 이유는 우상화가 어린 남자를 초기에 길들이는 과정에서, 베타 남성 내면 깊숙이 뿌리내리는 대표적인 특성이기 때문이다. 여성 중심적인 사고방식에 기반한 남자 길들이기 과정은 남성의 자연스러운 보호 본능을 이용하면서, 동시에 '여성성이 남성성보다 더 낫다'는 식의 사고방식을 묘하게 결합한다. 어린 소년들은 이런 왜곡된 사상적 기반을 토대로, 여성을 유혹할 수 있는 본인의 능력과 여성에게 내재한 가치를 재기 시작한다.

이것이 바로 모든 현실 감각이 마비된 채, 남자 자신과 여성의 가치를 왜곡하고, 건강한 삶과 거리가 먼 이판사판식의 정신병, 소위 '운명적 사랑 병'을 만들어내는 바탕이다. 어린 남자가 자기 자신에 대해 내리는 평가가 부정적이라면, 초기 길들이기 과정의 한 부분이었던 베타 남성 특유의 '빈곤 마인드'를 더 악화시킬 가능성이 있다.

> 나는 '이렇게 좋은 여자는 다시는 만나지 못할 것'이며 말 그대로 '그녀 없이는 난 이제 살아갈 수 없다.'

남자들의 우상화 성향은 밥상머리에서 학습될 수도 있지만, 일반적으로 학교, 교회, 미디어, 대중문화, 청소년 또래 집단, 심지어 전통적으로 소년과 남성에게만 허락된 '남성들만의 공간(Male Space)'에서도 습득할 수 있다. 이런 남성들의 조직이나 공간에서 남성들이 자만심과 오만함을 과시하는 섯처럼 보여도, 시실 은연중 여성 중심적인 사회 코드(Feminine Imperative)가 이런 남초 영역에서조차 우선시된다.

물론 어린 남자들이 이러한 사회적 영향력에 저항하지 않거나, 이런 사회 분위기 때문에 자신을 더 존중하지 않는다는 뜻이 아니다. 다만 여성 중심적인 길들이기 작업의 영향으로 남성들이 저항을 일으킬만한 사회적 맥락이 형성된다는 뜻이다. 다시 말해 여자들의 규정에 따르면 남자들의 행동은 '옳지 않은(incorrect)' 것일 뿐이며, 남자가 여성을 우선시하지 않고 우상화하지 않는 것은 나쁜(부끄러운) 행동이라는 식이다.

여성 중심적인 조기 교육으로 인해 소년들은 자신의 욕구와 필요보다, 여자의 욕구와 필요를 우선시하는 남자가 돼야 한다는 사고방식을 갖게 되고, 이러한 믿음에 에고 투자를 시작하게 된다.

남자들의 '숙녀 먼저(Ladies First)' 같은 태도는 남녀 간 상호작용에 있어 여성 중심적 사고방식에 길든 남성이 보이는 현상이다. 이것은 결국 남자들이 자신의 내적 자질 중 여성적인 부분을 더 높게 평가하는 베타 같은 사고방식의 토대가 된다. 이러한 남자들의 태도는 곧 '그 남자의 정체성'을 구성하는 강력한 요소가 된다.

기사도

알고 보면 남성들이 믿고 있는 기사도(chivalry)란 대부분 할리우드와 낭만주의가 만들어낸 개념을 조악하게 짜깁기한 것에 불과하다. 그런데 묘하게도 이 기사도라는 개념이 '여성에 대한 존중'이라는 남성의 사회화 작업과 죽이 맞는다.

기사도 정신은 서구화된 낭만주의로 합쳐진 여러 이데올로기 중 하나일 뿐이다. 원래 기사도 정신은 상대가 보지 않을 때는 때리지 않거나, 방어할 수 없을 정도로 약한 적에게, 심지어 존경하는 적에게도 적용하는 개념이었다.

원래 기사도는 로마 가톨릭교회가 중세 시대에 약탈 성향을 지닌 군인과 기사들의 무법적이고 폭력적인 본성을 통제하기 위해 만든 윤리 강령이었다. 한편 봉건 시대 일본에도 이와 유사한 무사도(bushido) 같은 규범이 있었다.

대부분의 사람이 기사도라고 생각하는 것은 사실 서양의 낭만주의와 '기사도적 사랑'을 고전적으로 해석하여 짜깁기한 것이다. 여러분의 생각과 다르게 기사도적 사랑은 르네상스 초기 및 중세 시대의 남자들을 더 잘 통제하기 위해 당시 여성들이 만들어낸 것에 불과하다. 본질적으로 여자들이 자신들과 가까워지는 것을 대가로 남자들에게 조건을 내세워서, 당시 지나치게 지배적 성향이 강했던 남성의 영향력을 누그러뜨리고 길들이기 위한 것이었다.

실제로 이런 기사도는 당시에는 현대의 페미니즘과 같은 역할을 했다. 기사도는 남성을 거치는 간접 권력에 의존하던 당시 여성들에게도 현대 페미니즘이 해낸 것과 비등한 수준의 이익을 여성들에게 가져다줬다.

오늘날 남성들이 여성을 더 잘 배려하도록 강요에 가까운 요구를 받는 것과 마찬가지로, 기사도적 사랑은 남성이 신성한 사랑을 표현하고, 자신의 헌신을 증명하기 위한 환상적인 (종종 생명을 위협하는) 노력을 과시하는 것에 불과하다. 욕망의 '대상'을 향한 자신의 가치와 진정성을 증명하기 위해 대단한 선물을 주게 하여, 남성 내면의 여성적 측면을 탐구하도록 '장려'하는 것이었다. (물론 남자의 이런 사랑을 받아들일지 말지 결정할 권한은 오직 여자에게 있다)

사실 오늘날 여성을 위해 값비싼 결혼반지를 선물하는 관습은 궁중 문화에서 시작되었다. 그리고 오늘날의 여성들과 마찬가지로, 당시 여성들도 본인들이 내세우는 사상적 명분과 실제 행동이 일치하는 경우는 거의 없었지만, 사회적으로 배척당할까 두려워 남성들은 이런 모순에 의문을 제기하거나 의심하지 못했다.

갑자기 역사 수업을 하려는 것은 아니다. 단지 기사도라는 시대착오적 개념의 실체를 남자들이 아는 것이 오늘날 여성 중심적인 사회 분위기 속에서, 세상이 남성을 길들이는 과정을 이해하는 데 있어 꼭 짚고 넘어가야 하는 부분이라서 강조한다. 이런 길들이기로 인해 남자들은 (기사도적 사랑을 오해하여) 여성에 대한 그릇된 사고, 여성에 대한 부정확한 기대, 구시대에나 통하는 여성상을 마음속에 품게 된다. 그리고 페미니즘이 요구했던 것처럼, 남자들이 자발적으로 이러한 가치들을 지지하게 된다.

이러한 '선택적' 기사도 정신이란 개념은 여전히 현대 남성들의 본능에 가까운 여성 보호 심리를 이용한다. 기사도 정신은 '남성 길들이기'의 일환이다. 기사도 정신이란 여성 주도적 질서에 남자들이 순응하도록 하기 위해 채택된 것이다.

도덕적으로, 윤리적으로도 왜곡된 이러한 '여성 중심적 기사도 사상'에 따르면, 남성에겐 여성 존중에 대한 대가로 암묵적인 보상이 따른다. 이 불분명한 보상 속에는 무조건적인 존중에 대한 여자들의 기대, 이에 부응하려는 남성의 명예욕이 결합하여 있다.

레드필이 불편한 이유

여성 중심적 사고방식에 길든 남자들이 레드필에 대해 불편한 감정을 느끼는 이유는 다음과 같다. 남성들은 여성적 가치관이 지배하는 사회에서 살아남기 위해 이에 부합하는 신념과 사상에 대한 에고 투자가 장기간 이루어졌는데, 레드필이 이런 신념과 사상에 의문을 제기하기 때문이다.

물론 여성들은 하이퍼가미를 최적화하기 위해, 남성에게 은밀히 부여된 '남성의 역할'의 본질이 무엇인지, 남자들이 그 실체를 깨닫는 것을 위협으로 받아들일 수 있다. 남성들이 이러한 여성의 성 전략을 더 많이 눈치챌수록, 남성들은 본인의 진정한 성 전략에 부합하지 않는 사회적 통념을 거부할 가능성이 커진다.

그럼에도 블루필 남성들이 여성 중심적인 사고방식에 집착하는 이유는 사회적 통념에 굴종한 덕분에 여성으로부터 상호이익, 상호 인정, 사랑, 존중, 헌신을 누릴 뿐만 아니라 '인생 최고의 섹스'를 체험할 수 있는 것처럼 보이기 때문이다.

레드필은 이러한 이상주의에 내재한 남자들의 희망을 쓸어버린다. 레드필은 페미니즘, 여성 중심적인 사회 통념보다 인간의 행동을 정확하게, 더 잘 예측한다. 특히 블루필 환상이 남자들에게 약속한 보상을 실제로 얻기 위해서, 한평생을 불완전하고 믿을 수 없으며 실패한 사랑 모델에 에고 투자를 해온 남자라면, 레드필이 주는 진실과 깨달음을 선뜻 받아들이기가 더욱 어렵고 상당히 불쾌할 것이다.

이런 집단 차원의 '남성 길들이기' 덕분에 남자들은 스스로 진실이라고 납득할 수 있는 것만 골라서 믿는다. 따라서 이 남자들에게 레드필에 관해 이야기하는 것은 말할 것도 없고, 여성 우월주의에 대해 상식적인 선에서 의문을 제기하는 것만으로도 충격과 분노, 불신을 느끼는 것이다.

이퀄리즘

방금 언급했지만 많은 페미니스트들이 레드필을 싫어하는 이유는 레드필이 페미니즘보다 남녀 간 행동 양상을 더 잘 예측하기 때문이다. 나도 레드필이 단기간에 남녀 간 역학을 해석하는 관점을 크게 변화시켰고, 남자들을 계몽했다고 믿고 싶다. 그러나 그렇게 생각하는 것도 또 다른 착각에 불과하다.

여러 인터넷 커뮤니티에 가보면 위와 같은 희망이 틀렸다는 점을 상기시켜 주는 자기 확신에 가득 찬 레드필 신봉자들이 많다. 이들의 주장에 따르면 옛 조상들은 남성과 여성이 어떻게 상호 작용해야 하는지에 관해 더 깊은 지식을 가지고 있었으며, 후대를 위해 고대 종교 및 철학서에 이러한 원칙을 명확히 기록했다고 말한다.

조상들의 업적을 부정하려는 것은 아니지만, 과거의 남성들은 현대 남성들이 가지고 있는 만큼의 방대한 정보와 인터넷이 없었다는 점을 고려해야 한다. 과거 남성성의 황금기(Golden Age of manhood)에 살던 남성들도 여성의 하이퍼가미를 무턱대고 허용하는 게 위험하다는 것을 다 꿰뚫고 있었다는 식의 낭만적 생각을 한다면 순진한 발상일 수도 있다.

물론 과거의 남성들도 여자들이 자기 멋대로 하도록 방치하면 무슨 일이 생기는지 어느 정도는 알고 있었을 것이다. 그때도 여전히 호구 남자는 존재했고 아내가 바람난 남편이 있었다. 하지만 그 시절 아무리 현명한 알파남이라고 해도 먼 미래 어딘가에 피임약의 발명되고, 그것이 사회 전반에 미친 파격적인 변화를 전혀 예측하시 못했을 것이다.

과거의 현자들은 현대 남성들에게도 여전히 도움이 되는 많은 교훈을 주고 있지만, 과거의 현자들은 현대 남성만큼 복잡한 경험과 남녀의 역학에 대한 이해가 없었다. 고대의 위대한 사상가들은 의심할 여지 없이 인간의 본성과 행동을 예리하게 관찰했지만, 수렵 채집 시대의 인류가 발전시킨 성 전략의 이면에 자리한, 진화하는 생물학적 동기에 대해서는 전혀 알지 못했다.

과거 남성들의 지혜를 옹호하는 사람들조차, 지난 60년 동안 축적된 풍부한 집단적 경험과 지식에도 불구하고, 현대 남성들이 남자다움이란 무엇인지 정의하는 데 여전히 어려움을 겪고 있다는 사실을 마주하고 좌절감을 느낀다. 레드필을 통해 얻은 통찰에도 불구하고, 현대 남성들은 여전히 남성이라는 것이 자신에게 어떤 의미를 가지는지 고민한다.

남성성의 수복

모든 연령대의 남성들과 상담하면서, 나는 여성들이 의도적으로 '남자다움'이란 개념을 혼란스럽게 만들었다는 생각이 들기 시작했다. 강하고 남성적인 아버지 밑에서 자랐다고 말하는 남자들조차도 남성성을 의심하는 여자들의 태도에 영향을 받는다.

국립 공영라디오 NPR은 최근 일련의 프로그램을 통해, 21세기에 남성이라는 것이 무엇을 의미하는지 알아내려고 시도했다. 나도 NPR을 듣고 있고, 주류 미디어라는 게 어느 정도의 편향성을 완전히 피하기 어렵다는 것을 알지만, 이 방송을 통해서 현대 사회에서 남성성을 정의하는 것이 얼마나 어려운 일인지는 확실히 알 수 있었다. 남성성을 재정의하려는 모든 시도는 성 혁명이 시작된 이래로 여성 중심적인 사회가 남성에게 적용했던 것과 똑같은 진부한 패턴에서 벗어나지 못한다.

가령 남성의 약점, 나약함은 강점처럼 포장된다. 여성을 향한 굴종과 타협은 여성을 존중하는 것으로 여겨진다. 이런 경우에 남자는 여자들의 칭찬과 호의 어린 감사를 받을 자격이 주어진다(반대로 여성에게는 이런 원리가 적용되지 않는다). 베타가 알파 취급을 받는다. 대신 알파는 남자 특유의 불안감, 허풍, 보상 추구의 대명사가 된다.

이런 사고방식들이 여성 중심 사회를 뒷받침하는 주요 전제다. 레드필을 알고 있는 대부분의 남성은 행동만이 목표를 실현하는 진정한 길이라는 것을 깨닫고, 여성을 중심 사회가 설파하는 '남녀평등'적인 일련의 메시지를 적극 거부한다. 하지만 놀라운 점은 남자들에게 남성성에 대한 의심을 심어주기 위해 의도적으로 유포해 온 이러한 사회적 메시지들을 자세히 뜯어 살펴보면, 50년 넘는 세월 동안 내용상 큰 변화 없이 거의 한결같다는 점이다.

80년대 중반부터 지금까지 '남자다운 것'은 지속해서 조롱당하고, 여성혐오로 낙인찍히거나, 심지어 남성이 자신의 남성성을 지나치게 찬양하는 경우 동성애를 암시하는 것처럼 몰아갔다. 성 혁명이 시작된 이래 남성성의 정의는 여성 중심적인 사회가 그 정의를 허락하는지 여부에 달려 있다.

남자들에게 '남성성이란 무엇인가?'에 대한 명확한 대답이 부재한 상황에서, 여성 중심적 사회는 필요에 따라 남성성을 추악하고 괴상하게 규정할 수도 있고, 여성화된 남자를 남성성의 올바른 이상인 것처럼 미화할 수도 있다.

기사도적 도덕주의, 전통적인 남성성 등의 개념을 모호하게 만들고 왜곡하는 것, 어린이들로 하여금 자신의 '남자다움'을 정의하는 과정에서 남성성을 의심하도록 키우고 길들이는 것, 이 모든 것들이 여성 우위의 사회의 토대를 닦기 위해 동원되는 방법이다.

양성평등 vs 상호보완 (Equalism vs Complementarity)

남자가 순하고 겸손하면 여자에게 인기가 많지 않을 것이라고 쉽게 예상할 수 있다. 실제로 육체적으로 섹시한 남성은 남녀평등 사상을 크게 중요하게 생각하지 않는 경향이 있다.

연인 사이에서 양쪽 모두에게 동등하게 이익이 되는 해결책을 찾겠다는 발상의 근본적인 문제는 '양성의 이익을 모두 평등하게 다루면, 남녀관계가 나아지고 발전할 것'이라는 믿음 그 자체에 있다. 이건 여러 번 강조할 가치가 있다.

성적 전략의 절대 법칙 : "한쪽의 성 전략이 성공하려면 다른 쪽이 자신의 성 전략을 타협하거나 포기해야 한다."

수천 년에 걸쳐 상호 보완하면서 진화해 온 인간의 성 선략에 인본주의와 평등주의 이상을 적용하려는 것 자체가 문제다. 차라리 협상 대상인 자원을 대놓고 공평하게 교환하는 것만 못하다. 이것이 '진정한 욕망이란 협상의 대상이 아니다'라고 말하는 이유다. 우리가 성을 원초적이고 본능적으로 대하기 때문이다.

평등 사상, 양성평등주의(페미니즘이라는 종교)가 근본적으로 실패하는 이유는 남녀관계가 이상적으로 완전한 평등 상태 또는 '상호 간 동등한 이익을 보장하는 상태'(reciprocity)에 머물러야 한다고 믿기 때문이다. 그러나 여성의 하이퍼가미 본능은 사실 양성평등이나 국가 간 외교에나 적용하는 개념인 상호주의(reciprocity)를 별로 좋아하지 않는다.

전통적인 성 역할은 종의 생존을 위해 남녀가 서로를 보완(complementary)하는 방식으로 진화했다. 여성은 자신보다 SMV가 1~2단계 높은 남성에게 가장 안정적인 정서적 애착을 느낀다. 심지어 남녀평등을 주장하는 페미니스트들조차 지배적인 남성에게서 매력을 느끼는 이유가 무엇일까?

우리가 마주하는 이러한 모순은 평등주의(eqaulism)라 불리는, '이래야 한다'고 가르치려 드는 '인위적이고 프로그래밍이 된 인본주의적 이상'과 '현실을 그대로 반영하고 진화하며 우리를 충동질하는 본능' 간의 갈등이다.

평등주의 교리에 따르면 여자들이 양성평등, 평등주의에 입각한 '올바른' 사고방식을 가진 남성에게 성적으로 끌릴 것이라고 말한다. 그러나 실제로 여성은 자기중심적인 지배적인 특성을 보이는 남성에게 원초적인 자극과 매력을 느낀다.

이러한 갈등의 또 다른 예는 내가 쓴 〈집안 일로 섹스하기(Choreplay)〉라는 에세이에서 찾아볼 수 있다.

"2008년쯤, 남자가 양성평등 서비스를 해주고 대가성 섹스를 보답받는다는 개념이 하나의 밈(meme)이 되어 폭발적으로 퍼졌다. 당시에는 남자가 전통적으로 여자들이 맡았던 가사노동에 더 많이 참여해야 하며, 이러한 남녀 간 협상에서 남자들의 '공평한' 참여 덕분에 아내가 더 열정적으로, 그리고 더 자주 성행위로 보답하는 것이 당연하다는 생각이 지배적이었다."

그런데 2013년 이후, 같은 저자가 다른 관점을 제시한다.

"남성들이여, 청소기를 내려놓고 잔디 깎는 기계를 꺼내라."

"기혼 남성은 집안일을 도와주면 자신의 성적 매력이 높아질 것이라고 생각할지 모르지만, 실제로 중요한 것은 집안일의 유형이다. 집안일과 섹스를 주제로 한 새로운 연구에 따르면 집안일, 공과금 납부, 자동차 정비 등에 시간을 보내는 기혼 남편은 요리, 청소, 쇼핑에 시간을 보내는 남편보다 아내와 섹스를 더 많이 하는 것으로 나타났다."

"성 역할이 뚜렷한 전통적인 분업 구조를 가진 가정은 탈 전통적인 분업 구조를 가진 가정보다 성관계를 더 자주 갖는다고 한다."

여기서 우리는 불과 5년이라는 짧은 기간 사이, 평등주의자들이 주장하는 '이상적인 모델'과 자연적으로 진화한 '보완적 남녀관계 모델' 사이에 발생한 충돌을 볼 수 있다. 이는 단순히 공정 거래나 그에 상응하는 보상에 관한 것이 아니다. 무엇이 남녀에게 각각 공정한 것인지, 인위적인 해석을 억지로 우겨넣는 방식이 인간의 뿌리 깊은 본능과 어떻게 충돌하는지에 관한 문제다.

수십만 년 동안 생물학적으로, 심리적으로 형성된 남녀 간의 차이는 인본주의(또는 도덕주의) 이상에 기반한 평등한 파트너십을 토대로 진화하지 않았다. 오히려 한 성별의 강점이 다른 성별의 약점을 보완하고, 그 반대의 경우도 마찬가지인 상호보완(complementary) 형태로 진화했다

한 성별이 성 전략에서 비롯된 행동(예: 여성의 하이퍼가미)을 보일 때마다 다른 성은 이에 대응하기 위해 심리적, 사회학적 행동 반응(예: 남성의 메이트 가딩)을 보인다. 바람직한 성평등이라는 게 있다면 평등에 대해 지나치게 낙관적인 전망을 토대로 진행하는 협상이 아니다. 오히려 남녀 간의 차이와 상호보완성을 인정하고 진화 과정에서 발생한 차이를 받아들이며, 각 성별의 고유한 조건에 따라 언뜻 '불평등'해 보이는 상황도 받아들일 수 있다고 인정하는 것이다.

페미니스트(및 반페미니스트 여성), 인본주의자, 도덕적 설내주의자, 심지이 여전히 평등주의적 블루필 잔재에 무의식적으로 집착하는 레드필 남성들조차 양성평등 사상이 자연적으로 진화한 양성 간 성호 보완성을 능가할 수 있다는 식의, 근본적인 착각

에 사로잡혀 낡은 이념에 집착해 놓고 막상 좌절하며 혼란에 빠진다.

결국 우리는 자연적으로 진화한 '남녀 간 상호보완적 모델'을 기반으로 하여, 레드필 깨달음의 도움을 받는 새로운 남성성 모델로 다시 돌아온다.

남성성이 무엇인지 혼란에 빠진 블루필 남성들의 경우, 여성 중심적 사회가 의도적으로 혼란스럽게 만든 맥락 속에서 새롭게 남성성을 규정하는 게 쉽지 않다. 그러나 남성들이 이러한 현실을 인식하는 것만으로도, 인위적인 이념인 '양성평등 사상'에 대항하는 데 긍정적인 영향을 미치고 있다고 믿는다.

시간이 걸리겠지만, 모든 남자가 레드필 인식을 통해 자신의 남성적 정체성을 재정립하고 그 효과를 누리게 되면, 다른 남자들도 남성성에 대해 비슷한 인식을 갖기 시작할 것이다. 그렇지 않으면 남자들은 남성성이 무엇인지 계속해서 혼란에 빠지게 될 것이다.

오픈 하이퍼가미

이권 움켜쥐기

"인생의 동반자를 찾을 때는 나쁜 남자, 멋진 남자, 한 여자만 바라보는 것을 거부하는 남자, 미친 남자 등 다양한 남자와 사귀어보세요. 하지만 이런 남자들과 결혼하지는 마세요. 나쁜 남자가 섹시하다고 해서 그들이 반드시 좋은 남편감은 아닙니다. 정착할 때가 되면 평등한 파트너십을 원하는 남자를 찾으세요. '여성은 지적이고 자기주장이 강하며 야망이 있어야 한다'고 믿는 남자, 매사에 연인 사이에서 공평의 가치를 중요하게 생각하고, 가정에서 책임을 분담하기를 자처할 뿐만 아니라 진정으로 원하는 남자를 찾으세요. 이러한 남자들은 실제로 존재하고, 시간이 지나고 나면 이보다 더 매력적인 남자는 없을 겁니다."

- 셰릴 샌드버그, 《린 인》

페이스북의 최고 운영 책임자인 셰릴 샌드버그(Sheryl Sandberg)는 성 혁명 이후 발전해 온 여성의 심리를 뚜렷하게 보여준다. 위 발언을 보면 샌드버그는 본인이 여성의 하이퍼가미 본능을 대놓고 공개해 버렸다는 사실을 전혀 인식하지 못하는 모양이다. 물론 본인은 그걸 모르는 게 약일 것이다. 하지만 나는 샌드버그가 여성들에게 하는 '조언'이라는 게, 단순히 윗글을 읽을 다른 남자들의 부정적 반응을 고려하지 못하는 유아론적 자기중심성을 드러내는 것 이상의 의미를 지닌다고 생각한다.

나는 하이퍼가미가 여성 개인, 더 나아가 사회에 미치는 영향을 완강하게 부정하는 수많은 사람은 많이 봤지만, 이보다 더 사회적인 영향력을 가진 여성이 하이퍼가미를 대놓고, 있는 그대로 묘사한 걸 본 적이 없다. 다음 세대 여성에게 주는 샌드버그의 충고는 여성의 이중적인 하이퍼가미 성 전략의 근본적인 측면인 알파적 측면과 베타적 측면을 부정하고 싶어 하는 여자들의 불편한 속마음을 적나라하게 드러내고 있다.

여성들은 자신들의 성 전략의 진화론적, 생물학적 토대를 반박하고 싶겠지만, 여성 중심적인 우리 사회는 하이퍼가미의 실체를 집단 차원에서 발견 가능한 수준에 이르렀다. 이제 여성들은 레드필이 지난 10년이 넘도록 강조해 온 여성 본능의 진실을 공개적으로 드러내는 데 거리낌이 없는 지점에 도달했다.

셰릴 샌드버그 덕분에 여성 버전의 성 다원주의인 '알파와 섹스하고 베타는 돈을 댄다(Alpha Fucks, Beta Bucks)'라는 명제가 참이란 사실을 대중에게 공개된 공적인 매체에서도 확인할 수 있게 되었다. 매노스피어가 오랫동안 남자들에게 사실이라고 납득시키려 노력해 온 것들이, 마치 여자들은 오래전부터 이미 실천해 온 것처럼 받아들여지고, 사회적으로 용인되고, 아무런 거부감 없이 통용되고 있다는 점은 다소 아이러니한 일이지만 이에 대한 남자들의 충격은 엄청나다.

그러나 이 현상을 냉정하게 분석하자면, 여성 중심적인 사회 분위기가 여성의 이익을 가장 중요시하도록 사회 질서를 재편하면서 발생한 부작용과 그에 따른 귀결을 여자들조차 더 이상 조용히 묻을 수 없게 되었다는 게 진실에 가까운 분석이라고 생각한다.

아이러니하게도 여성의 성 전략인 하이퍼가미가 지닌 이중성을 가장 잘 설명해 주는 대변인은 셰릴 샌드버그다. 샌드버그는 여성 중심적인 사회에서 견제받지 않는 하이퍼가미 시대를 거쳐간 여러 세대 여성을 대변하고, 몸소 그 패러다임을 실천하기 때문이다. 샌드버그는 하이퍼가미에 대한 여성 중심적인 관점과 확신을 가지고 있기 때문에, 젊은 세대의 여성을 위한 저런 조언을 정작 남자들은 다르게 받아들일 수 있다는 점을 전혀 의식하지 못하고 있다. 샌드버그는 오히려 진짜로 '공정을 중요시하는 남성'이라면, 남자들이 하이퍼가미의 이중적 특성으로 인해 남자들의 성 전략적 이익이 침해당하는 모순을 간파하고, 샌드버그 같은 여자를 연애 시장에서 블랙리스트에 올릴 거라고는 전혀 예상하지 못한다.

남자들이 여성으로부터 섹스, 사랑, 숭배, 애정 또는 그 밖의 모든 것을 '받을 권리가 있고', '받을 자격이 있으며' '당연히 받아야 한다'고 믿도록 몰아붙이는 쪽은 레드필이 아니다. 남자들이 이런 태도를 갖도록 몰아가는 건 샌드버그 같은 세대의 여성들이 베타 남성의 헌신을 착취하면서, 다른 한편으로는 알파 남성과 부끄러움 없이 대놓고 바람피우는 걸 모른 척하라고 베타 남성들에게 요구한 다음, 눈 하나 깜짝 안 하고 '베타 남성이 여자에게 굴종하는 것보다 더 섹시한 것은 없다'고 말하기 때문이다.

샌드버그는 자신의 발언이 선명하게 드러내는 여성 중심적 시선을 인지하지 못한다. 그리고 여성 특유의 유아론적 사고방식(Solipsism)이 점점 더 많은 여성을 저런 수준으로 이끌고 있다고 생각한다. 하지만 이제 여자들이 자신의 이원론적 성 전략을 공개적으로 드러내는 데 전혀 거리낌이 없는 경지에 이른 것은 부인할 수 없는 사회적 현상이자 흐름이다.

여성 중심적인 사회 질서에 따르면, 여자들은 이제 더 이상 '좋은 유전자' vs '좋은 아빠'라는 이분법적 모순을 남성들에게 숨길 필요가 없다.

현대 여성들에겐 '여성의 장기적인 안정성을 세상과 사회가 알아서 보장해 준다'는 새로운 집단적 분위기가 생겨나면서, 하이퍼가미의 '최고의 유전자'(Alpha Fuck Side) 측면을 우선시하는 경향이 생겼다. 샌드버그의 '조언' 자체가 이런 경향을 뒷받침하는 중요한 증거다. 그런데 샌드버그의 발언을 잘 살펴보면, 여성들은 하이퍼가미의 알파 측면을 추구할 수 있는 기회의 창이 여자의 인생 흐름에서 언제 더 크게 열리고 닫히는지 은연중 인식하고 있다.

> "나쁜 남자를 섹시하게 만드는 요소는 좋은 남편의 요소와 다릅니다. 하지만 정착할 때가 되면 남녀평등을 추구하는 사람을 찾아야 합니다."

이 두 문장을 통해 셰릴(그리고 더 나아가 여성 중심적 사회 질서)은 여성의 이원적 성 전략과 여성의 SMV가 언제 최고점을 찍고 쇠퇴하는지 보여주는 연애 시장 가치(SMV) 그래프, 그리고 여성의 성숙 단계별 타임라인 등을 통해 이 책의 전반부에 설명한 명제들이 참이라는 것을 근본적인 차원에서 확인해 준다.

베타 팔이

샌드버그의 글에서 가장 눈에 띄는 부분은 마지막 부분이다.

"이러한 (베타)남성은 실제로 존재하며, 시간이 지나고 나면 이보다 더 매력적인 남성은 없을 것입니다."

성 혁명 이후 반세기가 넘는 시간 동안, 여성 중심적 사회 질서는 궁극적인 베타 제공자 역할이야말로 남성의 의무일 뿐만 아니라, 여성이 매력적으로 느끼는 주요한 측면이라는 관념을 대다수 남성에게 심어줘야 했다. (성 혁명 이전의) 구질서에서는 이 주장이 어느 정도 참일 수도 있다. 그러나 성 혁명 이후 여성의 하이퍼가미가 남자의 알파 측면, '좋은 유전자'(알파와 섹스 측면)를 추구하는 풍조 속에서, '좋은 아빠'(베타의 부양 측면)의 자질을 가진 남자들 입장에도 여성들이 베타남의 매력을 알아준다는 식의 '베타 팔이'가 달콤하게 들렸을 것이다.

여성 우선주의가 사회 전반으로 확대되면서, 여자들이 점점 알파와의 단기적인 섹스 기회를 추구하게 되었지만, 그 와중에도 여성들의 장기적인 안정을 보장을 위해 이러한 베타남들을 향한 판촉 행위는 여자들 입장에서도 필요한 일이었다.

미래의 '좋은 아빠'에 해당하는 남자들은 여성의 SMV가 최고조에 달하는 '방탕의 시기'가 끝나기를 인내심을 갖고 기다려야 하므로, 여자들은 판촉 마케팅을 통해 신뢰, 인내, 부지런함 등 좋은 아빠를 가리키는 모든 베타 남성의 특성을 여자들이 매력적으로 느낀다고 끊임없이 주장했다.

다음 인용문은 데이비드 A. 프레드릭(David A. Frederick)과 마티 G. 해슬턴(Martie G. Hasselton) 박사의 논문 〈근육질이 섹시한 이유(Why Muscularity is Sexy)〉에서 발췌했다.

전략적 다원주의 이론 (갱스터드 & 심슨, 2000-Gangestad & Simpson)에 따르면 남성은 짝짓기 시장에서 자신의 가치에 따라 서로 다른 생식 전략을 추구하도록 진화했다고 한다.

더 매력적인 수컷은 여러 짝짓기 파트너를 찾는 데 더 많은 시간을 투자하고, 자손에게 상대적으로 적은 시간을 투자함으로써 번식면에서 이익을 얻는다. 반대로 많은 짝짓기 기회를 갖지 못 하는 덜 매력적인 수컷은 짝과 자손에게 집중적으로 투자하고 추가적인 짝을 찾는 데 상대적으로 적은 시간을 소비한다.

여성의 입장에서는 장기적인 투자에서 오는 이점과 유전적인 이점을 모두 갖춘 남성과 결혼하는 것이 가장 이상적이다. 하지만 모든 여성이 장기적으로 투자 가능하면서, 동시에 유전적으로 뛰어난 파트너와 맺어질 수 있는 것은 아니다. 따라서 여성이 짝을 선택할 때, 우월한 유전적 성향을 나타내는 수컷과 자손을 돌보는 데 장기적으로 좋은 짝이 되어줄 수 있는 수컷 중에서 선택해야 하는 트레이드 오프에 직면하게 된다.(Gangestad & Simpson, 2000). 이렇게 되면 단기적인 상대를 찾는 여성은 그 남성이 후손에게 물려줄 것이 유전적 요소 밖에 없으므로, 결국 장기적인 상대를 찾는 여성보다 근육질인 남성을 더 선호하게 된다.

전략적 다원주의(Strategic Pluralism) 이론은 하이퍼가미의 원리를 잘 설명하지만, 이 이론이 발표될 당시에는 여성이 나이를 먹는 과정에서 '여러 단계를 거치면서 변화하는 단기적인 전략(알파)과 장기적인 전략(베타) 사이의 선호 변화'에 대해서는 충분히 설명하지 못했다.

베타 판촉 전략은 여성의 인생에서 나중에(보통 '깨달음의 시기'에 이를 때) 남성의 장기적인 투자를 보장받기 위해 필요했다. 그래서 샌드버그는 '여성이 똑똑하고 자기 주장이 뚜렷하며 야망이 있어야 한다고 생각하는' 남자들을 칭찬했다. 남녀 사이의 공정을 중시하고 가정에서 자신의 몫을 다할 것으로 기대되는 남자가 결국 샌드버그가 일찍부터 성관계를 갖도록 권장하는 나쁜 남자, 멋진 남자, 한 여자에게 헌신을 거부하는 남자, 미친 남자보다 '더 섹시할 것'이라고 말한 것은 이러한 '베타 팔이'의 훌륭한 예다.

아이러니하게도 정작 요즘 여자들이 불만 삼는 '남자와 성관계가 마치 거래하는 것처럼 느껴진다'는 분위기를 조장하는 것이 바로 이러한 여성들의 베타 팔이 때문이다. 이는 본질적으로 '쵸어플레이(남편이 집안일을 한 대가로 성관계로 보상받는 것-감수)' 오류의 확장판이다. 그 오류는 다음과 같다. 남자가 집안일을 더 많이 하고, 여자들이 남편에게 기대하는 평등주의에 부응하고, 여자의 야망과 여자의 자기주장을 남자가 지지하면 그 남자는 '더 섹시하다'고 여겨질 것이며, 여자가 이런 남자를 위해 아껴두었던 최고의 섹스를 할 수 있다는 식의 오류.

자발적인 베타남 만들기

여성 중심적인 사회가 '착한 베타남 전략'을 남성들에게 홍보할 때 직면하는 모순은 오히려 여성의 '독립성'이 커지지는 바람에 정작 베타 팔이의 필요성과 효과가 줄어든다는 점이다. 여성은 이제 남성이 여성에게 직접(간접이 아니다) 제공하는 것과는 별개로 개인적, 사회적, 법적 안전장치들을 확보하고 있기 때문에, 남성의 베타적 가치를 향한 수요가 줄어들고 있다. 베타 팔이가 과거보다 덜 효과적인 이유는 남성들이 구시대적 부양 모델이 그랬던 것처럼, 훗날 여성이 베타 남성에게 친밀한 관심을 보이고 정열적인 섹스로 보상할 거라는 기대가 애초에 사라졌기 때문이다.

남자들이 장기적인 베타 공급자보다 알파 파트너를 선호하는 여자들의 성향을 점점 더 알아차리게 되고, 이와 관련한 경험을 동료 남성과 공유하고 연결하는 능력이 향상되면서, 여성의 매력이 시간이 지나 감소하면 자기 차례가 올 거라고 기대하던 베타 남성을 향한 베타 판촉 효과는 점차 감소하고 있다.

70년대와 80년대, 그리고 90년대에는 대부분의 남성이 다른 남성들의 여자 경험에서 사회적, 기술적으로 고립되어 있었기 때문에, 이러한 베타 팔이가 효과가 있었다. 그러나 90년대 후반부터 인터넷의 등장으로 정보 고립 현상은 줄어들었다. 그만큼 남자들이 여성 우선주의가 우리 사회 전반에 미친 영향을 더욱 체감할 수 있게 됐고, 동시에 고통스럽게 다가왔다.

세상이 끊임없이 변화하는 가운데, 여성 중심적 사회 질서는 노년기 여성을 위한 장기적인 부양자 역할을 남성들에게 영업하는 것을 넘어, 때가 되면 알아서 베타 역할을 수행할 남자 세대를 육성해야 한다는 걸 깨달았다. 이 남자들은 샌드버그식 하이퍼 가미 모델을 따르는 여자들이 원하는, 인내심 있는 베타 공급자로 자라나도록 교육받고, 이런 사상을 근간으로 하는 사회적인 분위기를 통해 길들 것이다.

이들 소년 또는 성인 남자들은 남녀평등한 파트너가 되어야 한다는 원칙하에, 여성들의 권위와 올바름의 기준을 '자연스럽게' 존중하도록 교육받을 것이다. 또한 여자들이 나이를 먹고 정착할 때가 되어 동등한 파트너십을 원하는 남자를 찾을 때, 여성을 맞이할 준비를 하도록 가정에서 교육받고 사회적으로 육성된다.

이들은 '남녀평등'이라는 명분으로 여성이 대놓고 외도해도 인정하고 받아들일 준비가 되어있는 남자들이며, 여자들이 기존에 사용해 온 베타 팔이 전략 대신 당당하게 드러낸 하이퍼가미를 거부감 없이 받아들이도록 교육받은 남자들이다.

하이퍼가미 양극화

이에 따라 여성들에게 발생하는 문제는 어떤 남성 집단에는 은밀하게 하이퍼가미를 판촉해야 하고, 또 다른 남성 집단에는 공개적으로 하이퍼가미를 받아들이도록 만들어야 한다는 점이다. 남성들이 공개적인 하이퍼가미를 잘 받아들일수록, 여자들은 하이퍼가미에 따른 선택과 그 책임에서 벗어나기 쉬워진다.

셰릴 샌드버그처럼 직업적으로 성공한 여성은 결혼 여부와 무관하게 미래의 독립과 장기적인 안정(적어도 재정적인 측면에서)을 보장할 수 있는 수단을 가지고 있다. 경제적 능력이 있으니 샌드버그는 마음만 먹으며 과거에 자신이 푹 빠졌던 나쁜 남자에게 다시 돌아갈 수 있고, 다른 여성들에게도 알파 남성들에게 생계를 의존하지 말고 '데이트'만 하라고 조언할 수 있는 것이다. 덕분에 그녀는 성 혁명 이후의 하이퍼가미의 본질을 별 생각 없이 공개적으로 대놓고 이야기할 수 있다.

샌드버그는 (평등을 가장한) 베타 모델을 공개적으로 언급하면서 '그런 남자들이 여자들을 기다리고 있을 것'이라고 말하지만, 이는 대다수 평범한 여성에게는 해당 사항이 없는 이야기다. 충분한 재력이나 신체적 매력으로 미래의 풍요로운 삶이 보장된 여성은 그런 물적, 심리적 안정성에 대한 확신이 없는 여성보다 '더 쓸만한 베타남 만들기(build the better beta)' 전략을 구축하는 쪽이 더 낫다고 생각하는 경향이 있다.

그러나 연애 시장에서 불리한 위치에 놓인 여성일수록 자신의 하이퍼가미 본능과 그 메커니즘을 남자들에게 부정할 가능성이 높다. 미래의 장기적인 안전(또는 협조적인 양육자 남성)에 대한 확신이 약한 여성은 하이퍼가미의 이중적인 실체를 남성들에게 비밀로 유지하는 데 훨씬 더 큰 노력을 기울인다. 따라서 이런 여성들은 남성을 잘못 인도하는 경향이 더 강하고, 베타 팔이 전략에 더 힘을 쓰게 된다.

두말할 필요도 없이 공개적으로 하이퍼가미를 찬성하는 여성과 남자들에게 하이퍼가미를 비밀로 유지하려는 여성들 간의 갈등은 연애 시장에서 '가진 여자'와 '못 가진 여자' 사이에 발생하는 것이다. 남자들이 (여성들이 이를 공개적으로 인정하든 또는 레드필 커뮤니티를 통하든) 여성의 하이퍼가미와 그것이 지닌 전략적 차원의 성 다원주의에 대해 더 많이 알게 될수록, 연애 시장에서 '못 가진' 여성들도 하이퍼가미의 존재를 결국 어쩔 수 없이 인정해야 한다는 압박을 느끼게 될 것이다.

오픈 하이퍼가미

이제 여성 중심적인 사회 분위기 속에서, 대다수의 남성들은 여전히 하이퍼가미의 알파적 측면과 베타적 측면의 역학에 대해 아직도 무지하다고 조롱받는 걸로 모자라, 이를 알게 된 남성들이 이에 대비하는 것조차 조롱당하는 수준까지 왔다. '남자라면 이미 이러한 여자의 성 전략을 알고 무조건 받아들이고 헌신할 준비가 되어 있어야 한다'는 기대심리를 가진 여자들은 막상 남자가 그 각본에서 벗어나려고 할 때 엄청난 충격을 받는다.

2014년, 아내가 자신과의 성관계를 거절하는 과정과 그 이유를 기록한 '스프레드시트 가이(Spreadsheet Guy)'에 대한 이야기가 화제가 된 적이 있었다. 그 내용이 공개되고 인터넷에서 입소문을 타자, 여성 누리꾼들은 사이에서 아내가 성관계를 거절한 이유를 기록한 이 남성을 향해 분노를 표출했는데, 그 이유는 단순히 그 남자의 행위가 문제라기보단, 이 남자의 행동이 요즘 남성 집단의 태도를 대변하는 것이었기 때문이다.

이 이슈에 대한 여성들의 분노의 본질은 베타 남성이 자신이 맡게 될 새로운 역할을 아직 얌전히 받아들이지 못했다는 데에 있다. 새로운 질서 속 여성들의 집단적 사고에 따르면, 베타 남성은 이미 자신이 성실하고 헌신적인 베타로 선택받았다는 사실을 알고 있어야 하며, 여성이 과거 알파 남성들과 맺은 난잡한 성관계를 용서하고, 여성의 정서적 지지자이자 손을 잡아주는 역할을 받아들여서 자신이 알파 남성보다 '더 나은 남자(better man)'임을 증명해야 한다고 가정한다.

그리고 이 모든 것은 여자들이 '자기 발견'을 거친 후, 즉 나이 서른쯤 깨달음의 단계(Epiphany Phase)를 거쳐 여자가 '자신이 진짜 누구인지' 알게 된 다음에 일어난다고 이야기한다.

병 밖으로 나온 지니

남성이 여성 우위 사회 질서를 따라야 한다는 사고방식은 이제 여성들만의 기대를 넘어, 블루필 남자들이 스스로 이러한 오픈 하이퍼가미를 옹호하는 목소리를 내는 수준까지 발전했다.

환상에 빠진 채 기사도 정신으로 무장한 남자들, 베타남이 부양을 포기하면 여자들이 굶어 죽을까 봐 걱정하는 남자들, 이 퍼플필(purple pill) 연애 강사들은 여성들의 SMV가 본격적으로 하락하기 시작하면, 어디선가 하이퍼가미의 베타 측면을 충족시켜 줄 충실한 남자가 안 나타날지도 모른다며 분노의 목소리를 낸다.

여성 중심적인 사회 질서의 독트린에 따르면. 남자는 오픈 하이퍼가미를 강력하게 옹호하고, 결국 여자가 다른 알파 남자와 대놓고 바람을 피워도 이를 받아들여야 한다. 그러나 이들은 요즘 여자들이 삶의 안정을 충족하는 데 있어서, 웬만한 베타 남성보다 여자 쪽 경제력이 더 나을 수도 있다는 점은 고려하지 않는다. 이들의 베타 팔이 전략의 대전제는 다음과 같다. '만약 남성이 오픈 하이퍼가미를 받아들인다면, 여성이 남성의 선한 본성과 여성에 대한 고결한 존경심에 감동하여 화끈한 섹스로 보답할 것'이라는 해묵은 거짓된 믿음이다.

이런 관점으로 인해 대중은 '스프레드시트 가이가 어떻게 감히 아내와의 성관계 횟수를 기록할 수 있는가!'라며 분노한 것이다. 대중이 분노한 이유는 그 남자의 행동이 '결혼하면 점차 섹스 횟수가 줄어든다'는 기존의 사회적 통념에 반하는 행동이라서 기보다, 만약 그 남자가 '남자답게' 아내를 지지하고, 미리 정해진 베타 역할로 돌아가서 아내에게 더 친절하고 세심한 '남자'가 되는 법을 배웠다면, 이론적으로 더 많은 섹스로 보답받았을 거란 믿음에 있다.

다들 알겠지만 여자들이 섹스하고 싶어 환장하는 남자는 살면서 절내로 성관계 횟수 같은 걸 스프레드시트로 세지 않는다. 이는 여성이 알파 남성과의 성관계 기회를 놓칠까 봐 알아서 섹스 기회를 마련하기 때문에, 알파 남성은 성관계에 목이 마르지 않기 때문이다. 알파 남성은 어떤 여자와 성관계가 잘 안된다 싶으면 불평하지 않고 새로운 여자로 넘어가면 끝이다.

반면에 베타 남성이 성관계 횟수에 집착하는 이유는 여자들이 '파티 시기'에 알파 남들과 즐겼던 화끈한 섹스를 정작 베타 남성 본인이 경험할 수 없다는 사실을 받아들여야 하기 때문이다. 오히려 베타 남성들은 주어진 역할을 받아들이고 여성을 부양하는 데 전념하면, 그런 섹스(또는 더 화끈한 섹스)를 할 수 있다는 거짓말에 속았다.

'인생 최고의 섹스 파트너'와 결혼하는 사람은 없다.

아이빌리지(iVillage)의 최근 연구에 따르면 최고의 섹스를 선사한 남자 파트너와 결혼한 여자의 비율은 채 절반이 안 된다고 한다. (응답자의 52%는 전 남자 친구가 최고의 섹스 파트너라고 답했다) 실제로 기혼여성의 66%는 배우자와 섹스하는 것보다 책이나 영화를 보거나 낮잠을 자는 것을 더 좋아한다고 답했다. 이스트 빌리지에 사는 33세의 작가 아만다 샤텔은 이렇게 말한다.

"사랑했던 남자들과 섹스는 좋았거나, 대단한 적도 많지만 절대로 '최고'는 아니었습니다. 물론 오르가즘도 많이 느꼈고 재미있었지만 상대적으로 '최고의' 섹스에서 느낄 수 있는 강렬함은 없었어요.

나는 최고의 섹스 파트너와 오래 가지 못한다는 걸 알았어요. 그냥 성관계에만 충실했기 때문에 최고의 섹스가 된 것 같아요. 다른 어떤 것도 생각할 필요가 없었으니까요."

여러분이 볼 수 있듯이 '남자답게 행동하고 오픈 하이퍼가미를 받아들여라'라는 밈을 지지하는 블루필 남자들조차 이와 같은 사례들이 점점 더 분명해지고 널리 알려지면서, 하이퍼가미의 균형을 맞추기 위해 동원된 철 지난 사회적 통념들을 덥석 받아들이기가 점점 더 어려워질 것이다.

퍼플필 '데이트 코치들'은 남성에 대한 전통적인 모델에 기반한 조언을 베타 남성들에게 제공하는데, 이러한 행동의 본질은 포지션이 어중간한 퍼플필 남자들이 겪는 여자 문제를 해결하려는 것이다. 그러나 아이러니하게도 정작 이들이 겪는 문제의 근본적인 원인은 여성 중심적인 사회 질서가 남녀관계에 퍼부은 인위적인 이념과 그에 따른 사회적인 변화다.

남성은 정말 기만자인가?

다음은 2014년에 인기 있었던 '조언(advice)' 칼럼에서 인용한 내용이다. 굵은 글씨는 내가 넣었다.

> 캐롤린 (학스)에게
>
> 서로 정직하지 못한 나머지 여러 번의 연애가 실패로 끝난 후, 나는 지금 사귀는 남자친구와 관계에 새로운 지침을 적용했습니다. 난 23살이고 현재 남자친구(역시 23살)를 온라인에서 만났으며, **서로 완전히 정직해지기로 결심했어요.**
>
> 이렇게 마음먹은 이유는 내 감정을 처리하기 위해서였는데, 나는 원래 불편한 감정을 억제하는 성향이 있었습니다. 그래서 그동안 사귄 남자관계를 포함해 모든 것을 현재 남자친구에게 공개해 버렸습니다. 하지만 지금 와서는 이게 실수였다는 것을 깨달았습니다.

베타 성향의 남자를 더 우울하게 하려는 것은 아니다. 다만 나는 이 글을 읽으며 셰릴 샌드버그의 '오픈 하이퍼가미' 모델이 점점 더 많은 베타 남성들을 흔들어 깨워 레드필을 받아들이게 만든다는 것을 깨달았다.

성실한 베타 남성이 자신의 독특하고 전통적인 매력을 여자들이 인정해 줄 것이라고 믿었는데, 정작 그런 여자와 결혼한 다음 그토록 기다렸던 '최고의 섹스'는 절대 없을 것이라는 말을 대놓고 들었을 때, 베타 남성들이 얼마나 큰 충격을 받고 박탈감을 느낄지 상상해 보길 바란다.

오픈 하이퍼가미가 새로운 대세라고 떠드는 신문 기사를 읽거나 상업 광고, 인터넷 커뮤니티의 글을 읽는 것을 보는 것과 실제로 교제 중인 여자 얼굴을 맞대고 경험하는 것은 차원이 다른 체험이다.

위 여성이 아직 23살인데도 여러 남자와 성 경험을 가졌다는 사실 말고도, 저 여성이 이러한 '솔직함'을 실수로 인식하고 있다는 점이 흥미롭다. 자기 생각이 실수인 게 아니라, 이미 남자가 '자신을 있는 그대로' 받아들일 것이라고 가정하며, 남성에게 자신의 성 전략을 대놓고 드러내도 괜찮다는 식의 편안한 감정을 느낀 것이 실수라는 것이다.

그러나 정작 여성에게 호의적인 사회 분위기 속에서 끊임없이 그리고 공개적으로 '기만자(manipulator)' 이미지로 낙인찍히고 악마처럼 그려지는 건 남성이다.

사회적인 통념에 따르면, 기본적으로 남성을 '조심해야 할 성별'이라고 가정하며, '남성은 가장 정직하지 못한 성별이다', '남자들은 여성들을 속여 성관계를 맺고 떠나는 방식으로 가장 많은 이득을 취한다'는 식의 주장을 한다.

이러한 시나리오는 실제로 여자들이 남성 개인에게, 더 나아가 사회적 차원까지 여성 중심적인 영향력을 행사할 수 있도록 하는, 보다 현실적인 사회 규범의 토대를 닦는다. 이러한 사회적 프레임이 가진 힘은 생각보다 광범위하고 강하다. 여성의 하이퍼가미의 특성상, 대부분의 여성 정신세계에는 무의식적인 검증(vetting) 메커니즘을 심어 놓았기 때문에 여자들은 이런 시나리오를 쉽게 받아들일 수 있다.

그러나 여자들이 농담으로라도 남자들을 애인(Cads)과 아빠(Dads)로 분류하는 게 흥미롭다. 아이러니하게도 여자들이 남자를 이렇게 분류하는 것 자체가 여성들이 한평생 '알파'와 '베타'라는 이중적인 전략을 숨기기 위해 속임수를 쓰는 패턴을 드러내고, 하이퍼가미를 실현하는 데 필요한 여자들의 기만적 노력을 더 돋보이게 할 뿐이다.

성 선택의 기제에 깔린 이러한 프로그램은 여자들이 단기간의 번식 기회(알파)와 장기적인 부모 투자 기회(베타) 사이를 저울질할 때, 그 선호도를 미리 결정하는 데 쓰인다. 이러한 메커니즘이 오히려 여성을 성 전략의 차원에서 속임수를 더 많이 동원하는 성별로 만든다. 문제는 현대에 와서 이 은밀한 하이퍼가미의 속임수가 이제는 '완전한 솔직함'으로 대체되어, 거시적인 사회적 영역부터 미시적인 사적 영역에 이르기까지 여자들이 대놓고 하이퍼가미를 드러내고 있다는 점이다.

아이러니하게도 전통적인 구질서 사회 계약으로 돌아가자고 완고하게 주장하는 쪽은 블루필 베타 남성들이다. 그러나 이 남성들은 이런 주장에 호응하기를 소망하는 바로 그 여성들에게 외면받고, 언젠가는 결국 맨 마지막으로 오픈 하이퍼가미가 만들어낸 새로운 사회 질서를 받아들이고 적응할 수밖에 없을 것이다.

제2부
보중챕터

고백 거절과 후회

"복수한다고 돈이 생기지는 않지."
- 이니고 몬토야(Inigo Montoya)

《합리적 남성》 1권에서 고백에 따르는 거절에 대해 많은 지면을 할애하여 설명했다. 거절에 대한 남자들의 두려움은 대개 남자의 사고방식, 행동, 합리화 등 여러 행태와 반응의 근본적인 원인이 되기 때문이다. 1권의 '버퍼'라는 챕터에서는 거절의 충격을 완화하거나 최소화하기 위한 남자들의 논리와 행동 패턴에 관해 설명했다. 그러나 결국 여자의 거절은 거절이고, 남자가 여자의 거절을 어떻게 받아들이느냐에 따라 건강한 반응이 될지, 건강하지 않은 반응이 될지 결정되는 법이다.

"후회하는 것보다 거절당하는 것이 낫다."

내가 처음 이 말을 했다고 주장하고 싶지만, 소스아브 포럼의 수수께끼 같은 회원인 푸크(Pook)가 처음 한 말이다. 이 간단한 문장에 담긴 깊은 수준의 진리와 지혜에도 불구하고, 거절을 통해 배우고 거절을 받아들이는 것이 남자들에게 쉬운 일만은 아니다.

거절을 다루면서 남자만 언급하는 이유는 성별만 놓고 보면 남성이 여성보다 훨씬 더 많은 거절을 경험하기 때문이다. 이 주장이 과장이라고 생각할지 모르겠지만 다시 한번 확실히 말하는데 남자들은 그 어떤 여자보다 살면서 더 많이 거절당한다.

스포츠, 직장 생활, 교육, 대인관계, 이성 관계에서 통계적으로 남자는 여자보다 더 많은 거절을 경험한다. 이는 남자가 잘났다거나 특출나게 인내심이 크다는 뜻은 아니다. 또한 여자가 절대 차이지 않는다는 뜻도 아니다. 단지 거절이란 체험이 남성의 삶에서 본질적인 측면이라는 점을 말한 것뿐이다. 그래서 남자들은 거절에 익숙해져야 한다.

'고백 안 하고 후회하는 것보다는 거절당하는 쪽이 낫다'는 말은 머리로는 이해하기 쉽다. 그러나 남자들이 정말 어려워하는 부분은 거절을 받아들이고 대처하는 방법이다. 이쯤에서 고백하건대 나조차 거절의 두려움을 완전히 극복했다고 말하기는 어렵다. 그러나 남성, 소년, 베타 남성, 심지어 PUA에게도 여러 가지 방법으로 여성의 거절을 받아들이거나 또는 거절을 어떤 태도로 대처해야 하는지 설명해 줄 수는 있다.

거절의 충격을 완화하는 마음가짐은 주로 남자가 여자의 거절을 예방하는 데 초점이 맞춰져 있지, 거절 후 대처법을 다루는 경우는 드물다. 하지만 남자가(또는 여자도) 어느 정도 예측할 수 있는 상대방의 거절을 미리 피하기 위해 논리, 근거, 행동 패턴을 동원하는 것처럼, 여자의 경우에도 거절 의사를 남성에게 전달할 때, 불편한 감정 등 감정적인 부담을 최소화하는 전략, 논리, 기술을 개발해 왔다.

거절은 연애에만 국한되지 않는다. 남자들이 여자에게 사귀자고 했다가 거절당했을 때보다 취업 면접에서 낙방했을 때의 충격이 더 크다는 연구는 꽤 흥미롭다. 우리가 거절당하지 않기 위해 큰 노력을 기울이는 이유는 거절에 대한 두려움 때문이지만, 막상 겪어보면 실제 거절을 당하는 것보다 거절에 대한 두려움이 우리를 더 힘들게 만든다.

복수

여기서 복수라는 소재를 따로 다루는 이유는 복수야말로 남자가 거절당했을 때 가장 흔하게 보이는 반응이면서, 동시에 남자에게 매우 해롭기 때문이다. 복수는 상대를 사소하게 괴롭히는 것부터 거절한 여성을 살해하는 것까지 범주가 꽤 넓다. 이는 주로 '어떻게 하면 그녀에게 효과적으로 복수할 수 있을까?'라는 식의 반응이다.

'그녀에게 한 수 가르쳐주는 것'이 거절당한 남자 입장에서는 만족스러워 보일지 모르겠으나, 복수가 아무리 정당하고 합당하더라도 복수를 통해서는 절대 여자에게 교훈을 새겨줄 수 없다는 점을 깨달아야 한다.

여자에게는 복수가 아닌 무관심이 차라리 효과가 더 크다.

복수를 생각하는 것 자체가 남성의 소중한 시간을 낭비하는 것이며, 고백하다 차였으면 거기서 무언가를 배우고 자기계발에 그 에너지를 사용하는 것이 훨씬 나은 결정이다.

감옥에서 막 출소한 어떤 청년을 개인적으로 알고 있다. 그는 16살 때 여자친구의 '소울 메이트'가 된 다른 남자를 32번이나 칼로 찔러 죽였다. 그것이 그가 선택한 복수였다. 나이가 두 살만 더 많았어도 사형이나 종신형을 선고받았을 것이다. 이렇게까지 극단적이지는 않겠지만 복수의 끝은 대체로 비슷하다. 복수심을 계속 마음에 품고 있는 한, 아무리 사소한 사건이더라도 결국 거절을 마주했을 때 느꼈던 과거의 그 감정에 얽매이고 집착하는 것이다.

거절을 인정하라. 그리고 앞으로 나아가라. 이 경우에는 특히 고백을 안 하고 후회하는 것보다 고백하고 거절당하는 경우가 낫다.

우리 남자들은 본래 미완성의 존재다. 우리는 '남자'로 길러지지 않았다. 매노스피어에서 우리는 아직 이 사실을 깨닫지 못한 동료 남성들에게, 이러한 점을 알려주는 것을 개인적 자부심과 사명으로 삼을 정도로 끊임없이 노력한다. 그 과정에서 남자로서 거절을 잘 대처하는 게 중요하다.

가끔 레드필을 탑재했다는 남성들조차 자신을 거부한 여성에게 어떻게 잘 복수할지, 또는 바람피운 여성을 어떻게 응징해야 하는지 이야기하는 글을 읽어보면, 나는 이 남자들이 내가 생각한 것만큼 정말 레드필을 받아들이고 깨달음을 얻은 게 맞는 건지 의문을 품는다. 남자는 거절당하면 이를 수용할 수밖에 없다. 어떻게 받아들이냐는 당신의 성향에 달려있다.

거절을 받아들이는 데 있어 3인칭 시점으로 상황을 바라보는 접근 방식을 기르는 것이 중요하다. 많은 사람, 특히 거절에 익숙하지 않거나 거절을 처음 접하는 남성들에게 이런 접근법은 매우 어렵다. 특히 레드필에서 배운 것을 이제 막 실천에 옮기려는 남성에게는 더욱 그렇다. 인간은 감정에 치우치기 쉬운데, 특히 실용적이고 합리적으로 사고하는 능력이 부족한 청소년이나 어린 청년들이 거절과 관련해서 현명한 결정을 내리지 못하고, 감정에 치우치는 문제를 자주 겪는다.

스스로 옳다고 생각하는 방식의 정의 구현을 원하는 마음은 인간의 본성이다. 부당하거나 부조리가 있다면 이를 바로잡고자 하는 것은 인간의 본능이다. 우리는 자기 행동이 가져올 궁극적인 귀결을 잘 생각하지 않지만, 꼭 복수에 따르는 대가 때문에 복수를 참아야 하는 것은 아니다. 대신 복수를 실행하는 데 드는 에너지와 자원을 우리 자신의 개선과 발전을 위해 사용했을 때, 어떤 현실이 우릴 기다릴지 비교해 보자. 심지어 사소한 복수를 하는 데 드는 적은 노력조차도 우리 자신을 위해 투자하는 것이 더 낫다.

이렇게 말하면 '잘 사는 게 최고의 복수'라는 말을 에둘러 표현한 것처럼 들릴 수도 있다. 그 말이 어느 정도는 사실이라고 생각하지만, 복수를 위해 잘 사는 것처럼 보이려는 삶 역시 경계해야 한다.

복수가 성공의 동기가 되어서는 안 된다. 여러분을 차버린 여성에게 자신의 기분이 어떤지 알리기 위해 그 방법을 찾느라 시간과 정신적 노력을 낭비하는 대신, 새로운 여성을 만나서 그 여자의 관심에 화답하는 게 훨씬 낫다. 남자가 갖는 자신감의 근원은 가능한 많은 선택지를 개발하는 데에 있다. 복수에 할애하려는 어떤 노력과 에너지도, 그것이 정말 복수에 쓰인다면 자기 자신을 더 좋게 만들 기회를 낭비하는 셈이다. 당신을 공격하는 사람들을 무시하고 개인적인 성공을 이루는 것이 그들에게 어떤 일방적인 상처를 주는 것보다 훨씬 나은 복수다.

세 여자 이야기

어린 남자들이 여자의 거절이 별것이 아니라는 걸 깨닫도록 돕기 위해서는 더 큰 그림으로 삶을 바라보도록 해주어야 한다. 당장 눈앞의 나무만 보고 숲을 보지 못하면 목전의 거절이 너무도 끔찍하게 느껴진다. 하지만 시간이 지나면서 삶이 어떻게 전개되는지를 미리 알게 된다면, 여자의 거절이 영혼까지 파괴하는 끔찍한 사건이 아니라 되려 더 나은 남자로 성장하는 걸 발목 잡는 덫을 피한 셈란 사실을 깨닫게 된다.

15~16살 즈음, 나는 사라라는 여자애에게 푹 빠져서(십 대의 욕망) 이 여자애와 사귀기 위해 온갖 멍청한 짓을 다 했다. 그냥 친구로 지내자는 말에 그녀와 '친구 놀이'를

하면서 편지도 쓰고 전화도 걸었다. 그 여자는 내게 "난 아직 연애할 준비가 안 됐어."라고 말했는데, 얼마 못 가 내 친구와 뜨거운 섹스를 해버렸다.

내 친구는 나쁜 알파였고 그 여자애는 내 친구에게 버림받은 후에도 친구를 잊지 못하고 따라다녔다. 나는 그저 여자애에게 충실한 친구 역할만 해주었다. 내가 22살쯤 되었을 때, 정신 차리고 열심히 헬스장에 다니기 시작했고 지역에서 매우 유명한 밴드에서 연주하고 있었다. 대학의 야외 복도를 걷고 있을 때 어떤 여학생이 "토마시, 오랜만이야!"라고 외치는 소리를 들었다. 처음에는 누가 나를 부르는지 궁금해서 주위를 둘러보다가 그냥 지나쳤다. 그러자 한 여학생이 "안녕, 나야. 사라"라고 말했다. 내려다보니 벤치에는 300파운드가 넘는 비만 여성이 앉아 있었는데 바로 6년 전에 내가 따라다녔던 사라였다.

나는 엄청난 충격을 받았다. 코카인 중독으로 재활치료를 받았고 마약 대신 음식에 탐닉하면서 체중이 늘어난 것 같았다. 내 인생에서 처음으로, 정말 말 그대로 아무 말도 할 수 없었다.

두 번째 이야기는 고등학교 때 베타로 짝사랑했던 브리짓이라는 여학생에 대한 이야기다. 그때 나는 그 여자애에게 다가갈 자신조차 없었다. 나는 스스로 그 여자애와 급이 맞지 않는다고 생각해서 일부러 다가가지 않았다.

다시 22살 무렵에 그녀를 클럽에서 만났는데(사실 여전히 예뻐 보였다) 이제는 그 여자애가 나한테서 떨어지려 하지 않았다. 첫날 밤을 보낸 다음에 그녀를 환상적인 섹스 파트너로 만들어 버렸다. 그 여자는 아침에 내가 학교 가기 전에 창문을 통해 내 방으로 들어와 섹스하곤 했다.

그러나 나중에 그녀가 말로는 피임을 잘 한다고 말했지 사실은 피임약을 먹지 않았다는 사실을 알게 되었다. 까딱 잘못하면 임신할 수도 있겠다는 생각이 들어 관계를 정리하지 않을 수 없었다. 그 당시 나는 섹스에 더 적극적인 네다섯 명의 다른 여자와 접시를 돌리고 있었다. (당시에는 접시돌리기 이론이 무엇인지도 몰랐다) 여기서 내가 뭘 배웠냐고? 고등학교 때 다가가지도 못했던 여자를 5년이 지난 다음에는 내가 먼저 찰 수 있다는 것이다.

마지막 이야기는 처음으로 진지하게 사귀었던 '진짜' 여자친구가 온라인을 통해 나를 찾아온 이야기다. 17살에 처음 섹스했던 여자애였는데, 그 여자가 다니는 대학이 있는 도시까지 이사해서 계속 섹스하곤 했다. 그 여자의 중대한 진로 선택을 뒷바라지하기 위해 2년간 내 삶을 희생했는데, 결국 여자가 바람을 피워서 헤어진 경우다.

그 여자는 진지한 의미에서 나의 '첫 번째'였기 때문에. 마치 잘 훈련된 베타처럼 자연스럽게 그녀가 '신이 정해준 짝(the One)'이라고 생각했다. 그러나 내가 그 여자를 더 잘 '지원'할수록 여자가 나를 더 높이 평가할(즉 나와 더 많이 섹스할) 거라고 생각했기 때문에 정말 열심히 도와주었다. 그 후에도 한두 번 정도 만난 적이 있지만 그 뒤로 20년 넘게 본 적이 없다.

그런데 내가 30대 후반쯤 됐을 때, 그 여자가 내게 이메일을 보냈다. 아마 인터넷에서 나를 찾아본 것 같았다. 페이스북이 아닌 다른 사이트에서 그녀의 사진을 확인했는데 늙은 티가 확 났다. 실제 37살이지만 55살 정도로 보였고 (내가 이사까지 가면서 뒷바라지한 바로 그 대단한 학위 덕분에) 아이들에게 읽는 법을 가르치며 3만2천 달러 정도를 벌고 있었으며, 당시 다른 여성과 '결혼'한 상태였다. 듣기로는 자유 동성 혼인(배우자의 외도를 인정하는 동성 결혼-옮긴이)이라고 했다. 17살 때 알던 소녀가 37살이 된 지금, 거의 알아볼 수 없을 정도로 변한 모습이 기괴하게 다가왔.

세 경우 모두, 특히 마지막 이야기에는 (20년이 지난 지금) 약간의 자부심과 함께 '인과응보'라는 생각이 들지 않을 수 없었다. 나를 거부했던 여자 중 몇 명이나 세월이 지난 지금 더 나은 삶을 살고 있는지 궁금하다. 남자는 나이가 들수록 나아진다고 하지만 꼭 그런 건 아니란 점도 잘 알고 있다. 잘 사는 것이 최고의 복수라는 건 알지만 복수를 위해 잘 사는 것은 잘못된 방법이라고 생각한다. 자신의 발전에 중점을 두고 살아가다 보면 이런 사필귀정은 반드시 일어나게 되어 있다.

후회하는 것보다는 거절당하는 게 낫다

특히 젊은 독자라면 이 점을 명심하기를 바란다. 거절이 곧 실패를 의미하는 것이 아니며, 단지 성장하고 배울 기회가 주어진 것뿐이다. 사실 매번 고백에 성공해서 여자가 고백을 받아들이기만 하면 당신은 성장과 배움의 기회를 놓치는 것이다. 우리는 성공했을 때보다는 실패했을 때 더욱 신중하고 날카롭게 그 원인을 분석한다.

어쭙잖게 타협해서 성공하고 나중에 후회하는 것보다는 당장의 실패와 거절을 인정하고 받아들이는 것이 더 좋다.

남자가 살면서 가장 조심해야 하는 게 있다면, 너무 높은 목표를 세웠다가 실패하는 것이 아니라 아주 낮은 목표를 세워 평범하게 성공하는 것이다.

성과를 내야 하는 숙명
(The Burden of Performance)

남자는 무엇이든 해야 한다.

남자는 성공하기 위해, 여자를 얻기 위해, 좋은 삶을 살기 위해 반드시 무언가 해야 한다. 귀여운 여자 동급생의 관심을 끌기 위해 자전거를 타고 거리를 질주하든, 개인적인 성공, 미래의 가족을 위해 박사 학위를 취득하든, 남성은 반드시 무언가를 해야 한다. 여자의 남자를 향한 성적 흥분, 매력, 욕망, 사랑은 남자의 성과에 따라 일어난다. 어느 정도 성과를 달성해야 만족스러운지는 확실히 여자마다 다르며, 그 업적의 난이도에 대한 여자의 인식도 저마다 다르긴 마찬가지지만, 아무튼 남자는 무언가 해야 한다.

베타 남성들은 남자가 여자의 사랑을 받기 위해 달성해야 하는 업적의 기준에 대해 오해하는 경우가 많다. 2014년 3월 말, 매노스피어 블로거 루시(Roosh)가 쓴 흥미로운 글을 읽은 적이 있다. 그의 주장에 따르면 '현대 여성에게 남성은 광대에 불과하다'는 것인데, 그 글의 전체적인 맥락에는 분명히 동의하지만 이러한 '엔터테인먼트'의 역학은 단순히 남자가 여자에게 즐거움을 제공하는 것 이상의 깊은 의미가 있다는 사실도 깨닫게 되었다.

> "현대 사회에서 여성은 더 이상 예전처럼 남성에게 편안함이나 안정감을 찾지 않는다. 여자들은 대신 오락거리와 향락적 쾌락을 추구한다. 이것이 바로

오늘날 공급자형 남성(베타 남성)이 전성기에 오른 아름다운 여자와 정착하는 데 실패하는 이유고, 알파 남성조차도 몇 번의 성관계 후에 그 여자와 계속 이어지지 못하는 이유다. 남자가 여자에게 제공하던 재미나 참신함이 식으면, 물론 필연적으로 그렇게 되겠지만, 여자는 다른 무언가로, 또는 다른 사람으로 옮겨간다. 여자를 붙잡을 수 있는 유일한 방법은 드라마 작가의 작업 방식을 응용하는 것이다. 즉 '재미있는 남자'의 역할이 더 이상 여자에게 통하지 않을 때, 여자의 호기심을 유발하는 말이나 행동을 각 에피소드의 마지막에 추가하면 된다."

나는 최근에야 여자에 대한 진실을 깨달았거나, 레드필의 불편한 진실을 이제 막 받아들인 남자가 윗글을 읽으면 어떤 기분일지 상상해 보았다. 그 입장이 되어보니 '그냥 너답게 행동하면 좋은 여자가 찾아올 거야'라는 흔한 위로의 말이 아무 의미가 없으며, 단지 평범한 여자의 관심을 끌기 위해서 자신을 영화나 만화에 나오는 캐릭터로 변신시켜야 한다는 강박관념이 생길 것 같았다.

특히 레드필을 있는 그대로 똑바로 이해하려면, 진실을 향한 압도적인 의지와 개인적인 통찰력이 함께 필요하다는 점을 고려해 봤을 때, 이는 다소 암울한 전망이다. 루시는 나중에 다른 게시물을 통해 저런 주장을 조금 누그러뜨렸고 게임 용어를 빌어 잘 설명했지만, 대부분의 남자가 '광대 요소(clown factor)'를 마주하고 좌절감을 느끼는 주된 이유는 여자를 즐겁게 하는 것이 남자 자신의 성격과 맞지 않기 때문이다.

이러한 연애 환경에서 믹타우(MGTOW, Men Going Their Own Way, "제 갈 길을 가는 남성들"이라는 의미-감수) 운동이 왜 레드필 남성에게 잘 먹히는지 쉽게 알 수 있다. 남자의 삶에서 여자의 '성과 방정식'을 제거할 수 있다는 발상은 요즘 남자들에게 떨치기 어려운 유혹이다. 이 부분은 나중에 다시 다루겠지만, 여기서 중요한 것은 남성이 필연적으로 거쳐야 하는 '성과 게임'을 이해하는 것이다. 좋든 싫든, 게임에 참여하든 안 하든, 남자는 항상 자신의 성과(또는 업적에 대한 그럴듯한 인상)에 따라 자신의 가치를 평가받는다.

많은 남성이 레드필을 접하고 처음에 당황하는 이유는 여성의 관심을 붙들어두기 위해 자신이 아닌 다른 사람을 연기해야 한다는 일종의 분노 때문이라고 생각한다. 관점에 따라선 여성이란 자신을 즐겁게 해줄 남성을 캐스팅하는 연예기획사처럼 보인다.

여성이 남성에게 기대하는 '캐릭터'의 스타일과 특징은 여성이 나이를 먹어가며 거치는 타임라인 그래프상 시기, 그 여성의 SMV에 따라 달라진다. 파티 시기를 즐기는 여자들이 원하는 남자의 캐릭터는 깨달음의 시기를 지난 여자들이 원하는 남자의 캐릭터와 다르며, 한참 뒤에 중년이 되면 취향이 또 바뀔 수 있다.

여성들이 나이를 먹으면서 거치는 단계마다, '남자라면 마땅히 그래야 한다'는 어떠한 이미지를 갖고 있는데, 여자들이 막상 실제로 그런 캐릭터를 가진 남자를 겪어보면 실망하도록 사회가 왜곡된 환상을 심어준 게 이 모든 문제의 원흉이다. 그 때문에 사회적으로 형성된, 여성의 호감을 얻는다고 대중적으로 널리 알려진 남성의 성격과 기질은 가면 갈수록 현실성이 떨어진다.

기대에 부응하기

이 순간에도 많은 남성 독자가 "젠장, 난 그냥 나대로 살 거야. 나를 있는 그대로 인정해 주지 않는 여자는 어차피 수준이 낮아."라고 생각할 것이다. 이런 생각을 하면서 속으로 화가 나겠지만, 이런 식의 '나대로 살자' 주의는 대부분의 블루필 베타 남성들이 스스로를 보호하기 위해 선택하는 사고방식이다.

자신이 가질 수 없는 것을 경멸하는 것은 자연스러운 현상이고 논리적으로도 이해가 되지만, 남자는 항상 자신의 성과로 그 가치를 평가받는다는 사실에는 변함이 없다.

따라서 "관둬, 난 그냥 나대로 살 거야."라는 마음가짐을 여러분이 가지고 있더라도, 여러분은 여전히 "그냥 나로 살면서 얼마나 잘하는가?"를 기준으로 평가를 받고 있다는 것이다.

중요한 점은 여러분이 실제로 이루어낸 성과의 수준과 내면의 수준이 일치해야, 즉 성공을 내면화해야 한다는 것이다. 사실 여러분이 그것을 의도하고 연출하든, 아니면 딱히 연출하지도 않았는데 당신이 성공했다는 사실을 너싱(및 다른 사람들)에게 자연스럽게 인정받기를 바라든, 당신은 이미 걸어 다니는 성과 그 자체다.

여성은 하이퍼가미 본능에 따라 남성이 여성의 기대에 얼마나 부합하는지, 그것을

'느끼면서' 파트너를 선택한다. 이러한 남자를 향한 여자들의 평가는 여자가 현재 자신이 처한 타임라인 그래프 위의 어떤 지점, 여자 자신의 SMV를 어떻게 평가하느냐에 따라 달라진다.

외모, 재능, 유형적인 자산 및 기타 조건에 대해선 여성 개개인에 따라 그 기준이 달라질 수 있지만, 아무튼 남자가 된다는 것은 성과를 내는 것이다. 성욕을 충족하기 위해 매춘 서비스를 이용하며 자기 갈 길을 가는 인생을 사는 남성이라 할지라도, 결국 매춘을 즐기기 위한 돈을 벌기 위해서는 성과를 내야 한다.

삶이 더 쉬워지는 게 아니라, 당신이 더 나아지는 것이다

남성이 성과를 내는 과정에서 진정한 휴식이란 없다. 휴식이 있다는 믿음은 존재하지도 않는 '여성의 남자를 향한 공감 능력'을 믿는 것이다. 만일 여자가 그 정도 공감 능력이 있었다면 애초에 여성이 성과를 기반으로 남자를 고르지도 않았다.

여자는 절대로 남성에게 요구하는 만큼의 업적을 여자 본인에게 요구하는 법이 없다. 하이퍼가미는 과연 이 남성이 일부일처로 종사할 만큼의 가치가 있는지, 지속적이고 은밀하게 확인하기 때문에, 결코 성과에 대한 기준이 남녀가 똑같을 수가 없다.

여자들은 남자들이 여자들에게 어떤 타고난 신체적 기준(그것도 성과라고 주장한다)을 '요구'한다고 주장한다. 이는 일반적으로 사실이지만, 이런 기준은 남성이 여성에 대해 가지는 기준이지 남자들이 자신에게 적용하는 기준이 아니다. 마찬가지로 남자들은 여자를 상대로 성과에 관한 기대나 조건 같은 것은 애초에 가질 생각도 안 하며, 심지어 남자들이 그저 '여자가 나와 사귀려면 어떤 수준이 되어야 한다'고 말하는 것조차 공격의 대상이자 여성 혐오적인 태도로도 비춰진다.

이와 같은 사회적 통념은 여성의 하이퍼가미 성 전략이 사회 차원에서 지배적인 관습이 되도록 만들기 위해 고안되었다. 반대로 남자들이 '여성이 남성을 위해 어떤 노력을 할 것'으로 기대한다면, 그런 통념은 여성 중심주의가 남성에게 주입한, 여성의 '모범적 지위(prize status-여성 중심적인 기준이 옳다는 식의 권위를 자동으로 부여하는 지위-감수)'에 대한 모욕이나 마찬가지다.

정말 인본주의를 따른다면, 이러한 남녀 간 요구 조건에서 발생하는 괴리에 대해 여자들도 합리적인 해결책을 내놓아야 바람직하지만, 여자들의 이성에 호소한다고 해서 하이퍼가미의 전원 스위치를 끌 수 있는 건 아니다.

나는 매우 정직하고, 모든 것을 상대방과 공유하는 원칙을 적용하는 다양한 '데이트 코치들'의 조언이나 글을 많이 읽었다. 이 코치들은 비슷한 가치관, 평등, 합리적 사고를 공유하는 여자들이 자연스럽게 남성의 개방성과 정직성을 높이 평가하고, 감사하는 마음을 가지길 바란다. 그러나 이는 남녀가 이성적인 사고로 상호 간 합의가 가능하고, 이러한 합의가 성적 본능을 억누를 수 있는 가상의 평행우주 같은 곳에서나 실현할 수 있는 이야기다.

진정한 희망은 여자들이 스스로 모순을 인정하고, 타고난 본능의 영역인 '남성들의 성과'에 있어서 지나치게 비현실적인 기대치를 자발적으로 조절하는 것이다.

여자들이 남자들을 상대로 이야기하지 않는 것은 (그리고 나중에 자세히 설명하겠지만) 여자의 이성이나 감정에 남성들이 호소한다고 해서, 여자가 남성의 능력 부족을 진심으로 받아들일 수 있는 게 아니라는 점이다. 사랑과 이성이란 건, 모두 상식적인 선 내에서 남녀 간 상호이해가 바탕에 깔려 있어야 제 기능을 한다. 그러나 아무리 그래도 '사랑'과 '이성'이 여자의 입에서 '남자의 능력은 필요 없다'고 말하게 만들지는 못한다.

여성들은 자발적으로 하이퍼가미를 포기할 동기도 없고 이유도 없다. 여자들은 널려 있는 여러 수단들을 동원하며, 남자와 여자가 서로의 필요에 따라 상황을 조율하도록 이성적으로 설득되지 않는다.

남녀관계에서 남성의 요구를 여자가 수용하게 하는 것은 대화를 통한 설득이나 논리가 아니다. 남성의 성과와 남성의 높은 가치를 실제로 보여주는(입으로 시시콜콜 설명할 필요가 없는) 능력이다. 이것이 바로 만난 날 바로 성관계를 하는 어린 여성부터 50년간 결혼 생활을 한 아내까지, 모든 스펙트럼의 여성을 움직이는 진정한 동기다.

높은 가치를 입증하기 (Demonstrating High Value)

높은 가치 입증(DHV: Demonstrating High Value)이라는 개념은 블루필에 빠져 있는 비판자들과 레드필의 지지자 양쪽 모두에게 부정적인 평가를 받는 것 같다. 주된 비판의 요지는 DHV가 픽업 아티스트의 기술이라는 것이다. DHV를 원나잇을 위한 기교나 허장성세, 허풍으로 치부하기 쉽지만, 원래 DHV는 남자의 자존심을 내세우는 것도 아니고, 남자가 여자에게 자신을 '과시'하는 것도 아니다.

남성의 높은 가치를 보여주는 행태의 대부분은 남자들이 아무 생각 없이 하는 것들이다. 사실 남자가 본인의 높은 가치를 입증하려고 어떤 행동을 한다는 사실을 전혀 깨닫지 못할 때, 진정한 형태의 DHV를 발휘하는 셈이다. 이는 적절한 상황이나 환경이 갖추어진 상황에서, 남자가 단순히 어떤 방에 걸어 들어가는 것만큼이나 간단한 일일 수도 있다. 확실한 사회적 지위와 다른 사람들이 인정하는 지위 역시 당연히 DHV가 된다. 겸손도 적절한 상황에서는 DHV가 될 수 있다.

이 챕터를 다 읽고 난 여러분은 여자들이 생각하는 업적의 기준을 충족하기 위해서 남자가 초인적인 존재가 되어야 한다고 생각할 수도 있고, 그래서 우울해질 수 있다. 그러나 내가 전달하고자 하는 요지는 그런 극단적인 의미가 아니다.

여자가 생각하는 남성의 업적, 그 합격 기준은 여자마다 다르다. 여자가 어떤 남자를 흥미롭고 매력적이라고 여기는지, 그리고 그 여자가 타임라인 그래프에서 어디쯤 와 있는지에 따라 달라진다.

많은 경우 남자가 성과를 내는 방식보다 그냥 남자가 성과를 내고 있다는 사실이 더 중요하다.

여러분이 자신이 할 수 있는 한 최고가 되고, 가장 성공적인 사람이 되고자 하는 야망과 추진력 속에는 여자를 유혹하려는 의도가 없을 수도 있다. 그러나 당신은 여전히 성과를 내고 있으며, 그 업적에 따라 이성에게 평가받게 될 것이다.

남자가 세상을 향해 더 높은 가치를 보여주거나, 더 낮은 가치를 보여주는 것 역시 남자가 의도를 하든 아니든 성과다. 이 성과 방정식에서 남자들은 벗어날 수 없다. 성과 게임에 적극적으로 참여하지 않기로 선택할 수는 있지만, 죽을 때까지 이 게임에서 벗어날 수는 없다.

남성의 나약한 모습

여성의 사회적 지위가 상승한 이후 남자들이 가진 가장 심각한 착각은 자신의 감정적 취약성을 드러내면 여성에게 매력을 더 보여줄 수 있을 거라는 발상이다

요즘 세대 남자들은 태어날 때부터 '내면의 여성성과 접촉'하도록 교육받고, 감정에 민감하게 반응하도록 길러졌다. 따라서 이런 사회적 길들이기의 영향을 많이 받은 남자들은 '감정을 더 잘 드러내는' 방식으로 연애 시장에서 다른 남자들과 경쟁한다.

커서 베타 남성이 되는 소년들이 여자에게 모든 감정을 다 드러내는 짓을 하는 이유는 그렇게 하는 것이 남자의 감정적인 성숙도를 증명하고, 여자들이 그것을 인정해 준다고 착각하기 때문이다.

이런 남자들은 자신의 가장 취약한 부분을 여자에게 자발적으로 노출하는 것이 강인함의 표시가 아니라는 점을 이해하지 못한다. 이런 잘못된 믿음은 여성 중심적인 사회 질서 속에서 남자들이 외부에서 주입받은 생각이다. 남자가 즉각 자신의 약점을 드러내는 것은 확실한 강자에게 항복하고 복종하겠다는 뜻이다. 개는 다른 개가 강하다고 인정하면 바로 배를 까고 굴복한다.

남자에게 약점은 떠벌리고 다니거나 자랑스러워할 만한 것이 아니다. 물론 개인적인 약점을 알고 인정하는 것이 자신을 이해하는 데 필요한 과정이라고 생각한다. (특히 레드필을 받아들일 때 더 그렇다) 그러나 약점을 타인에게 까발리는 건 대부분의 베타 남성이 생각하는 것만큼 매력적이지 않으며, 여성을 흥분시키는 요소는 확실히 아니다.

인터넷 공간이나 공손함이 필요한 자리에서 여자들은 남자들의 나약함이 '그럴듯하게(sounds-right)' 매력적으로 느낄지도 모른다. 그러나 보통의 경우 여자들은 본능적이고 무의식으로 남자의 취약성을 연약함, 복종 심리와 연결한다

많은 남성이 나약함을 드러내는 것과 약점을 드러내는 게 별개의 것이라고 생각한다. 그러나 이런 남자들이 간과하는 부분은 여성의 하이퍼가미는 성과를 내는 경쟁력 강한 남자를 원한다는 것이다. 이런 관점에서 남성이 자신의 취약성을 공개적으로 드러내는 것은 기본적으로 약자의 위치에서 남녀관계를 시작하는 셈이다.

남자가 남녀관계를 강자의 위치에서 시작하면 여자는 자동으로 당신의 힘을 존경하고 당신의 나약한(인간적인) 부분에 긍정적으로 반응할 것이라는 믿음에도 문제가 있다. 여러 '인생 코치들'은 대놓고 남자가 솔직하게 나약함을 드러내면, 여성에게 매력적으로 보일 거라고 말하지만 나는 절대 그런 주장에 동의하지 않는다.

그들의 주장은 '남성이 여성의 거절에서 진정으로 자유롭다면, 여성에게 나약한 모습을 보여도 문제가 없다'는 식이다. 이런 식의 사고방식은 "이봐, 난 그냥 내 연약한 모습을 보여줄 거야. 당신이 나를 좋아하지 않아도 상관없어."라는 태도나 마찬가지다.

여자들이 이러한 발상을 당신이 의도한 대로 받아들이고, 거기에서 무언가 신선함을 느끼길 바라겠지만, 사실 '그냥 자기 자신에 불과한' 이런 남자들은 절대로 멋진 여자를 사귀지 못한다.

저런 사고방식이 바로 베타 게임을 구성하는 핵심 요소다. 남자가 모든 것을 공개하면 '다른 남자들'과 차별화될 것이라는 희망에 의존하는 전략이다. 남녀평등의 환상을 믿는 남자들은 여자들이 남자의 매력을 느낄 때, 야성적인 본성이 아니라 남성의 감수성을 기준으로 섹스 파트너를 선택할 것이라고 믿는다.

사실 '결과의 독립성' 같은 것은 존재하지 않는다. 남자가 여자에게 접근하는 행위 자체가 이미 남자가 여자와 관계에서 유리한 결과를 얻기 위해 어느 정도 노력을 기울인다는 뜻이다. 여자가 남자의 나약함을 매력적으로 여길 것이라고 믿는다는 것 자체가 이미 그 남자가 결과의 독립성에서 벗어날 수 없다는 이야기다.

여성의 하이퍼가미는 남성의 나약한 면을 신경 쓰지 않는다

《합리적 남성》1권에서 나는 남성들의 사랑에 대한 생각을 '이상주의적'이라고 묘사했다. 단순한 사람들은 이를 '남자들은 여자에게 실현 불가능한 개념인 무조건적인

사랑을 원한다'라거나 '어머니가 아들을 사랑하는 것 같은 사랑을 여자에게 기대한다'라고 왜곡하거나 과장해서 해석한다. 하지만 조금이라도 통찰력이 있는 이성적인 남자라면, 여자에게 밑도 끝도 없는 무조건적인 사랑을 기대하지는 않을 것이다. 남자가 생각하는 '이상적인 사랑'이란, 보통 '자신이 그 사랑을 위해 어떻게 행동하거나, 어떤 공을 세웠는지와 상관없이 사랑받는 것'이다.

《합리적 남성》 중 '사랑과 전쟁(Of Love and War)'에서 발췌
"우리는 쉬고 싶다. 마음을 열고 정직하게 대하고 싶다. 투쟁이 없는 안식처를 갖고 싶다. 힘을 충전하고 휴식을 취하고 싶다.
경계심을 늦추고 우리의 인간성을 이해해 줄 수 있는 사람과 함께할 수 있기를 바란다. 잠시만이라도 투쟁과 게임을 멈추고 싶다.
우리는 간절히 원한다. 하지만 그렇게 되면 곧 더 이상 우리는 아무것도 할 수 없게 된다."

남성의 이상주의적 사랑, 남성을 진짜 로맨티스트로 만드는 그런 식의 사랑이란 '성과의 굴레에서 자유로운 사랑'을 의미한다. 남자들이 절대 여자의 무조건적인 사랑을 기대하는 것이 아니다. 오히려 '성과'라는 짐에서 벗어나면서, 동시에 여성의 하이퍼가미 본능을 충분히 만족시킬 수 있는 사랑을 뜻한다.

오, 인류애여!

남자들은 진정한 로맨티스트이기 때문에, 그리고 성과를 요구하는 하이퍼가미의 특성 때문에, 남자들은 자신의 나약한 부분을 드러내면, 자신이 더 '인간적'이 된다고 굳게 믿고 싶어 한다. 즉 남성이 여성에게 자신의 약점을 드러내면 자신이 쓰고 있다고 믿는 가면이 벗겨지고 (그 여자가 상상 속에나 존재할 만한 '훌륭한 여성'이라면) 여성이 하이퍼가미의 기준을 충족시키지 못한 남자의 부족함을 이해해 줄 거라고 생각한다. 그러나 남자들이 이러한 '항복을 통해 얻으려는 이점'은 크게 두 가지 문제를 지니고 있다.

첫째, 여성이 인정해 줄 것이라고 남자들이 착각하는 '인간적인 면모'는 정작 여

성에게는 매력 신호가 아니다. 틴더 앱을 사용하는 여성들의 거절 패턴(left-swiping habits)에 관한 블로그를(또는 틴더 패션스를 참조해도 된다) 10분만 읽어봐도 여성들은 남자들의 '인간다운(humanness)' 면모를 특별히 원하는 것처럼 보이지 않는다.

남녀가 서로 끌리고 자극을 받는 초기 단계에서, 여성은 전형적인 남성성으로 자신을 즐겁게 해주는 남성에게 훨씬 더 끌리게 마련이다. 하이퍼가미는 남자가 자신의 인간성을 얼마나 잘 드러내는지에 대해서는 관심이 없다. 이는 남성이 드러내는 '인간다움'이란 개념 자체가 여성 중심의 사회 질서에 의해 인위적으로 만들어진 심리적 구조물이기 때문이다.

이제 '항복의 이점'의 두 번째 문제에 대해 짚어보자. 남자가 남성적 정체성에 대해 가지고 있는 이러한 왜곡된 관념은 남자들이 사회화되는 과정에서 주입된 것이다.

남자가 '남자다움'이란 가면을 쓰고 있다?

이 두 번째 문제를 설명하기 위해, 현대 남성이 자신의 남성적 정체성을 어떻게 정의하는지 먼저 알아야 한다. 여성 중심적인 사회 질서에서 남성성이란 여성의 관점에 따라 규정된다.

다시 말해 남자들이 자신의 약점을 까발리면서까지 표현하고자 하는 인간다움이란 가치가 사실 여성주의적 사회 코드가 내세우는 가치란 것이다.

대부분의 여성 중심적인 사회화 과정을 거친 남자들은 전통적인 남성성이 가진 '문제'를 '여성만이 유일하게 치료할 수 있는 근본적인 남성의 결함'이라고 배운다. 지난 60여 년 동안 전통적인 남성성은 조롱의 대상이자 시대착오적인 것으로 여겨져 왔다. 그때부터 지금까지 모든 주류 미디어는 이러한 남성성을 패러디하고 우스꽝스럽게 묘사하기 위해 총력을 기울여 왔다. 남자가 오직 여자만 할 수 있는 역할을 하려다 '바보'로 묘사되기도 하고, 전통적인 남성성을 가진 '마초' 역할을 하려다 '우스꽝스러운 남자'로 그려지기도 한다.

두 방향 모두 부적절한 남성성이 야기하는 문제를 여성 특유의 재능과 직관을 동원하여 해결되는 것처럼 그려진다. 즉 여성이 '남성성 문제'에 대한 유일한 해결책처럼 묘사된다.

그러나 더 큰 문제는 여성 중심적인 사회가 여러 세대에 걸쳐 남성들에게, '남자다움의 표현(어떤 종류든)은 단순한 행동이나 겉으로 보이는 모습일 뿐이며, 깊은 내면에는 여성스러움이 숨어있다'고 주장하는 것이다.

남자의 삶을 직접 겪어보지도 않은 여자들은 대담하게도 여성 중심적 사고 틀을 동원하여, 그들이 정한 '남자다움'을 남자들이 실제로 받아들이게 만든다. 결국 남성의 나약함과 약점을 강함의 증거로 포장하는 시각은 근본적으로 결함이 있다. 그리고 취약성을 강함으로 포장하는 개념도 마찬가지로 여성적 관점에서 탄생한 것이다.

'무엇이 남성성이고, 바람직한 나약한 모습인지'에 대한 정의는 무엇이 여성 중심적인 사회 코드에 가장 부합하는지, 그 기준에 따라 정해진다. 여성이 정의하는 남성성을 잘 관찰하면, 약점과 나약한 면모를 남자의 강한 모습으로 포장하려는 노력을 볼 수 있다. (가령 터프가이를 우스워 보이게 만들기) 결국 남자들은 몸을 굴려서 배를 내보이면서, 여성들이 규정한 남성성을 받아들이게 된다. 이런 악순환은 반복된다.

이런 관점에서 현대 남성들은 어이가 없을 정도로 자신의 '참된 본성'을 억누르는 존재처럼 묘사된다. 남자들은 여성 중심적인 사회 질서가 '밝혀낸' 자신들의 진정한(나약한) 모습을 감추기 위해, 남자다움이란 가면을 쓰도록 사회화되었다고 주장한다. 이들 시선에서, 남자들은 실제로 남자 가면을 쓴 여자아이에 불과한 것처럼 보인다. 남성이 겪는 문제의 원흉은 남자들이 여자처럼 감정을 제대로 표현하는 걸 못 하는 데서 비롯된다고 주장하며, '(여성적 사회 코드에 순응하는 여성과 남성이) 이런 남자아이들을 잘 양육하면, 그 남자아이는 '터프함'을 버리고 여성과 더 잘 어울릴 수 있게 된다'는 논리다. 이게 바로 여성화된 남자의 '나약함' 속에 깃든 '진정한 의미의 강인함'이 뜻하는 바다. 바로 여성 중심적인 사회 질서에 남자들이 순응하는 것.

나는 남성성에 대해 이상주의적인 정의를 내리는 사람들이 정작 남성성을 ('느낌'에 기반하여) 계속해서 문제가 있는 것으로 규정하는 행동을 비판하는 중이다. 여러 세대에 걸쳐, 남자들은 주로 여성적 관점을 통해 규정된 남성성을 추구하도록, 남자들이 가능한 여성에게 유리한 방식으로 남성성을 정의하도록 훈련해 왔다.

이런 사회 질서에 동조하는 자들은 여전히 남성적 체험이 여성적 체험에 비해 열등하고 가짜라고 가정한 다음, 남자의 삶이 실제로 무엇인지 알고 있다고 착각하며, 여성 중심적인 해결책을 제시하는 낡은 공식에 의존한다.

'솔직함', '나약함'은 남성이 여성에게 접근하고 매력을 보여주는 데 있어 매력적으로 먹히는 요소가 아니다. 다른 것들과 마찬가지로 남자가 나약한 부분을 드러낼 때는 여성이 남성의 행동에서 은연중 우연히 인간미를 잠깐 발견하는 것이 가장 효과적이며, 남자가 굳이 여자에게 더 인간적으로 보이기 위한 의도로 약점을 드러내는 건 절대 안 된다.

여성은 자신의 감정 표현을 할 수 있는 보호막을 원하지, 감정을 똑같이 표현하는 남자를 원하는 것이 아니다. '남자의 약한 모습이 사실은 강한 모습'이라는 생각은 '남녀관계 속 정서적 상호의존'이란 개념에 남자들이 속아서, 결국 남자가 약점을 보완하기 위해 여자에게 의존해야 하는 위험한 상황으로 관계를 몰아갈 수 있다.

많은 남성이 알파 위치에서 나약함이나 약점을 드러내는 것이 장기적인 관계를 추구하는 과정에서 여성에게 지속적인 사랑을 받는 방법이라고 생각하지만, 이는 의도치 않게 약점을 드러내는 드문 경우에만 해당하는 이야기다. 남성의 약한 모습은 강점이 아니며 특히 남성이 약점, 취약한 부분을 여자들이 강점으로 인정해 줄 것을 기대하며 의도적으로 취약성을 드러내는 건 더더욱 잘못된 행동이다.

명심하라. 남자가 나약함을 솔직히 표현하는 것은 게임이 아니다.

어떤 관계에서든 어느 시점에서든, 사귀다 보면 결국 자신의 약점이 여자에게 드러나게 되는데 이게 잘못됐단 이야기가 아니다. 문제는 남자가 그러한 취약성을 강점이나 미덕으로 포장하여 여성이 자신의 약점에 반응하고, 애정을 느끼며, 보답하기를 바라며 노골적으로 시도하지 말라는 것이다.

다른 사람들이 여러분에게 어떤 상황에서든 뛰어난 성과를 낼 것으로 기대를 걸 때, 갑옷에 금이 간 것처럼 약점을 드러내는 행동은 무조건 피하라. 간혹 최고의 성과를 내고 있을 때 이러한 약점이 드러나면 극복할 수 있는 요소로 여겨질 수 있다. 그러나 남자가 약점을 통해 여성에게, 세상에 인정받기를 기대한다면, 절대 그렇게 될 수 없다.

남자의 잠재력과 하이퍼가미의 딜레마

이 일을 하면서 가장 지켜보기 힘든 광경 중 하나는 엄청난 잠재력을 가진 남성이 베타스러운 사고방식 때문에 스스로를 제한하여 잠재력을 완전히 실현하지 못하는 것이다. 또는 잠재력을 완전하게 실현하지 못하는 다른 남자들과 어울리는 것이다. 재능에 기반한 성공 가능성이든, 사회경제적 지위와 부에서 비롯된 잠재력이든, 또는 특별한 기회를 순전히 운으로 얻었든, 이 베타 남성들이 기회와 장점을 완전히 활용하지 못하는 이유는 이들이 지닌 베타 마인드가 이 남자들을 여성 중심적 사회 코드에 충실히 순응하도록 만들기 때문이다.

베타 사고방식을 극복하지 못했거나, 여성 친화적 패러다임이 내세우는 조건들에 얽매인 남자와 사업이나 프로젝트를 함께 진행하면, 생계에도 위험을 받을 수 있으니 절대로 이런 남자와 한 배를 타서는 안 된다. 레드필 깨달음을 통해 얻을 수 있는 이점은 우리가 살고 있는 여성화된 세상이 어떤 구조로 이루어져 있는지 알게 되고, 남자의 위험 감지 센서가 예민해진다는 점이다. 이렇게 남자가 주변 환경에 민감하게 되면 베타 성향을 가진 남자들을 더 잘 식별하여, 이들을 피하거나 적어도 베타 남성이 주는 불쾌감이 나에게 미칠 수 있는 영향을 최소화할 수 있다.

사업을 하다 보니, 몇몇 주류 브랜드를 소유한 매우 부유한 남성과 함께 일하기도 했다. 그는 부유했으며 매우 창의적이면서도 수익성 있는 제품을 개발하는 데 상당한 재능이 있었지만, 사생활이나 연애에서는 개탄스러울 정도로 어리석은 행동을 하고 있었다. 그는 특히 아내를 비롯한 주변 여자들과 관계에서 거의 순교에 가까울 정도로 백마 탄 왕자 같은 베타 성향을 드러냈고, 여자들은 이러한 그의 약점을 쉽게 이용했다.

어느 날 그는 새로운 제품을 출시하려고 했지만 투자자들을 유치하는 데 어려움을 겪었다. 투자자들이 그가 여러 차례 결혼한 전력이 있기 때문에 투자금이 세 번째 이혼 합의금으로 쓰일 수 있다고 생각했기 때문이었다.

'사랑은 모든 것을 이긴다'는 그의 아집스러운 백마 탄 왕자 같은 이상주의 때문에 그는 사업에서도 계약서가 필요하지 않다고 생각했다. 그러나 그의 베타 사고방식은 그의 사업적 잠재력을 극한까지 실현하는 데 걸림돌이 되었다. 그의 이야기는 이러한 베타 사고방식의 한계를 보여주는 도드라지는 예시지만, 내가 아는 평범한 남자들의 사례를 살펴보면 비슷한 일들이 더 많으며, 심지어 독자 중에도 비슷한 이야기를 많이 들어봤을 것이다. 베타적 특성이 여러분의 미래 기회를 가로막는 장애물로 작용해서 좌절해 보기 전까지, 남자들은 이러한 베타 사고방식의 한계를 인정하지 못할 수도 있다.

사회적 차원에서 벌어지는 남성의 여성화, 여성 중심적인 사회 통념 모두 남성의 잠재력을 억누르는 데 큰 역할을 한다. 그러나 대부분의 경우 남자의 자발적인 동조로 이루어지는 경우가 많다. 레드필 남성은 여자가 여성의 안전을 위해 남성이 희생되어야 하는 상황이 벌어진다면, 본인의 장기적인 안전을 위해 남자의 잠재력을 희생시킬 수 있다는 사실을 깨달아야 한다. 아이러니하게도 이러한 남자들의 희생은 시간이 지날수록 오히려 그 여자가 그토록 원하던 남자의 안정감을 제공하는 능력을 약하게 만든다.

《합리적 남성》 1권의 마지막 부분, 감사 에세이(Appreciation essay)를 읽은 여성들은, '여자들이 자신들의 우선순위에 부합하는 현실을 유지하기 위해 남자들이 기꺼이 희생하는 것을 당연하게 여긴다'는 나의 주장을 불편하게 느끼는 경우가 많았다.

이런 여성 독자들은 성 전략 방정식의 다음과 같은 측면을 이해하지 못했다. 내가 말한 불편한 진실의 핵심은 간단하다. 하이퍼가미는 여성이 자신의 SMV에 걸맞은 능력 있는 남자와 결혼했다고 생각하며 안심하기를 바란다. 그런데 진짜 근본적인 문제는 어디서 발생하는가? 정작 하이퍼가미의 그러한 특성이 자신의 SMV 잠재력을 최대한 발휘하려는 남자 파트너의 야망과 충돌한다. 그러나 여자들은 내가 이러한 구조적인 모순을 지적했다는 이유로 단순히 '여자를 공격한다'고 생각한다.

준비된 하이퍼가미

여성의 하이퍼가미 본능은 이미 완성된 남자를 원한다. 책의 초반 부에 있는 남녀의 SMV 비교 그래프 위의 곡선을 떠올려보라. 남자와 여자, 최고 SMV의 시기가 각각 다른 것을 볼 수 있다.

잘생기고, 성공하고, 사회적으로 성숙하며, 게임, 자신감, 지위, 결단력을 가지고 있고, '본능적으로 여자를 아는' 능력이야말로 최고의 SMV를 가진 남자들의 특징이다. 여성의 온라인 데이팅 앱 프로필에서 '이상형' 항목에 있는 단어들의 공통적인 특징을 관찰하면, 여자들은 하이퍼가미의 두 측면, 알파와 베타가 최적화되길 원하며 그것도 지금 당장, 남자가 그런 수준에 도달하길 바란다는 것을 알 수 있을 것이다. 여성이 이상형인 남성을 끌어당기는 능력은 시간이 갈수록 떨어지기 때문에, 여성은 지금 당장 이상형에 가장 가까운 남성과 즉각적인 만남을 원한다.

하이퍼가미는 여성의 이상형이거나 (이에 근접한) 남성의 잠재력에 베팅하는 위험을 감수해야 한다. 그래서 여성은 또래 남성보다는 이미 많은 것을 성취한 연상의 남성을 선호하는 경향이 있다.

짐작할 수 있듯, 이 시나리오의 문제는 남성의 가치가 상승할 타이밍에(적어도 상승해야 하는 시기에는), 여성의 SMV가 하락하기 시작한다는 점이다. 게다가 남성의 안정 보장 능력을 끊임없이 시험하고 의심하는 바로 그 하이퍼가미가 여성의 경쟁 불안(남편의 바람이나 트로피 와이프가 일으키는 불안을 의미-감수)을 종식하기 위해 남편의 잠재력을 계속해서 억누르려고 든다.

잠재력 개발

블로그 '저스트 포 가이즈(Just Four Guys)'에는 SMV 정량화에 대한 흥미로운 글이 있다.

> "롤로 토마시는 《합리적 남성》에서 개인적 추정에 따라, 서로 상이한 남녀의 SMV 그래프를 보여준다. 여성 SMV에 대한 그의 평가는 타당하지만 SMV 그래프에 대해서는 그렇다고 말하기 어렵다. 그는 남자의 실제 SMV가 아닌 잠재적 SMV를 측정하고 있으며, 적절한 생활 방식을 유지하는 중년층 남성이 젊

은 남성보다 훨씬 더 높은 수준으로 SMV를 극대화할 수 있다고 믿는 것 같다.

36세가 되면 평균적인 남성은 SMV의 정점에 도달한다. 이 시기는 남성의 성적, 사회적, 직업적 매력이 성숙해지는 시기다. **남성이 자기 잠재력을 최대한 발휘했다고 가정할 때, 이 시기의 남성이야말로 여성의 하이퍼가미가 이 남자를 장기적인 투자에 가장 적합하다고 판단할 수 있다.** 그 남자는 아직 젊기 때문에 좋은 신체적 조건을 갖고 있으면서 동시에 사회적, 직업적으로 성숙해졌을 만큼 나이가 들기도 했다.

따라서 우리가 지금 보고 있는 것은 평균적인 남성이 실현하는 SMV인 반면, 토마시의 SMV 그래프는 남성이 뛰어난 내적, 외적 게임을 통해 이론적으로 달성할 수 있는 SMV를 보여준다."

남성의 SMV를 추정할 때 발생할 수 있는 오해를 살펴보기 위해 윗글에서 중요한 부분을 굵은 글씨로 강조했다. 그 오해란 남성의 성적 매력(또는 잠재적 섹스 파트너를 끌어들이는 능력)만이 남자의 전반적인 SMV를 평가하는 유일한 지표라고 생각하는 것이다. 그러나 섹스 파트너의 수가 중요한 것이 아니라, 남성의 진정한 잠재력(섹스파트너의 수는 한 측면일 뿐)의 실현 여부가 남자의 SMV를 결정짓는 요소다. 하이퍼가미는 남성이 자기 잠재력을 최대한 발휘하기를 바라지만(그렇게 해야 남자를 고를 때 필터링이 용이해진다) 동시에 남성의 성공이 여성의 가치를 지나치게 추월하여 남자가 여자를 버릴 정도로 위험한 상황까지 발전하는 것을 원하지 않는다.

이것이 남성의 잠재력을 대할 때 생기는 여성의 하이퍼가미 차원에서 벌어지는 갈등이다. 이에 대해서는 '위협(The Threat)' 편에서 자세히 설명했다.

"자신의 가치를 잘 알고 있는 남성보다 여성에게 위협적이면서 동시에 매력적인 대상은 없다."

블루필 레딧 포럼에서 내 SMV 그래프를 비판하는 글을 여럿 읽은 적이 있다. 비판의 요지는 30대 초중반의 남자 중 몸매를 관리하고 GQ(Gentlemen's Quarterly, 남성의 패션과 문화 등을 다루는 미국의 월간지-옮긴이)식의 라이프스타일을 유지하는 성숙하고 성공한 남성들은 소수이고, 대부분은 저임금 직업을 가진 평범한 사람들이라는 것이다.

대부분의 남자가 자기 잠재력을 완전히 실현하지 못한다는 주장에 동의한다. 동기가 부족해서든, 여성 중심적인 사회화에 의해 능력이나 기회가 제한된 것이든, 또는 블루필 환상에서 벗어나지 못했든, 아무튼 그들은 더 높은 SMV의 남성이 될 수 있는 잠재력을 완전히 실현해 내지 못한다. 그러나 나를 비판한 남자들이 망각하는 부분은 SMV 그래프에서 본인들을 차별화시키는 것이 다름 아닌 '남자의 잠재 능력 실현'이라는 것이다.

게임이 남자들에게 주는 가장 중요한 교훈은 남자에게는 자신을 행복하게 하고 매일 아침 벌떡 일어나게 만드는 삶, 삶의 목적이 있어야 한다는 것이다. 남자가 자신의 삶을 통제하는 데 성공하면, 다른 모든 삶의 요소와 마찬가지로 여자도 삶의 일부가 된다. 그 경지로 가는 길은 끊임없는 자기 개선을 통해 한계를 초월하는 것뿐이다. 그렇지 않으면 똑같은 잔인한 사이클 속에서 끝없이 현실이 반복될 뿐이다.

드림 킬러

"여성은 남성의 삶을 보완하는 존재일 뿐 결코 삶의 중심이 되어서는 안 된다."

요즘은 남자들이 자기 잠재력을 실현하기도 전에 결혼해 버리는 일이 매우 흔해졌다. '키덜트(kidult)' 세대 남자들이 얼마나 무기력한지 한탄하는 기사를 읽은 적이 있지만 이런 기사의 내용은 내가 실제로 상담하면서 만나본 현실의 남자들과 거리가 멀다. 남자들이 원하는 것은 일부일처제라는 행복한 베타 누에고치 안에서 꿈에 그리던 여성과 맺어지고, 휴식을 취할 만한 정도의 수준으로 여자를 다룰 수 있는 게임 지식뿐이다. 그들은 한 여자에게 헌신하고 싶어 한다. 그들은 평생에 걸친 길들이기로 인해 베타의 심리적 특성이 내재하여 있기 때문에, 남편이 되어 아내를 향해 헌신하길 원하고 이를 달성해야 한다는 절박함을 느낀다.

이런 10대, 20대의 젊은 남성들과 이야기를 나누어 보면, 그들은 삶의 다른 모든 영역에서 치열한 독립성을 과시하며 나를 감동하게 하지만, 동시에 믿을 수 있는 여성과 가까워지기 위해 자신의 독립성과 야망을 언제든지 희생할 준비가 되어 있다는 사실에 놀라움을 금할 수 없다. 그들은 야망과 열정을 가진 남자로 성장해서, 여자들이 자연스럽게 함께하고 싶어 하도록 만들기보다 스스로 일부일처제라는 수갑을 차려고 노력한다.

그러나 사실 남자가 더 오래 자유로운 상태에 머물수록 기회가 더 많아진다. 나보다 현명한 남자들은 '여자란 꿈을 망치는 존재'라고 말했고 나도 이에 동의한다. 그러나 이는 여자들이 남자들을 상대로 거대한 음모를 꾸며서 그런 게 아니라, 남자들이 이런 추세에 가담하거나 그에 따른 대가에 무관심한 것이 더 큰 원인이라고 생각한다.

여러 가지 이유가 있겠지만 남성이 여성에게 헌신하지 않는 게 사실 여성에게 가장 큰 이익이 된다. 이 말이 상식과 다르게 들릴 수도 있다는 것을 안다. 하지만 당신이 여자 입장에서 너무 쉽게 손에 넣을 수 있는 존재가 되면, 연애 시장에서 가치가 떨어질 수 있다.

희소성은 가치를 높여준다. 특히 그 희소한 부분이 다른 사람의 이익(이 예에서는 여자의 이익)에 부합하는 것일 때 더욱 그렇다. 로스쿨에서 변호사가 되겠다는 야망을 품고 있는 20대 중반의 남성, 의사가 되겠다는 포부를 품고 병원에서 오랜 시간을 보내는 인턴이 일부일처제를 당장 시작한다면, 그런 결정에 따르는 복잡한 문제들 때문에 꿈을 제대로 펼치지 못한다.

이 남자들은 세속적인 성공뿐만 아니라 개인적인 성장과 자신감을 위해 더 높은 가치를 지닌 남자로 거듭나기 위해 목표에 집중해야 한다. 당연한 이야기지만 남자가 여자와 1:1 관계를 유지하는데 따르는 제약과 의무, 시간적, 정서적 투자는 이러한 목표 달성을 훨씬 더 어렵게 만든다.

나는 남성이 30세까지는 성적으로나 감정적으로 한 여자에게 매달리지 않아야 한다는 생각을 장려하는 편이지만, 이는 최소한의 기준일 뿐이며 35세까지도 상관없다고 생각한다. 남성이 나이가 들고 커리어가 성숙해짐에 따라 야망, 열정, 성격, 사람을 파악하는 능력, 인간의 행동, 동기에 대한 전반적인 이해도 등이 높아져 여성에게 더 가치 있는 존재가 된다. 따라서 연애 시장에서 더 나은 기회를 누릴 수 있는 것이다.

여성의 SMV는 나이가 들수록 감소하며, 이쯤부터 균형추는 성숙한 남성 쪽으로 유리하게 기운다. 이 사실을 미리 깨닫고 지금 자신을 발전시키는 것이 미래에 더 좋은 결과를 가져온다는 사실을 이해하라. 여러분이 한 여자에게 매달리지 않는 태도를 가지고 여러분에게 다가오는 기회를 즐기고 거기서 뭔가를 배울 수 있는 남자가 된다면, 근미래에 여자들이 차지하려고 경쟁하는 그런 남자가 될 수 있다.

남자의 20대 중반은 인생의 방향을 결정할 수 있는 잠재력의 정점에 있는 시기다. 이런 깨달음을 싫어할 사람이 많겠지만, 대부분의 '연쇄 일부일처주의자(serial monogamists)'를 화나게 하는 것은 자기 잠재력을 제대로 깨닫기도 전에 일부일처제가 요구하는 사회적 책임을 떠맡은 것에 대한 무언의 후회다.

35세에 이르러 어느 정도 개인적 성공을 거둔 독신남이라면 통계적으로 동년배 또는 그 이상의 남자들은 가지지 못한 가장 소중한 두 가지 자원인 시간과 자유를 가진 셈이다. 그래서 이런 남성들은 다른 남성들에게 선망의 대상이 된다.

다른 남성들이 당신을 부러워한다. 당신은 결혼했거나, 장기적 관계(long-term relationship, LTR)에 있거나, 자녀가 있거나, 이혼의 충격에서 회복 중인 대부분의 또래 남성이 매일매일 싸워야 하는 책임, 의무감에 얽매이지 않는다. 자신의 선택이 아내나 자녀에게 미칠 영향을 고려하지 않아도 되고, 원하는 방향으로 나아갈 수 있는 위치에 놓여 있다. 이는 다른 많은 남성, 심지어 이상적으로 보이는 장기적인 관계(결혼)에 있는 남성들도 누리지 못하는 사치다.

현대 사회에서 대부분의 남성(그리고 여성)에게 요구되는 여러 책임을 떠올려보라. 여러분은 복권에 당첨된 것이나 마찬가지다.

돈이 무한정 있다면 무엇을 사겠느냐는 질문을 받고 '시간'이라고 대답한 적이 있다. 진정한 권력은 돈이나 지위, 타인에 대한 영향력에서 나오는 것이 아니다. 얼마나 자신의 삶을 마음대로 통제할 수 있느냐에 달려있기에. 그런 면에서 지금 당신은 강력한 힘을 가지고 있다. 장담하건대 지금이 가장 좋은 시기이며, 지금 당신은 이 순간을 이해하고 감사할 수 있을 만큼 나이가 들었기 때문에 더욱더 그렇다.

이제 여자란 당신에게 별 가치가 없는 존재에 불과한가? 그래서 어쩌라고? 원하는 만큼 폭넓게 또는 선택권을 갖고 연애 시장을 탐색할 수 있는 자유가 있지 않은가? 그럴듯한 장기적인 관계(LTR)를 맺을 여자를 찾을 수 없다고? 왜 당신이 찾아야 하지? 여자들이 알아서 찾게 놔두면 된다. 늙어서 외로워질까 봐 두려운가? 나는 외로움을 두려워한 나머지 열정 없는 결혼생활에 억지로 만족하며 평생을 불행하게 사는 것이 더 두렵다.

이런 관점에서, 나는 "나만 똑바로 서면 나머지는 따라온다."는 철학에 동의한다. 여성은 남성의 삶을 보완하는 존재일 뿐 결코 삶의 중심이 되어서는 안 된다.

저항이 가장 적은 길만 골라서 여자와 인위적인 친밀감을 형성하는 것이 더 나을까, 아니면 자기계발을 통해 전자와 똑같은 친밀감을 얻는 것이 더 나은가? 그렇다. 사실 두 가지 길 모두 여성을 남성 삶의 중심에 두는 것이다. 이렇게 되면 처음에는 사랑스러운 여성도 나중에는 남성에게 숨 막히는 존재가 되고 만다.

여성은 남성을 상대로 진정한 욕망을 느끼길 원한다. 여성은 다른 남성에겐 본보기자, 다른 여성들이 섹스하고 싶어 하는 남성을 원한다. 여성은 남성을 노예로 만들어 자신이 남자 역할을 하려는 것이 아니다. 오히려 자신의 야망과 열정을 위해 여자에게 '아니오'라고 말할 수 있는 자신감을 가진 단호하고 성숙한 남자를 원한다.

남자가 자신을 우선으로 내세우면 첫째, 남성의 권위가 서고, 자기계발을 최우선 과제로 설정하며, 그 결과 여자와 잠재적인 자녀들까지 혜택을 받는다. 둘째, 여성이 뒤쫓는 입장이 되어 남성의 관심을 끌기 위해 남성의 정정당당한 꿈과 야망, 이것들을 향한 열정과 경쟁해야 한다.

여기서 '정정당당한(legitimate)' 야망이라고 표현한 데 주목하기를 바란다. 변호사나 의사가 될 가능성이 농후한 법대생이나 의대생을 쥔 여성은 미래의 안전과 관련해서 상당히 안전한 배팅을 한 것이다. 반면에 예술가나 음악가는, 아무리 재능이 뛰어나고 열정이 넘치더라도, 자기 능력을 증명할 수 있어야만 여자를 고르는 데 있어 유리한 입장에 설 수 있다. 그러나 이러한 길의 단점도 그러한 예술혼이 어린 젊은 남자들의 잠재력을 알아보는 시각을 갖춘 단호한 기질의 여자들과 만나면 문제될 게 없다.

여기서 배관공이나 기계공을 천직으로 선택한 블루칼라 남성들을 생각해 보자. 세계 최고의 배관공이라도 자신의 사업을 운영하려는 꿈이 없다면 결국 발전에 있어서 한계에 부딪힐 수밖에 없다.

남자들의 꿈은 이성에 대한 남자들의 태도 때문에 제약받을 수 있다. 여성은 남성의 꿈을 죽이는 존재다. 여성이 꼭 나쁜 의도가 있어서 그러는 게 아니라 남성들이 여자와 지속해서 섹스하길 원하고, 그러기 위해서는 이에 따르는 책임을 위해 남성들이 자신의 야망을 기꺼이 희생하기 때문이다.

따라서 남자들은 저항이 가장 적은 쉬운 길을 택하는 것보다 자신을 개발하는 쪽이 좋다. 그렇다고 대학을 졸업하고 30대가 되어 경력을 쌓을 때까지 전혀 여자를 사귀지 않거나 연애를 즐기지 말라는 뜻은 아니다. 다만 일부일처제의 한계를 이해할 수 있을 만큼 여러분이 성숙해지고, 여러분의 야망과 열정에 부합하는 수준의 개인적 성공을 달성했을 때만 일부일처제를 고려해야 한다는 뜻이다. 또한 너싱이란 존재는 남성의 인생 계획을 보완하고 지원해야 한다는 뜻이기도 하다.

정서적 기준점
(Mental Point of Origin)

스스로 의식하지 않는 자

1권에서 독자들은 내가 코리 워딩턴(Corey Worthington) 같은 사람을 '알파 부처(Alpha Buddha)'의 예로 드는 걸 보고 미쳤다고 생각했지만 자연스럽고 타인을 의식하지 않는 매력을 발산하는 남자들의 예는 코리 워딩턴 말고도 많다.

개인적으로 나는 내가 알파가 뭔지 몰랐을 때가 가장 알파에 가까웠다고 생각한다. 그것은 어떤 깨달음이라기보다는 물질적으로 가진 것이 거의 없고 사회적으로 인정받지 못했지만, 그런데도 연애를 즐기고 싶다는 욕구가 강했던 시기에 그저 자연스럽게 하고 싶은 일을 한 것뿐이다.

가장 기억에 남는 섹스는 대부분 내가 빈털터리였을 때 했다. 노스 할리우드 빈민가에 있는 방 두 개짜리 오피스텔에 살든 말든, 냉장고에는 맥주 몇 병과 맥앤치즈가 있든 말든, 여자들은 개의치 않고 나를 찾아와 섹스했다.

내가 여자와 섹스하거나 관심을 끌기 위해 인위적으로 한 일은 아무것도 없었다. 내가 한 일이라고는 나 자신을 정서적 기준점으로 삼은 것뿐이었다. 여성을 단순한 쾌락의 대상이 아니라 목표로 삼기 시작하자 정서적 기준점은 여자 쪽으로 옮겨갔고 나는 여자에게 매달리는 존재가 되었다.

사람들은 이런 상태를 '질척대는(needy)' 상태라고 하는데 맞는 말인 것 같다, 하지만 이는 남자들이 여성(또는 다른 사람)을 우선시하는 사고, 즉 타인을 정서적 기준점으로 삼는 데서 비롯되는 궁핍한 정서를 뜻한다. '정서적 기준점'이란 용어를 자주 사용하기 때문에 좀 더 설명이 필요하다고 생각했다.

여러분의 정서적 기준점이란, 바로 여러분이 자신의 사상적 프레임을 얼마나 잘 이해하고 있느냐에 달려있다. 1권을 읽지 않았거나 복습이 필요하다면 토마시의 첫 번째 철칙이 프레임이라는 점을 기억하라.

토마시의 철칙 1번
"프레임이 전부다."

무의식적으로 당신이 누구의 프레임에 의해 움직이는지 항상 자각하라.
프레임을 늘 통제하되 통제한다는 인상을 상대에게 주지 않도록 하라.

프레임은 관계 내에서 지배적인 입지를(연애 관계에만 국한되지 않음) 의미한다. 정서적 기준점은 그 관계에 포함된 사람, 그리고(또는) 사고방식에 있어서 중요성과 우선순위를 결정한다. 이는 남자가 인간관계의 모든 측면을 평가할 때, 가장 먼저 고려하는 사항으로, 우리 내면에 아주 깊이 뿌리내리고 있는 무의식적이고 자동으로 이루어지는 사고 과정이다.

우리 대부분은 어렸을 때, 이러한 정서적 기준점이 확실히 자신에게 있었다. 인간의 생존 본능은 자연스럽게 자신을 정서적 기준점으로 삼기 때문에, 아이들은 필연적으로 '이기적'이며 때로는 잔인하고 탐욕스러울 수밖에 없다. 나중에 부모의 교육으로 처세술을 배우고, 나보다 타인의 관심사를 우선시하는 방향으로 정서적 기준점이 바뀌면서 공유, 협력, 공감, 동정심을 발휘하기 시작한다.

일반적으로 어린 남자아이들은 자기만 중요하게 생각하기 때문에 매우 알파스럽기 마련이다. 그들의 타고난 파괴성과 시건방진 성격은 거의 득도의 경지에 가까운, 사실상 코리 워딩턴 수준의 알파 모습을 보여준다. 1권에서 언급했듯이 코리 워링턴은 남자들이 쉽게 선망하는 타입의 '남자'는 아니지만, 연출된 의도나 자의식이 없는 순도 높은 천연 알파라고 할 수 있다.

특히 친사회적인 맥락에서 건강한 관계를 형성하기 위해서, 남자들은 위에서 언급한 '초기 알파 사고방식'에서 벗어나 어느 정도 적당한 균형을 잘 유지해야 한다. 그러나 현대 사회의 문제는 정반대로 남자아이들이 주로 미래의 가족을 위해 지나친 수준까지 부양자로만 자라도록 길러지는 데서 발생한다. 여성 중심적인 사회 질서 하에서 학습되고 길든 남성들의 정서적 기준점은 거의 항상 내부가 아니라 외부로 향한다. 이 남성들은 본인의 이러한 희생, 배려에 대한 보답으로 타인들도 마찬가지로 그 남자들을 기준점으로 삼아주길 바란다.

그러나 여성들의 타고난 유아론적 자기중심주의로 인해 그러한 보답은 이루어지지 않을 가능성이 높다. 여자는 남자가 자신을 정서적 기준점으로 삼도록 독려하면서, 동시에 남자들이 여자가 아닌 다른 사람이나 무언가에 초점을 두는 것을 수치스럽게 여기고 배척하는 거대한 사회적 메커니즘 속에서 자랐다.

지금쯤이면 이 글의 많은 부분이 보복적 이기주의나 나르시시즘을 부추기는 것으로 보일 수 있을 것이다. 하지만 남자가 자신을 정서적 기준점으로 삼는다고 해서 꼭 반사회적이거나 소시오패스가 될 필요는 없다. 베타 남자가 자기 내면을 존중하고 자신의 욕구를 무시하지 않기 위해서는 의식적인 결단이 필요하다. 남자가 자신을 정서적 기준점으로 삼으면 다른 사람을 도울 때, 누가 그런 노력을 기울일 가치가 있는지 판단할 수 있는 더 나은 위치에 서게 된다.

남성이 자신의 정서적 기준점을 본인에게 되돌리기 위해서는 종종 정서적 트라우마가 생기는 사건이 필요하며, 나는 이것이 남자가 레드필을 자각하는 데 필요한 과정이라고 생각한다. 진정한 숙제는 남자들이 레드필을 받아들인 후 이러한 트라우마를 어떻게 처리하느냐, 그 방법론이다. 내면의 베타 기질을 죽이는 첫 단계는 자신을 정서적 기준점으로 삼는 것이다.

자신에게 물어봐야 할 몇 가지 질문이 있다.

인간관계, 어떤 상황이 자신에게 어떤 영향을 미치는지 본능적으로 고려하는가? 아니면 자신보다 파트너, 가족 또는 고용주의 필요를 우선시하는가?

권위주의적이고 여성 중심적인 사고방식을 가진 여자와 교제하는 남자들의 경우 자기 행동이 여자에게 어떤 반응을 일으킬 것인가를 제일 먼저 걱정한다. 이런 남자들은 정작 자기 동기와 입장은 고려하지 않는다. 당신은 여자와 관계에서 평화를 유지하는 것을 우선시하는가?

남자가 자신을 최우선으로 생각하면 여자가 떠날까 봐 걱정되나? 아니면 여자가 당신에게 더 몰입할 수 있을 것 같은가?

그렇게 하면 남자조차 여자처럼 유아론적인 자기중심주의(solipsism)로 이어질 수 있다고 생각하는가? 아니면 여러분이 각성하여 자기 이익을 챙기기 시작할 때, 여러분과 여러분이 돕거나 친해지고 싶은 사람들에게 최선의 이익으로 돌아간다고 생각하는가?

게임의 진화

10대 소년들이나 청년들을 상담할 때마다, 항상 내 '게임'이 평생에 걸쳐 어떻게 변화해 왔는지 생각하게 된다. 17살의 롤로 토마시가 46살의 롤로 토마시의 사고방식을 알게 된다면 경악을 금치 못할 것이다.

물론 그 충격은 대부분 과거의 내가 여성의 본성, 더 나아가 인간의 본성에 대한 경험이 부족했기 때문에 생긴 것이다. 더 솔직히 말하자면 나도 다른 사람의 성격을 판단할 때 대부분의 젊은 남자들이 그러하듯 순진했기 때문이다. 사실 그 당시 나는 다른 사람을 함부로 판단해서는 안 된다는 신념을 가지고 있었고, 나 자신을 포함한 누구에게도 그럴 권리가 없다고 생각했다.

그런 사상의 일부는 내가 종교적 가르침을 어설프게 받아들인 결과이기도 하지만, 그보다는 '겉모습으로 사람을 판단해서는 안 된다'는 가르침, 그렇게 하는 나를 수치스럽게 여겨야 한다는 소싯적 이상주의에 기인한 부분이 더 컸다.

사람들은 나를 심리, 여성의 본성, 남녀관계에 대해 경이로운 해석을 하면서 무수히 많은 여자와 섹스하고도 18년 동안 행복한 결혼생활을 유지하는 이상적인 모델이라고 생각하는데 이는 지나친 과찬이다. 항상 그랬던 것은 아니다. 내가 지금 신뢰를 받고 있다면 그것은 내가 모든 것을 기적적으로 해냈기 때문이라기보다는 심하게 틀린 경우가 더 많았기 때문이다.

심리학과 성격을 연구하고 공부하면서 배운 가장 소중한 교훈은 인간의 성격이 항상 변한다는 것이다. 현재의 내가 몇 년 후의 내가 아닐 수도 있다. 우리는 무언가를 배우고 그것을 자신의 발전에 적용하여 더 나은 사람이 되길 바라지만, 반대로 트라우마로 인해 더 안 좋은 사람으로 변할 수도 있다.

좋은 방향이든 나쁜 방향이든 인간의 성격은 때로는 천천히, 때로는 갑작스럽게 변화한다. 자신의 성격, 매너리즘, 재능, 과거 경험, 신념의 일부분은 인생의 전환기에도 그대로 유지될 수 있다. 그러나 지금의 당신과 미래의 당신은 분명히 다르다.

PUA를 넘어선 게임

이 모든 게 '오늘의 운세'처럼 들린다면 미안하지만, 남성의 삶이 발전하면서 마주하는 환경이 달라지고, 나이가 들고 인식이 변화하면서 그에 따라 남자의 게임이 어떻게 변화하는지를 이해하려면 꼭 필요한 조언이라고 생각한다.

내가 내일 당장 싱글이 된다면 26살 때와 같은 방식으로 게임을 하지는 않을 것이다. 내가 예방의학 시리즈를 책으로 확장하기로 한 주된 이유는 각기 다른 발달 수준에 있는 여성과 교제하는 남자들이 그 시기의 여성과 자신에게 무엇을 기대해야 하는지 알려주기 위해서다.

더 나은 용어가 없어서 '게임'이라고 이름 붙였지만, 여하튼 게임은 모든 남성을 위한 보편적인 지식이자 도구가 되어야 한다. 게임과 레드필에 대한 인식은 현재 처한 상황이나 사회적 지위와 상관없이 모든 남성에게 주어져야 할 혜택이며, 혜택이 되어야 한다.

게임, 레드필 차원의 깨달음은 사회적, 개인적인 수준에서 차이를 보이는 모든 남성, 심지어 사무실의 쓰레기통을 비우는 작고 뚱뚱한 남성에게도 적용된다. 물론 그가 게임을 배웠다고 해서 당장 수영복 모델과 섹스할 가능성이 높진 않겠지만, 게임의 기술은 그 남자가 자신이 처한 상황을 출발선으로 삼아 인생을 개선하는 데 도움이 된다.

《합리적 남성》을 쓰면서 특히 게임을 둘러싼 오해를 불식시키기 위해 의도적으로 '게임의 진화(Evolution of Game)'에 관한 블로그 글을 책에 포함했다. 특히 게임에 관한 배경지식이 전무한 블루필 남성들의 경우, 게임을 마치 남녀관계의 어려움을 해결하는 마법 같은 치료제라는 인식을 갖는 경우가 많은데, 이를 바로잡고 싶있다.

내가 내리는 게임의 정의는 다음과 같다.

"익숙하지 않은 사람들은 '게임'이라는 단어만 들어도 여자를 상대로 벌이는 속임수나 조작을 연상한다. 여자를 상대로 게임을 하고 있다면 진실한 게 아니라서, 처음부터 여자를 제대로 이해하지 못하는 상태로 무언가를 시작하는 것처럼 보이기 때문이다. 머리가 더 아파지는 순간은 '그냥 자기 자신이 되자(just be himself)' 마인드로 길든 남자에게 게임의 개념을 설명하려고 할 때, 그러면서 동시에 여자들은 여자에게 '게임을 적용하려는' 남자를 싫어한다는 점을 남자들에게 설명할 때이다. 이렇게 되면 게임이란 개념이 남자들에게도 부정적으로 들리기 때문에, 새로운 남성 독자에게 게임에 대해 설명하기 위해, 게임이 이러한 선입견과 편견을 뛰어넘는 개념이라는 것을 설명할 필요가 있다.

근본적으로 게임은 남녀관계를 수월하게 만들기 위해, 심리학적, 사회학 원리에 기반해서, 일상생활에 녹여내는 기술이자 남자의 행동을 교정하는 것이다.

게임의 응용은 남녀관계의 영역에만 국한되지 않고 더 넓은 분야에 적용될 수 있지만, 여기서는 초보자를 위해 주로 남녀관계에 게임을 적용하는 것에 초점을 맞춰 설명하겠다. 게임은 남자들이 새로 발견한 지식, 남녀 간의 관계에 대한 이해를 실용적으로 적용하는 것을 포함한다. 남자들이 새로운 지식을 이해한 상태를 편의상 넓은 의미로 '레드필 깨달음'이라고 부르기도 한다. 게임은 레드필을 이해하고 깨닫는 데서 시작하고, 그 깨달음을 바탕으로 게임을 개발해 나간다."

"15년간의 PUA 활동을 통해 수집한 실전 경험과 관찰이 사회과학 분야에서 나온 어떤 연구 결과보다 유혹에 대해 신뢰할 수 있고 정확한 정보를 제공한다."

- 닉 크라우저(krauserpua.com)

항상 말하지만 모든 남자들은 저마다 고유한 게임을 가지고 있다. 다시 말해. 여러분이 지금 알고 있는 모든 남자는 여자와 친밀감을 형성하고 관계를 맺는 데 가장 적합하다고 생각하는 사상, 방법론 또는 신념 체계를 가지고 있다.

뼛속까지 베타인 남성부터 고등학교 1학년짜리 청소년까지, 모든 남자는 여자와 가까워지기 위해 무엇을 해야 하는지 자기만의 계획을 가지고 있다. 이 계획은 '베타 게임'이란 블로그 포스팅에서 간략하게 설명한 바 있는데, 해당 글에서 '베타 게임'이란, 베타 남성이 여성의 '필요'를 파악하고 여성의 원칙을 따라, 정서적 기준점을 남자 본인이 아닌 여자에게 두는 방법을 통해 목표로 삼은 여성과 가까워지려는 전략이라고 자세히 설명했다.

'정형화된 게임'이란 결국 남자의 삶을 개선하는 데 진정으로 도움이 되는 게임이다. 베타 남성은 베타 게임이 자신에게 잘 작동하기 때문에 굳이 매노스피어를 따로 찾아오지 않는다.

베타 게임, 이것이 내가 10대 후반에 했던 게임이었다. 적당하게 여성 중심적인 사회화를 통해 길든 대부분의 어린 남자들과 마찬가지로, 나도 나보다는 여자에게 공감하고 민감하게 반응하는 것이 여자친구를 사귀는 가장 효과적인 방법이라고 생각했다.

당시(80년대 중반) 내게 물어보았다면 '여자를 얻는' 가장 좋은 방법은 여성의 말을 듣고, 여성의 '조언'을 이용하고, 친구가 되어주고, 여성을 편안하게 해주고, 자신의 (쇼비니즘적인) 자존심을 희생하고, 여성의 중요성을 인정하며, 비뚤어진 남성성을 보다 완벽한 여성적 이상으로 개조하는 것이라고 대답했을 것이다. 자신의 중요성을 낮추고 여성의 중요성을 높이면, 여성이 알아서 감사하며 친밀감으로 보답할 거라는 생각이었다.

그렇게 시행착오를 겪으면서, 여자들이 '여자들에게 더 매력적으로 보이기 위한 방법을 굳이 알려줘야 하는 남자'들을 싫어한다는 사실을 알기 전까지는 그게 내 게임이었다. 이런 식으로 여성 중심적인 게임을 지지하고 노골적으로 옹호하는 바람에, 내가 원하는 바로 그 여자들에게 '나는 여자에 대해 잘 모른다'고 광고를 한 것이나 마찬가지란 사실을 그때는 이해하지 못했다.

이것은 내 게임이 진화하기 시작한 첫 순산에 불과했다. 여러분도 매노스피어의 가장 유명한 인물들에게 비슷한 성장 과정을 들었을 거라고 생각한다. 나는 루시, 닉 크라우저, 심지어 미스터리 같은 블로거, PUA들이 초창기에 겪은 경험에 대해 어느 정도 알고 있다. 따라서 최근 그들이 밥 먹듯이 하는 게임이 그들의 어린 시절에는 생소한 개념이었을 것이라고 생각한다.

20대에 접어들면서 나는 새로운 형태의 게임, 즉 사회적 증명(Social Proof)에 기반하여 DHV(자신의 높은 가치를 보여줌)를 하는 게임을 연습하기 시작했다.

물론 그 당시에는 내가 게임을 연습하고 있다고 전혀 자각하지 못했다. 나는 나를 재창조했으며, 접시를 돌리는(Spinning Plates) 남자로 정체성이 바뀌었고, 더 자기중심적으로 되었고, 사회적 지위를 증명하며 DHV의 혜택을 누리고 있었다. 하지만 그런 변화를 위해 내가 무엇을 했는지, 또는 그것이 내 게임에 어떤 영향을 주었는지 누군가가 다가와서 물어봤다면, 그때 당시에는 대답할 수 없었을 것이다. 당시 게임이란 내게 본능적이었기 때문이다.

결혼 후 남편이자 10대 딸을 둔 아버지로서, 그리고 주류 산업 및 카지노 업계에서 매주 아름다운 여성들과 교류하는 생활을 하면서도, 나는 여전히 내가 게임을 하고 있다는 사실을 깨닫지 못할 때가 많다.

하지만 그 게임은 '여자애들이 널 좋아하게 하려면 착하게 굴어라.' 같은 게임을 믿었던 10대 시절이래로 시행착오를 직접 거치며 배우고 사용해 온 것들이 복합적으로 발전하며 내 것으로 받아들인 결과물이다. 나는 나이를 먹으면서 지배력을 과시하는 게임과 권위의 신호를 주는 기술 같은 여러 게임 원칙을 훨씬 더 쉽게 사용할 수 있게 되었을 뿐만 아니라, 여성의 인생 트랙이 어느 정도 예측할 수 있는 패턴을 가지고 있다는 사실도 새롭게 이해하게 되었다.

또한 행동 심리학을 공부한 덕분에 여성이 남성을 자극하고 도발하기 위해 사용하는 방법(쉿 테스트)를 알게 되었다. 레드필에 대한 인식과 더불어 생물학의 관점에서 하이퍼가미를 형성하는 방식에 대한 전반적인 이해를 통해, 여자들의 그러한 행동 이면에 있는 동기를 파악할 수 있게 되었다. 더 중요한 것은 여성의 이원적 하이퍼가미 전략에 휘말리지 않는 방법을 터득하게 되었다는 점이다.

이 모든 것이 현재의 내 '게임'에 영향을 미친다. 예전과 마찬가지로 나는 여성(그리고 사회나 직장에서 만나는 남성)을 대할 때 머릿속으로 계산하며 체스를 두지 않는다. 그냥 나답게 자연스럽게 살면 된다.

여러분이 지금 게임의 개념을 어려워한다면, 아마도 다른 사람들도 처음에 비슷한 체험을 했을 것이다. 46살의 내게 게임이 주는 효용이 56살의 나에게 똑같지 않겠지만 정신을 바짝 차리고 배워나간다면, 그 나이에 걸맞은 새로운 게임을 개발할 수 있을 것이다.

루시의 저서《푸시 파라다이스, Poosy Paradise》에는 내게 깊은 인상을 남긴 인용구가 있다.(아래에 쉽게 풀어썼다)

"많은 남자가 지금 알고 있는 것을 그때도 알았더라면 좋았을 것이라고 말하지만 그 시절에는 그 지식이 생각만큼 도움이 되지 않을 가능성이 높다고 본다. 인간은 전혀 경험하지 못한 것에 부딪혀 새로운 실수를 저지르게 마련이다. (그 실수로부터 무언가 배우면 좋을 것이다)"

아무리 복잡하고 높은 수준의 지식을 가지고 있다고 해도, 사람에게는 항상 새로운 배울 거리가 존재한다.

남성 체험

16년 전 아내는 딸을 임신하고 있었다. 아내는 의료 전문가(영상의학과)였기 때문에 임신 중에도 병원에서 같이 일하는 친구와 틈만 나면 초음파실에 몰래 들어가 배 속에 있는 딸의 모습을 보곤 했다. 그래서 우리는 다른 부부보다 약 4배나 많은 초음파 사진을 갖고 있다. 딸이 다세포 유기체처럼 보이는 사진도 있다.

아이의 성별을 알게 된 것은 바로 이 즉석 스캔 덕분이었다. 우리는 산부인과 의사가 아이의 성별을 알려줄 때까지 참지 못하고 아내의 친구에게 연락해 초음파 검사를 한 번 더 받기로 했다.

의사 친구는 잠시 스캔하더니 "아! 여자아이야."라고 말했다. 어떻게 그렇게 확신할 수 있냐고 물었더니 "아기의 손 위치를 보면 알 수 있어. 남자아이는 뱃속에서 어느 정도 성장하면 자기 가랑이 주위로 손이 내려가지. 그 안에는 다른 할 일이 많지 않기 때문에 만지면서 노는 거야. 반면 딸의 손은 보통 얼굴 주위에 올려져 있어."

이 말을 듣고 나는 테스토스테론의 힘을 새삼 깨달았다. '성'은 별로 중요하지 않다고 누군가 말할 때마다, 나는 자궁 속에서도 테스토스테론의 영향력이 얼마나 큰지 떠올려 본다. 좋든 나쁘든, 남성으로서 우리의 삶은 남성 호르몬의 영향력을 통제하고, 발산하고, 완화하고, 유도하는 능력에 달려 있다.

사회적으로 우리는 테스토스테론의 파괴적인 힘을 억제하면서, 동시에 건설적인 측면을 활용하기 위해 그 영향력을 규제하고 표준화하는 규칙들을 만들었다. 반면에 개인 차원에서 우리는 테스토스테론의 다양한 영향을 받으면서 점차 자신만의 신념,

심리적 관점, 내면화한 규칙을 형성하여 삶을 이끌어 왔다.

남성 체험

여자는 '남성 체험'을 이해하는 과정에서 의외로 분노하는 반응을 보인다. 이러한 분노의 원인은 대부분 여성의 타고난 유아론적 자기중심주의(solipsism), 그리고 '여자가 겪는 체험이 보편적 체험'이라는 가정 때문에 생긴다. 이러한 가정은 사회적 영향, 특히 평등주의 사상에 의해 강화된다. 이런 여성 중심적인 가정은 자신에게 직접적인 영향을 미치지 않는 모든 외부 요소를 향한 여성 특유의 뿌리 깊은 무관심에 뿌리를 두고 있다. 모든 사람이 본질적으로 똑같고 평등하다는 식의 사상에 길들어 있다면, 여자들은 여성 특유의 우선순위와 타고난 자기중심주의적 성향이 남자들에게도 똑같이 적용될 거라고 해석할 수밖에 없다.

따라서 여자는 남자로 살아간다는 것, 더 나아가 '남성 체험'이 '여성 체험'과 다르다는 사실을 인정하고 받아들이라는 요구를 받을 때 엄청난 충격과 분노(여자가 본능적으로 원할지도 모르는 분노)가 수반되는 경우가 많다.

여자들이 이런 반응을 보이는 이유는 본인들에게 가장 적합한 것이 무엇인지 따지는 '여성 중심적 인식' 때문에, 남성 체험을 여성 중심적 해석의 틀에 억지로 끼워 맞추는 경향이 있기 때문이다. 개인 차원에서 여자들은 남성 중심적인 체험을 부정하거나 거부한다. 이는 여자들이 남자들을 향해 가지는 기대 때문인데, 여자들은 보통 남자가 여성의 체험과 관점을 우선시하고 따를 거라고 가정한다. 이런 갈등은 사회적 차원에서 여성 중심적 교리, 사회적 통념, 심지어는 여성 중심적 관점을 사회 구조적 차원에서 강제하는 법 집행에서 그대로 드러난다.

여성 특유의 자기중심주의와 남성 체험보다 여성 체험을 우선시하는 사회적 풍조는 여성 개인(미시적)에게 영향을 미치는 것부터, 광범위한 사회적 틀(거시적)을 여성 중심적으로 형성한다.

사실상 현대의 남녀 갈등은 궁극적으로 여자들이 남성 체험을 인정하지 않기 때문에 발생한다.

지금까지 내가 일관되게 주장했듯, 여자들의 이러한 성에 대한 사고방식이 형성되도록 영향을 미친 원인은 '남성 체험'을 여자들이 근본적인 차원에서 이해하지 못한다는 것이다. 여자들이 성을 본능적 욕망으로 보든, 아니면 낭만적 이상으로 보든, 또는 여성의 현실을 뒷바라지하기 위해 남성이 치르는 희생을 감사하게 여기는 것으로 보든, 이런 식의 성에 대한 관점의 차이는 기본적으로 여자가 남성 체험을 인정하지 않으려는 의지 부족으로 발생한다고 본다.

이러한 남녀 간 단절을 '남녀는 원래 그렇게 태어났으니 어쩔 수 없다'고 뭉개는 것은 너무 성의 없는 반응이다. 물론 남자와 여자가 서로의 삶과 체험을 직접적으로 이해하기 위해 서로 몸을 바꿔볼 수는 없다. 현대 사회 규범이 여성적 중심적인 코드로 이루어져 있다는 점을 고려할 때, 여성이 주도하는 '평등주의'만이 유일하게 유효한 인간 체험이라는 식의 사고방식이 이미 사회적으로 팽배하다. 따라서 여자들은 기본적으로 남성적 체험을 (비방까지는 아니더라도) 무시하는 경향이 있으며, 특히 남성과 여성의 자연스러운 차이를 강조하는 경우 성평등에 반하는 것으로 간주하기도 한다.

"당신의 현실을 거부하고 그것을 내 현실로 대체한다."

'남자는 원래 그래(Men just being men)'라는 말은 여성 중심적인 사회 분위기에 대응하는 남자들의 소극적인 저항이다. 그러나 남자들이 레드필을 접하는 것은 여성들이 차지하고 있는 우월한 입지를 향한 남자들의 직접적인 도전이다. 여기서 중요한 것은 여성 체험의 우월감이 개인적 수준에서 시작하여 사회적(거시적) 규모로 기하급수적으로 퍼져나간다는 점이다. 남자가 레드필을 받아들인다는 것은 여성 중심적인 사회적 통념과 단절을 선언하는 것이나 마찬가지다. 이런 남자들의 선언은 처음에는 개인적인 수준에서 시작하여 점차 여성 집단을 향한 사회적 도전으로 확대된다.

여자들이 느끼는 최초의 충격(분노)은 여자들이 편하게 살아온 세계관, 여자들이 규칙을 정하던 세상 속에서 '남자들은 이러저러하게 반응해야 해'라는 식의 기대가 박살나는 것부터 시작한다. 레드필을 처음 접하는 사람들은 한 번쯤 느꼈겠지만, 일반적으로 여자들은 레드필의 주장을 거부하고, 공격적인 태도로 반응한다.

레드필을 접한 남성은 이처럼 여성적 체험이 주도권을 독점하고 있는 현실과 그 정당성에 의문을 제기하려는 시도를 막으려는 여자들의 대응에 직면하게 마련이다. 여자들의 초기 대응으로 '성적 수치심 심어주기 전략'이 자주 등장하며, 남자들의 소극적인 반항조차도 비난이 쏟아진다. 여성적 관점에서 정한 가치관을 근거로, 인격 살인을 하거나 남성의 자격을 갖고 공격하는 것은 여성적 사고방식 중 자기중심적 성격(심지어 남성들도 이런 전략을 쓴다)이 주로 드러나는 부분이다.

여자들이 그다음 사용하는 심리적 무기는 히스테리(histrionics)다. 지나친 과장이나 부풀려진 허수아비 논법 전술(straw man tactics, 실제 문제를 다른 것으로 바꿔놓고 이를 공격하는 방식-옮긴이)은 합리적인 논리와 정당한 태도로 남성 체험을 설명하는 남성의 입장에서는 여성의 최후 발악처럼 보일 수 있다. 그러나 중요한 점은 히스테리가 사실 신중하게 기획되고, 여성에게 특화되어 있으며, 사회적으로 용인되는 여성을 위한 보호 장치라는 점을 먼저 이해 해야 한다.

여성의 특권(Woman's Prerogative: 여성은 마음을 바꿀 권리가 있다) 및 여성의 신비주의(the Feminine Mystique)와 같은 맥락에서, 여성의 히스테리는 여성의 자기중심적 내면을 보호하려는 목적을 가진, 합법적이며 변명할 수 있는 전술이다. 여성은 감정적인 존재라서 여성의 자아에 대한 도전은 여성의 히스테리를 불러일으킬 뿐이다. 이를 이해하지 못하는 것은 남자의 잘못이고, 여성의 자기중심주의에 도전하여 히스테리를 불러일으키는 것도 남자의 잘못이라는 식이다. 따라서 여성은 남성의 희생이 따르더라도, 안전장치 차원에서 히스테리에 의지하는 것을 사회적으로 용인받는다.

레드필 남성은 자신의 주장도 주장이지만, 무엇보다 남성의 존재 자체가 여성에게 미치는 영향을 제대로 이해해야 한다. 남성이란 존재, 여성 중심의 사회질서에 대한 의문 제기 자체가 자존심에 사로잡힌, 개인적, 또는 사회적 차원의 여성 중심주의를 향한 도전이다.

우리는 여자들이 자신들의 정신세계를 보호하려는 방어 기제에 항상 대비해야 한다. 아무리 남자가 신중하게 접근하더라도 여러분의 주장은 '여성적 체험이 보편적인 인간 체험이 아니다'라고 여자들에게 상기시키게 되고, 여자들의 자아 개념을 근본적으로 깨뜨린다. 레드필 남성은 레드필이 말하는 진실을 인정하는 여자를 만나면 긴장을 풀고 싶은 유혹을 받는다. 그러나 결국 그 여자 역시 자신이 편안하다고 생각하는 레드필 내용, 여자에게 이익이 된다고 생각하는 부분만 선택적으로 받아들인다는 사실을 곧 깨닫게 될 것이다. 남사가 겪는 체험을 일부 여자들이 인정한 후에도 여자의 자기중심주의는 지속되는 것이다. 여러분이 여성 관점의 세계관을 인정한다고 해서 남성의 성 전략과 욕망이 사라지는 게 아닌 것처럼 말이다.

사랑 체험

그렇다면 정도를 모르고 선을 넘는 여성 우월주의와 무시할 수 없는 지경에 이른 오픈 하이퍼가미가 만연한 시대에 남성과 여성이 어떻게 하면 서로를 진정으로 사랑할 수 있을까? 남자들이 여성 우선주의 사회에서 여성의 성숙이 가지는 의미, 여자들의 남자들을 향한 요구사항이 뭔지 알았다면, 이런 시대에 과연 진정한 의미의 상호보완적(complementary) 사랑이 가능하긴 한 건지 의심을 품을 수밖에 없다.

이를 위해 가장 먼저 고려해야 할 것은 '남성 체험'과 '여성 체험' 간 존재하는 차이다. 너무 철학적인 이야기를 하긴 싫지만, 이는 결국 남성과 여성의 개별적인 체험으로 귀결된다. 이해를 돕기 위해 두 가지 예를 들어보겠다.

먼저 평등주의를 기반으로 삼는 여성 우위 사회질서에서, 남자들이 받는 사회적 메시지에는 흥미로울 정도로 모순적이다. 한쪽에서는 '남녀는 그렇게 다르지 않다' 또는 '남녀는 다른 점보다 비슷한 점이 더 많다'고 주장하면서, 다른 한편으로는 '남녀의 다양성을 존중'하고 '여자의 개성을 포용(또는 관용)하라'고 요구한다.

이런 모순은 다문화주의와 관련된 논쟁에서 쉽게 발견할 수 있고, 흔한 젠더 이슈에서도 발견할 수 있다. 널리 퍼져 있는 평등주의 사상에 따르면 성별이란 순전히 사회적인 산물이며, 여성과 남성은 신체의 해부학적 구조의 차이만 있을 뿐 정서적인 차원에서는 본질적으로 동일하다는 주장이다.

레드필의 관점에서 보면 이러한 평등주의적 환상이 가진 오류가 보인다. 나는 성평등 주의를 구성하는 증거와 논리적 오류에 대해 수많은 게시물과 에세이를 썼지만, 이 모든 것을 관통하는 핵심은 평등주의 신념 자체에 내재한 모순이다. 평등주의는 한편으로는 남성과 여성의 실존적 체험이 동일하다고 주장하면서, 동시에 차이를 인정해야 한다고 주장한다.

평등주의에 입각한 이러한 주장은 진화생물학적, 심리적 관점에서 남성과 여성이 서로 다른 방식으로 각자의 삶을 체험한다는 사실을 근본적인 차원에서 부정한다. 즉 '사회'라는 추상적인 것이 한 개인의 심리적, 생물학적인 영향을 거의 고려하지 않거나 아예 무시하고, 우리의 성 체험을 인위적으로 만들어 낼 수 있다는 식이다.

한 댓글 작성자가 내 블로그에 다음과 같은 글을 남겼다.

"남자들은 기본적으로 결혼을 통한 신분 상승 욕구가 없다고 생각한다. 하이퍼가미는 남자와 어울리는 개념이 아니다. 나는 '배고픔'이 무엇인지 잘 알고 여자들도 마찬가지라고 생각한다. 또한 가난하고 굶주린 아이들의 심정을 알기 때문에 그들에게 공감한다. 하지만 하이퍼가미가 어떤 느낌인지 전혀 감이 안 온다. 그게 도대체 무엇인지 한 번도 경험해 본 적이 없다."

두 번째 예시는 《합리적 남성》 1권의 '여성과 섹스' 파트에서 가져온 것인데, 해당 파트에서 '여자도 남자처럼 성적인 존재이며 여자는 남자보다 더 섹스를 원하고 즐긴다'고 주장하는 사회적 통념에 내제된 오류에 관해 설명했다.

이런 주장은 관철할 수 있는 보편적인 사실 및 생물학적 지식으로 반박할 수 있다. 그러나 이런 주장은 동시에 앞서 언급한 '우리는 모두 같지만 차이를 존중해야 한다'와 똑같은 모순을 갖고 있다. 예를 들어, 어떤 사건이나 역학관계가 여성성과 일치하고 생물학적 근거가 있다면 사람들은 그 역학이 '다양성을 포용한 것'이라고 주장한다. 그러나 어떤 역학관계가 여성에게 우호적이지 않다면, 사람들은 그것을 '가부장제를 유지하기 위해 성 역할을 주입하는 데 집착하는 악습'이라고 주장한다. 그러면서 또다시 '남녀는 근본적으로 비슷하다'고 주장한다.

이런 식의 주장이 진실과 거리가 먼 이유는 이런 주장을 하는 여자들은 남자가 살아가면서 겪는 삶의 경험과 조건을 완전히 이해하거나 체험할 수 없기 때문이다. 한 여성 아마추어 보디빌더가 아나볼릭 스테로이드를 처음 맞은 후 자신의 성욕이 얼마나 강렬해졌는지 놀랐다며 글을 쓴 적이 있다. 그녀는 "남자들이 이런 성욕을 가진 상태로 살아간다는 게 믿기지 않는다."고 말했다. 남자들이 하루 24시간 자기 몸 안에서 겪고, 남자들이 스스로 성욕을 관리한다는 게 뭔지 이제 막 맛보기 시작한 여자 보디빌더는 이 생소한 느낌과 체험에 불안감을 느낄 정도였다.

여성은 일반적으로 주기적인 성행위 패턴에 익숙하지만, 남성은 언제든 성행위를 할 수 있는 준비가 되어 있어야 한다. 이러한 근본적인 차이는 뚜렷하다. 이는 남자들 각 개인이 모두 겪는 현실이다. 평등을 믿는 사람늘이 불안을 갖든 믿든, 남녀의 경험은 질적으로 다르다. 하이퍼가미가 어떤 느낌인지 아는 남자는 없다. 내가 알기로 하이퍼가미가 뭔지 체험할 수 있는 약물이나 호르몬도 없다. 설령 약물이 있다고 해도 남성과 여성의 사고방식과 신체가 근본적으로 다르게 설계되어 있기 때문에, 남성에게 인위적으로 하이퍼가미 경험을 재현시킬 수 있다 한들 실제 여성의 체험과 똑같다고 볼 수 없다.

남자들은 여성의 행동을 관찰하면서, 동시에 여자의 마음을 움직이는 동기에 관한 생물학적 지식을 습득하는 방식을 통해 여성의 하이퍼가미가 어떻게 작동하는지 알아볼 수 있다. 나는 인간종이 하이퍼가미를 통해 진화하고 그 덕분에 혜택을 받았다는 사실을 인정하지만, 그럼에도 하이퍼가미에 대한 직접적이고 실존적 차원의 경험은 없으며 앞으로도 없을 것이다. 마찬가지로 여성들도 남성으로 사는 것이 어떤 것인가에 대한 실존적인 경험은 절대 불가능하다.

따라서 여성이 하이퍼가미를 따라 기회주의적인 충동에 따라 사랑을 체험하는 방식은 남성의 이상주의적 사랑 방식과 근본적으로 다른 차원의 체험이라는 것을 쉽게 추측해 볼 수 있다. 평등주의를 추종하는 사람들은 사랑이란 게 이처럼 서로 다른 성 체험을 초월하는 평등한 어떤 것이 되기를 희망한다. 하지만 이런 평등주의자들은 남녀 간의 사랑이 진정으로 의미하는바, 즉 '뚜렷한 차이를 보이는 두 성별, 서로 다른 두 체험이 하나로 만나는 것'이라는 정의 자체를 부정한다.

물론 '남성의 이상적 사랑 개념'과 '여성의 기회주의적 사랑 개념' 사이에도 교집합이 있다는 점을 인정한다. 그럼에도 남녀가 사랑을 체험하는 방식은 근본적인 차원에서 여전히 다르다. 여성은 하이퍼가미의 영향을 받아 한 남성에게 강렬한 사랑의 감정을 느낄 수 있고 또 실제로도 느낀다.

여성의 '사랑 체험'에 관한 블로그 글에 달린 여자들의 댓글을 살펴보면, 여자가 스스로 남편 또는 남자친구를 진심으로 사랑한다고 생각했다가, 내 글을 읽은 뒤 자신의 사랑이 하이퍼가미적 기회주의에서 비롯되었다는 부분에서 크게 혼란스러워하는 반응을 쉽게 볼 수 있다.

나는 그 여자들의 남편이나 남자친구를 향한 사랑이 순수하다는 걸 전혀 의심하지 않는다. 실제로 댓글에서 여자들은 그러한 본인들의 감정이 진짜며, 그런 체험이 옳다면서 스스로를 방어하기 위해 필사적으로 싸울 준비가 되어 있다. 그러나 내가 주장하는 요지는 남성들이 갖고 있는 '여자를 동하게 만들고, 여자가 사랑의 감정에 도달하기 위해 필요한 조건'은 평등주의자들이 생각하는 흔한 조건과 다르다는 것이다.

정리하자면 남성과 여성은 각자 개별적인 체험을 하지만, 이를 통해 서로를 강렬하고 진정성 있게 사랑할 수 있고 실제로도 사랑한다. 하지만 그러한 사랑에 빠진 상태에 도달하는 과정은 서로 다르며, 그 사랑에 빠진 상태를 유지할지 여부도 여전히 남성의 경우 이상주의적 사랑 개념, 여성의 경우 기회주의적 사랑 개념이 내세우는 기준에 따라 달라진다.

성 전략의 절대 법칙

한쪽의 성 전략이 성공하려면 다른 쪽이 자신의 성 전략을 타협하거나 포기해야 한다.

작금의 사회적 분위기는 여자들로 하여금 직업적 성공이나 야망을 남자보다 더 우선하고 중요하게 여기도록 만들면서, 자연스럽게 사랑에 대한 정의를 여성에게 유리한 방향으로 바꿨다. 따라서 남성들의 체험이나 입장은 '모두가 평등하다'는 보편적인 가정으로 깔아뭉개지거나 평가절하되지만, 여성적 체험과 가치는 그러한 보편성에서 벗어나 '여성의 고유한 차이를 세상이 포용해야 한다'는 사회적 기대로 인해, 보다 과대평가 되는 경향이 있다.

여자들은 자신의 성 전략을 충족시키기 위해 남성적 체험을 지나치게 단순화하고 획일화하는 전략을 동원한다. 그 덕분에 여자들은 남자들이 남성 체험을 토대로 요구하는 것들, 즉 남자들이 원하고 이상적으로 생각하는 사랑의 조건을 충족시켜 주지 않을 수 있다. 여자들의 이러한 행동은 여성의 성 전략과 합치하며, 여자들은 이런 전략적 목표를 달성하는 과정에서 사회적 반발에 직면하거나, 주변 사람들의 비난을 딱히 받지 않는다.

더 나아가 여성 중심적인 사회 풍조 때문에, 이제 여자들은 자신의 필요와 욕구를 충족시키기 위해 사랑과 애정 등 남자들이 중요하게 여기는 낭만적 보상을 상품화하는 것까지 정당하게 느끼는 듯 보인다. 한발 더 나아가 여자들은 남성의 사랑 체험, 즉, 남자들의 사랑에 대한 이상주의적 관념, 더 큰 삶의 목표에 대한 남자들의 관념이 여자의 그것과 똑같다고 우길 수 있다. 그런데 이 경우에도 여성에게 이익이 되는 경우에만 여자들은 여성과 남성의 차이를 인정하면서, 특정 체험을 여성의 고유한 특징이나 영역이라고 한발 물러서서 인정한다.

이런 식으로 '성 전략의 절대 법칙'은 현대 사회에 만연한 여성 우선주의와 함께 간다. 결국 남자들은 '여성적 체험과 입장을 남성의 것과 동등한 수준으로 고려해야 한다'고 믿게 된다. 여기에 여성 개개인의 사랑 체험에 근거하여, 여성 고유의 유아기적 자기중심주의가 더해지면, '사랑 체험'에 대한 여성 중심적인 가정이 보편적인 개념으로 확립된다.

다시 말해 여성들은 '여성의 기회주의적 사랑 모델'을 남성들로 하여금 '평등주의적 남녀 상호 사랑 모델'로 인식하고 받아들이도록, 사회적, 심리적으로 몰아가고, 이런 집단 분위기를 강화하며 남성들이 자신들의 성 전략에 협조하기를 기대한다. 그 와중에 정작 남자들은 '남성의 이상주의적 사랑 모델'을 여자들도 공유한다고 믿는다. 그러나 유아적 자기중심주의의 영향을 받는 여성들은 '사랑에 대한 여성의 관점이나 이해가 정확하고 보편적인 모델'이라고 주장하거나, 남성들도 그런 여자들의 사랑 방식을 수긍해야 한다고 여긴다.

중년 남성의 깨달음

　남자가 자신의 욕구에 충실했을 뿐인데 '유치하다'라거나 '책임감이 부족하다'고 느껴야 한다는 것은 아이러니한 일이다. 물론 남자가 갑자기 덜컥 스포츠카를 구매하는 것은 극단적인 예시다. 그러나 때로는 핵심을 명확하게 설명하기 위해 약간의 과장이 필요할 때도 있는 법이다. 여기서 그 '핵심'이란 여성 우위 사회질서에서 여자들이 남자들을 향해 사실상 개인적, 사회적 차원에서 통제권을 행사한다는 것이다. '남자의 책임'은 여성의 필요에 가장 잘 맞는 방식으로 이루어져야 한다고 생각하는 것이 여성향 매트릭스의 한 부분이다. 평생에 걸친 사회적 길들이기로 인해, 요즘 남자들에게 '남자의 책임'을 이와 다른 방식으로 해석해 보라고 요구하면 금방 대답하지 못하는 경향이 있다.

　어떤 남자가 여성향 사회가 갖고 있는 남자를 향한 기대값에서 벗어나기 시작하면, 여성 중심적인 사회는 이 남자를 저지하기 위해 이미 확립된 여러 사회적 통념을 동원한다. 여성의 이익에 부합하는 '남자의 책임감'을 규정하고, 남자들에게 부여하는 것도 사회적 차원에서 이루어지는 통제의 한 방법이지만, '중년기 위기(Midlife Crisis)'라는 신화도 여자들이 동원하는 강력한 사회적 통념 중 하나다.

　남성의 '중년의 위기'를 다룬 코미디 콘텐츠는 많다. 보통 이런 이야기에 등장하는 남자 주인공은 과거의 영광을 되찾으려는 뚱뚱한 아저씨다. 실제로 남성은 보통 40세 전후로 무기력하며, '무책임하게' 또는 '비정상적으로' 행동하고, 독립심을 되찾으려고 어리석게 행동하는 것처럼 묘사되고 조롱받는다. 그러나 사회집단, 여자들이 남자들을 향해 쏟아내는 이러한 조롱과 비난의 본 목적은 따로 있다. 남자들에게 '중년의 위기'

라는 신화를 주입하는 이유는 동년배 여자들이 겪고 있는 더 심각하고 시급한 문제에서 남자들의 시선을 돌려야 하기 때문이다.

연애 시장내 가치 역전 현상

가장 전형적인 중년의 위기는 40세 전후의 남성에게 발생한다. SMV 그래프에서 볼 수 있듯, 남성의 연애 시장 가치는 36~38세 사이에 정점을 찍기 시작한다. 이 시기는 흔히 블루필이라고 불리는 가장 답답한 생각을 가진 남자조차 여성의 성 전략의 기본적인 구조와 자기도 모르게 맡아온 베타남 역할에서 위화감을 느끼기 시작한다. 즉 이 시기는 남자들이 사회적 기대라는 굴레에서 탈출할 수 있는 가장 좋은 기회를 갖게 되는 때다.

또한 이 시기는 남성이 완전히 발현한 SMV를 스스로 깨달을 '위험'이 가장 높은 시기로, 여자 입장에선 남자가 이런 사실을 깨닫지 못하도록 억제해야 할 필요성이 절실히 요구되는 시점이다. 평생 블루필 신념을 믿던 남성들도 일반적으로 아내의 SMV는 감소했지만 자신의 SMV는 상대적으로 증가했다고 느끼는 시점에 이른다. 남성은 인생 처음으로 남자 입장에서 '성 전략의 절대 법칙'(한쪽 성별의 전략을 달성하려면 다른 쪽 전략을 포기하거나 타협해야 한다)을 깨닫게 되고, 이제 자신이 여자를 필요로 하는 것보다 여자가 자신을 더 필요로 한다는 사실을 인식하게 된다.

아이러니하게도 오히려 여성 중심적인 사회적 분위기 덕분에 남자들은 이런 사실을 더 빨리 각성할 수 있게 되었다. 수십 년 전에는 '게임'이란 개념이 전무했고 인터넷이 없었다. 그 시절 여성 중심적인 사회질서는 남자들이 자신의 SMV를 인식하지 못하도록 제한하는 사회적 통제 수단을 동원했다. 대중문화, 대중매체를 통해 남자들은 사전에 인공적으로 만들어진 개념인 '중년의 위기'를 맞을 거라고 주입받았고, 심지어 남자들이 직접 이런 아이디어를 홍보하도록 유도하기도 했다.

그러나 여성적 중심적인 사회 통념을 따르는 사람들은 이러한 '남성의 위기'를 무책임하고 유치한 것으로 치부한다. 남성의 SMV가 여성의 SMV를 능가하는 시기가 오면 남자들이 스스로 유리해진 입지 위에서 권력을 휘두르는 것을 자제하기를 희망하면서, 이를 달성하기 위해 오랜 시간 검증된 도구인 '수치심 전략'을 통해 남성성 공격하기'에 의존한다. 그 결과 중년의 위기를 소재로 한 감상적인 영화가 대거 양산되었고,

아내를 '트로피 와이프'로 바꾸고 싶어 하는 남성에 대한 조롱이 이어졌다. 이 모든 프로파간다는 남자들이 나이를 먹어가면서 더 성숙해지고 성공하더라도, 남자 스스로 자신이 '여전히 머저리보다 조금 나은 남자'라고 믿게 만들기 위한 노력의 일환이었다.

깨어난 중년

남성들을 상담하면서 가장 많이 들은 이야기는 환멸을 느낀 유부남들의 넋두리였다. 대부분 30대 중후반의 전문직에 종사하는 사람들이었고, 그들의 이야기 레파토리는 모두 비슷했다.

> "지난 10~15년 동안 사람들이 제게 기대하는 모든 것을 다 해왔지만, 그에 대한 보답을 전혀 받지 못한 것 같습니다."

이 남성들은 '옳은 일'을 해야 한다는 사회적 기대에 맞춰 살아왔지만, 정작 이들의 아내는 그런 남편의 노력에 시큰둥한 태도를 보였다. 그러면 남편들은 이 문제를 20년 결혼생활 동안 해결해야 할 장기 프로젝트로 여기게 된다.

이런 남자들을 상대로 했던 일련의 상담 경험은 내가 '중년의 위기 신화(Myth of the Midlife Crisis)'를 더 깊게 이해하는 데 큰 도움이 되었다. 대부분의 서구 문화권에서 남자들은 실제로 중년의 위기를 경험한다. 그러나 남자들이 중년의 위기를 맞이하는 건 사람들이 사회적인 차원에서 남자의 중년의 위기를 사소하게 취급하거나, 때로는 조롱의 대상으로 삼아서가 아니다.

현대 남성들은 개인적, 사회적 차원에서 여성화 작업의 영향을 받고 자랐다. 사람들은 흔히 중년의 위기를 겪는 남성이란, 잃어버린 젊음을 되찾고 싶은 억압된 욕구 때문에 스포츠카를 사거나 조강지처와 이혼하고 '트로피 와이프'를 얻는 거라고 생각한다.

물론 이러한 주장은 '남성은 이기적이고 단순하며, 남성성은 본질적으로 자기중심적'이라는 '여성 편향적인 남성성 신화'와 맥락이 일치한다. 또한 이런 식으로 남자를 공격하는 명제들은 여자들이 40세가 되어도 '나는 아직 매력적이다'라고 안심시키는 역할을 할 뿐이다.

남성들이 진짜로 겪는 '중년기 위기'의 본질은 단순히 젊음을 되찾고자 하는 남성의 유치한 욕망이 아니다. 남자들의 진짜 중년의 위기는 20~30대 내내 자신을 붙잡던 덫의 실체를 마침내 이해하고, 그 끔찍한 진실을 받아들이면서 발생한다. 남성들은 '여성을 향한 올바른 사회적 책임'이라는 프로파간다에 속아서, 하이퍼가미를 사회적인 차원에서 조장하는 데 본인도 모르게 한몫했다는 사실을 똑바로 깨달아야 한다.

이 시절의 여자들은 성숙 단계상 남자를 더 필요로 하는 입장에 놓인다. 남성이 파트너 여성에게 감정적으로 투자를 했든 안 했든, 또는 남자가 순진하게 '건강한 관계(healthy relationship)'라는 평등주의에 입각한 이상주의 연애 관념을 고수하든 말든, 남자들의 중년의 깨달음은 남자들로 하여금 본인의 상승하는 SMV, 또는 그동안 흘려보낸 잠재력, 시간에 대해 자각하게 만든다. 이에 따라 남자들은 내적 갈등을 경험하고, 남자들이 그동안 여성의 이원적 성 전략(하이퍼가미)을 쉽게 구현하도록 도와주었다는 현실을 깨닫게 된다.

실제로 어떤 남자들은 정말 스포츠카를 덜컥 구입하거나, 젊고 매력적인 여자를 찾아나서는 등 과감하고 '무책임해 보이는' 결단을 내리기도 한다. 그러나 이는 미성숙한 행동이 아니라 남자가 남성으로서 자신의 새로운 입지를 인식한 데서 비롯된 선택이다. 수년간 책임감 있게 살았다고 생각했던 자신의 인생에 대해 남자가 별생각 없이 살아오다가, 갑자기 돌연 새로운 깨달음이 생기면서 인생에 변화를 줄 필요성을 남자들조차 느끼게 된 것이다. 이 남성들은 자신들을 대상으로 행해진 여성들의 게임을 꿰뚫어 보고, 이제야 깨달은 명백한 진실에 어떤 식으로든 반응해야 한다. 남성들은 본인들에게 가해진 여성들의 게임이 무엇인지 분명해지면서, 남자가 이에 뭔가 행동하거나 대응해야 할 필요성을 느끼는 건 당연하다.

남성들은 수많은 시간을 바쳐 자신을 희생하고, 자기주장, 자신의 우선순위, 욕구를 억눌러야 사회적으로 인정을 받을 수 있었다. 그러나 이제 그들은 다른 누군가가 '남자의 책임'이라고 정해놓은 것을 짊어지기 위해, 그것이 자발적 선택이든 아니든, 자신의 진정한 열정을 포기했다는 것을 깨달았다.

이게 다 무엇 때문인가? 뚱뚱한 아내? 바가지 긁는 아내? 어쩌면 환상적인 결혼 생활과 멋진 가정을 꿈꿨을지도 모른다. 하지만 그 꿈 때문에 40세까지 세상을 충분히 경험하지 못했거나 하고 싶었던 일을 해보지 못한 것일지도 모른다는, 즉 잠재력에 걸

맞게 살지 못하고 있다는 의심이 들 수 있다.

사실 내 생각엔 중년의 위기가 닥치지 않는 남자들이 더 걱정이다. 그들은 진정으로 길을 잃은 남성들이다. 그들은 자신의 망각 속에서 만족하면서 살거나, 직면하기 어려운 가혹한 진실을 억누르며 평생 블루필 환상 속에서 살아가는 남자들이다.

성숙한 남성

언젠가 나이 든 남성들이 젊은 여자를 배우자로 선택하는 이유를 주제로 흥미로운 토론을 한 적이 있었다. 예상했던 대로 화가 난 여자들과 이 여자들의 남자 지지자들은 성적 수치심 전략을 들고 나왔다. 이들의 공격 방식 대부분은 '남성의 연약한 자아'를 비꼬거나 '진짜 남자는 자기 또래의 여성과 사귀고 싶어 한다' 같은 비유를 약간 변형한 것에 지나지 않았다. 아래 인용문은 이들의 관점을 잘 요약한다.

> "나이 든 남자들이 대학생 여자와 자고 싶어 하는 것은 나이 든 여성들이 젊은 남자와 사귀는 걸 좋아하는 것과 같은 이유다. 더 이상 젊어지는 게 불가능한 현실에서 '나는 아직 젊다'는 사실을 스스로 상기시키기 위해서다."

이런 비판자들의 논리에 일부 동의한다. 왜냐하면 나이 든 여자의 경우 젊은 남성의 관심을 끌 수 있는 능력 면에서, 자신이 '아직 매력 있다'고 생각하고 싶어서 젊은 남자를 선호할 수 있기 때문이다.

그런데 나이 든 남자가 '드디어 성공했다'는 것을 깨닫고, 젊은 여성을 추구하는 것은 자연스러운 일이다. 어느 정도 성숙하고 세속적 성취를 이룬 40대 남성이 자연스럽게 젊은 여자를 선호하는 것은 드문 일이 아니다. 게다가 남성적인 인생 경로를 따르는 전문직 여성들조차 자신의 성취, 직업적 지위, 사회화, 교육 및 자아 이미지를 통해, 자연스럽게 '멋지고 바람직한 남자'를 만날 수 있다고 믿는 경향이 있다.

하지만 이는 착각에 불과하다.

성숙한 남성들을 향한 비난

일단 이러한 어린 여성 선호 현상을 40대 남성에게만 국한하는 것은 명백한 오류다. 30대 초중반의 남성들의 상당수가 5~8세 연하의 여성과 관계를 맺을 수 있으며, 실제 그렇게 하고 있다. 이 정도 나이 차이를 가지고 남자에게 사회적으로 수치를 주고 낙인찍는 일은 거의 없다.

여기서 핵심은 남성의 생물학적 나이가 아니라 그 나이대가 일반적으로 상징하는(또는 나타내는 것으로 인식되는) 가치다. 예를 들어 성숙함, 성취, 더 나은 부양 능력, 지위, 학력 등 자기 잠재력을 최대한 실현한 남성이 가지는 속성이다.

그런데 모든 남자가 그 나이대에 이르면 정말 이러한 업적을 그냥 달성할까?

물론 아니다. 그러나 그 나이대 남성들이 일련의 업적을 성취한다는 인식 자체가 저런 업적을 달성할 만큼 성장하지 못했거나, 애초에 그런 기대를 받지 않는 젊고 어린 남성과 비교할 때 상대적인 매력 요소로 작용한다. 성숙한 남성은 특히 SMV가 감소하는 여자, 그래서 장기적인 부양 및 심리적 안정이 절실해진 여자들의 욕구를 충족시킬 수 있다.

또한 30~40세 남자가 그 나이까지 독신으로 남는 경우는 드물다는 점을 고려해야 한다. 대부분의 남자(베타 성향 남자들이 대다수)는 26세 이전에 이미 약혼했거나 아니면 한 여자와 일부일처제 관계를 맺는다.

최근 미국에서는 '키덜트 남자들'이 결혼을 뒤로 미루고 '깨달음 단계(Epiphany Phase)'를 거친 여자와 결혼하지 않는 것에 대한 사회적 비난이 쏟아지고 있다. 그러나 실제로 30대 후반까지 독신으로 남는 남자는 의외로 드물다. 남자의 SMV가 최고조에 달할 때쯤이면, 그 남자는 이미 한 번 이혼했거나, 두 번째 결혼 생활을 하고 있을 가능성이 높다.

그 나이쯤 되어서 자신의 SMV가 엄청나게 높아졌다는 사실을 깨닫는 남자들은 얼마 안 된다. 다만 날씬한 몸매를 유지하고 재정적, 정서적 성숙도라는 면에서 일정 수준의 성취를 달성한 남성들은 자신의 SMV가 크게 상승했다는 사실을 깨닫고, 이를 젊은 여성과 사귀는 데 활용한다. 여기서 흥미로운 부분은 '키덜트 남자들'은 "20대 후반인데도 피터 팬처럼 성숙하지 못하고 여성의 기대를 만족시키지 않는다."는 비판을 받는데, 정작 이들이 성숙한 남성으로 거듭나서 젊은 여성과 결혼하려고 할 때도 이와 비숫한 비난을 받는다는 점이다. 이는 여성 중심적인 사회 규범이 현실에서 잘 작동한다는 사실을 명백하게 보여주는 좋은 예시다.

여기에 "남자들은 '연약한 자아(fragile egos)'를 가지고 있다."고 비난하거나 "나이 든 여성(일반적으로 미혼모)이 아닌 소위 젊은 '된장녀(즉, 미래의 트로피 와이프)'와 데이트하는 것을 남자들이 수치스럽게 여겨야 한다."고 압박하는 사회적 분위기도 한몫한다.

흥미롭게도 많은 문화권에서 더 젊고 매력적인 여성의 관심을 끌고 싶어 하는 나이 든 남자들을 흔히 볼 수 있는데도 불구하고, 서구 문화권에서는 유독 이러한 남성들에게 수시로 비난이 쏟아지고 성적 수치심 공격을 가한다. 그 이유는 서구 문화권의 여성 중심적인 관념 때문이다.

30대 중반 여성들이 가장 많이 하는 불평은 '좋은 남자가 없다'라거나 '왜 남자들이 "어른이 되지 못하는지" 이해가 안 된다'는 것이다. 35세에 마침내 가정을 꾸리려는 '커리어 우먼'들이 점점 더 많아지고 있지만, 이들은 비슷한 연령대(33~38세)의 남자들, 특히 여성식 평등주의의 기대치에 부합하는 경제적 능력을 갖춘 남자들이 정작 비슷한 연배의 여성('커리어 우먼'은 말할 것도 없고)에게 관심이 없다는 것을 깨닫게 된다.

정작 이 남자들은 지금의 사회적 지위(또는 성숙함)를 갖지 못했을 때는 자신을 쳐다보지도 않던 22세 여자에게 관심이 있다. 물론 지금 불만을 토하는 35세의 '커리어 우먼'은 13년 전 오늘, 현재 22세 여자들과 마찬가지로 파티의 시기를 즐겼다.

중년 남성의 깨달음(Epiphany)

중년의 위기를 겪는 남성들은 사실 과거의 영광을 '재현'하려는 것이 아니다. 대부분의 남자는 과거 시절을 '재현'해 보겠다는 이유만으로 비난받아야 할 정도로 '멋진 삶'을 그전까지 살아본 적이 없다.

다만 이 남성들은 새롭게 변해버린 자신의 SMV를 체감하고 있다. 여성을 상대로 자신의 성적 시장가치를 제대로 인지하고 있는 남성만큼 여성을 두렵게 하면서, 동시에 매료시키는 존재는 없다. 이것이 중년 남성들이 갖는 자신감의 토대이며, 자기 잠재력을 어느 정도 실현했다면 이 남자는 여성을 끌어당기는 성숙한 중후함을 내뿜는다.

하지만 여자들 입장에서는 이것이 문제가 될 수 있다. 여자들은 경험에서 우러나오는 자신감과 성숙함을 갖춘 남자가 대신 중요한 결정을 내려주고, 주도권을 잡고 끌고 가며, 가족을 경제적으로 부양하길 원한다. 그러나 남자가 본인의 능력과 자신감이 너무 넘친 나머지, 주로 신체적 매력과 성적인 가용성을 이유로 나이가 든 자신을 버리고 어린 여자를 선택하는 것은 원하지 않는다.

남자들의 SMV 상승에 대응하기 위해 여자들은 자신보다 훨씬 어린 여성에게 관심을 보이는 남성을 비난하는 사회적 규범을 확립했다. 이런 규범은 근본적으로 나이 든 여자들이 연애 시장에 보다 '공평한' 경쟁의 장을 만들어서, 더 젊고 성적으로 매력적인 여성과 경쟁력을 갖추기 위해 만들어졌다.

남자들은 이러한 큰 그림을 알아보지 못한 채, 20대 중반의 여성에 대한 자신의 선호에 대해 '유치하다'라거나 '연약한 자아'에 사로잡혔다거나, '젊음을 되찾으려는 시도'라는 식의 세간의 비난에 굴종하고 수치심을 느낀다. 또한 남자들은 이런 식의 선전에 넘어가서 '젊은 여자를 추구하는 게 나쁜 일'이라고 설득당하는데, 남자를 설득하는 가장 좋은 방법은 어린 여자를 추구하는 남성의 취향을 변태로 매도하는 것이다.

> "대부분의 여대생에게 40대(심지어 30대) 이상의 남자는 아무리 자기관리를 잘해도 단지 '음흉한 아저씨(creepy old man)'에 불과하다. 따라서 나이 든 남자는 대개 젊은 여자가 하자는 대로 따라 할 수밖에 없다."

여성 중심적인 사회 규범이 흔하게 구사하는 프레임이 바로 '음흉한 아저씨'다. 냉정하게 말해서 완전히 틀린 말이라고 생각하지는 않지만, 이는 상황과 맥락에 따라 달라진다고 생각한다.

가령 업무의 일환으로 여러 행사(사교모임, 클럽, 프로모션, 무역 박람회 등)에 정기적으로 참석하다 보면, 훨씬 더 젊은 여자들이 먼저 내게 말을 거는 경우가 많다.

40대 남성이 훨씬 젊은 사람들과 어울리려고 너무 열심히 노력하는 것처럼 보이면 '음흉한 아저씨'로 보일 수 있다. 이런 '음흉'의 문제는 나이 든 남성이 어린 세대의 사회적 프로필에 자신을 억지로 끼워 맞추려고 할 때 발생한다. 이럴 때 그는 '클럽에 온 노인네(old guy in the club)'가 되는 것이다.

스타일이나 언어 등에서 억지로 젊어 보이려고 애쓰지 말라. 당신이 매력적이라면 성숙한 남자와 사귀고 싶어 하는 여자들이 당신을 찾아낼 것이다.

불평불만

중년이 되면 남성들이 여성들보다 더 행복해지는 경향이 있는데 그 이유는 간단하다. 30대 후반에서 40대 중반의 적지 않은 수의 여성들이 만성적인 불평불만을 가지고 있기 때문이다.

격동의 20대를 지나 30대에 자녀를 낳고, 결혼하고, 이혼하는 과정을 겪은 여성들은 자신이 꿈꾸던 삶이 이루어지지 않았다는 불만과 좌절에 빠지는 경향이 있다. 이 여자들은 자신의 인생에서 자신의 이상에 부합하는 것이 아무것도 없다.

서구 문화권에서 38~42세에 독신으로 사는 여자들은 대부분의 경우 인생이 계획대로 흘러가지 않아서 독신으로 사는 경우가 많다. 그들은 대체로 어떤 종류의 상처를 가지고 있다.

이 여자들도 매력적일 수 있을까? 드물지만 가능하다. 하지만 나이가 많은(또는 적어도 남자와 같은 연령대) 여성이 남성과 지적으로 동등하다는 이유로, 또래 남성이 그 여자를 장기적인 연애, 결혼에 더 적합한 여자로 여길 거라고 생각하는 것은 잘못된 생각이다.

자화자찬인지는 모르겠지만, 솔직히 나는 지적으로 공감할 수 있거나 특정 관심사, 인생 경험, 열정 등에서 나와 동등하다고 생각하거나, 동등한 수준의 호기심을 공유하는 여자를 만나본 적이 없다. 이는 여성을 깎아내리는 말이 아니다. 다만 성별에 따른 관심의 대상과 정도의 차이를 보여 주는 예시일 뿐이다.

자만심으로 비치지 않기를 바라며 겸손하게 말하자면, 내가 인생에서 중요하다고 생각하는 가치 중 '내가 더 낫다'고 여기는 부분들은 사실 평범한 것들이다. 다시 말해, 여성들의 '삶에 대한 호기심'을 낮게 평가하는 것이 아니라, 여성들이 다른 것들에 시선이 팔려, 다른 사람의 이야기에 귀 기울이려고 노력하지 않는 여성 특유의 무관심에 관해 이야기하는 것이다.

나는 요즘 여자들이(특히 35~40세 여성들) 남자를 위한 좋은 배우자, 지적인 자극을 주는 좋은 엄마, 심지어 좋은 섹스 파트너가 되겠다고 마음먹을 생각이 전혀 없다고 본다. 이러한 여자들의 태도는 대중문화에 스며들어 있는 여성의 자격지심과 피해의식 때문이기도 하지만, 근본적으로 남성과 여성의 관심사가 다르기 때문이기도 하다. 다시 말해 극히 드문 예외를 제외하면, 여자는 남자의 좋은 아내가 되겠다는 명확한 목적을 위해 남자와 비등한 수준의 노력을 기울이지 않는다. 이러한 성과에 대한 부담은 오로지 남성만이 짊어진다.

'성숙한' 여성

분명 나이가 조금 든 여자는 결혼이 제공하는 장기적인 안정을 위해 한 남자와 정착해야 한다는 절박함이 더 크다. 남자들은 이러한 여자의 절박함을 '진짜 성숙'과 구별할 수 있어야 한다. 여성이 가정을 꾸리고 전통적인 결혼생활을 하려는 동기가 더 강하다고 해서 그 여성의 지적 수준이 더 높다거나, 더 성숙했다는 의미는 아니며, 타임라인 그래프상 성숙 단계가 진행되었다고 해서(나이를 먹었다고 해서), 더 적합한 결혼 상대가 되는 것도 아니다. 그것은 단지 여성이 성적 가치가 감소하는 시기에 이르렀고, 남성에게 정착하려는 동기가 더 강해졌다는 의미일 뿐이다.

나이가 많고 성숙한 남자들은 나이 든 여자의 삶이 남자에게 부담스러운 짐이 되는 경험을 해본 후, 의식적으로 이런 여자들과 거리를 둘 필요가 있다고 생각한다. 건강하고, 성숙하고, 성취감을 느끼는 데 필요한 모든 희생을 감수하고 어려움을 헤쳐 나간 남자들, 결혼 적령기가 지난 여자들이 찾기 힘들다고 불평하는 멋진 자격을 갖춘 성공한 남자들이 더 젊고, 정서적 상처가 없고, 성적으로 자유로운 여자를 찾는 것은 당연하다. 이에 대응하기 위해 탄생한 여자들의 대응 전술이 남성의 성적 수치심을 유발하는 사회적 규범을 동원하는 것이다.

인간은 감정에 휘둘리는 존재지만 한편으론 실리를 추구한다. 한 가지 기억해야 할 원칙은 여성은 감정적인 수준에서 사고하는 경향이 있지만, 남성은 연역적 추론으로 사고하는 경향이 있다는 점이다.

여성의 신체적 매력은 그 자체로 남성을 자극한다. 그러나 일련의 성장을 위해 필요한 경험과 희생을 겪은 남자들은 여자가 젊고 예쁜 것도 좋지만, 특히 이런 어린 여자들의 경우 정서적 상처가 없다는 장점을 일종의 더블 보너스라고 생각한다.

만약 내가 당장 싱글이 된다면, 이것이 바로 여자를 고르는 주된 기준이 될 것이다.

남자가 재정적, 정서적, 심적 안정 제공을 할 수 있는 상당한 역량을 가졌는데, 지난 15~20년간의 온갖 실패와 모순에 시달리는 나이 든 여성에게 자신의 소중한 자원을 투자하는 바람에 내 인생을 복잡하게 만들 이유가 있을까?

남자의 입장에서 현재의 자신이 중요하고 본인이 알고 있는 것들이 가치 있다면, 남자들은 당연히 단순한 것을 찾게 되어있다. 중년 남성의 행복은 더 이상 여성에게 자신을 증명할 필요성을 느끼지 않으며, 오히려 그렇게 하지 않는 것이 더 행복하다는 것을 이해할 때 찾을 수 있다.

부자는 자신이 부자라고 말할 필요가 없다. 그의 외모, 자세, 태도에서 알 수 있다. 성숙한 남성도 마찬가지다. 성숙한 남성은 자신의 이익과 행복에 반하는 사회적 통념에 맞춰 자신을 증명해야 할 강박관념을 느끼지 않는다.

새로운 희망

레드필의 가장 나쁜 점이 뭘까요?

제가 어떻게 모든 걸 망쳐버렸는지 깨닫게 되니까 미치겠더라고요. 정말입니다.

아침에 일어나면 침대 모서리에 걸터앉아서 제가 알아버린 것들을 다시 잊어버리고 싶다는 생각이 들 때가 있습니다. 제가 저지른 멍청한 짓들을 깨닫게 만들어버린, 그 진실을 판도라의 상자 안에 도로 집어넣고 닫아버리고 싶어요! 그냥 다시 플러그를 꽂고 매트릭스 안으로 잠들어버리고 싶죠.

하지만 인생을 돌아보고, 현실이 얼마나 개판인지 깨닫고 나면 잠깐 우울해지는 한이 있더라도, 블루필 시절이 훨씬 더 비참했다는 사실을 깨닫게 됩니다. 그땐 변화를 일으킬 수 있는 제 힘의 한계를 이해하지 못해서 더 비참했어요. 제가 가진 힘과 통제력이 너무 작아서 비참했습니다.

어떤 연구에 따르면 인생에서 '행복'의 중요한 요소는 주체성, 즉 자신이 통제하고 있다는 느낌이라고 합니다. 과거의 저는 아무것도 보지 못하고 어둠 속에서 인생을 헤매고 있다고 생각했습니다.

지금은 적어도 제가 어디서 어떻게 망쳤는지는 알 수 있습니다. 실수도 많이 하지만 저의 주체적인 선택과 그에 따른 결과이기 때문에 이제 후회는 없습니다. 하지만 과거에는 어리고 무지해서 이런 진실을 몰랐습니다. 지금은 매일매일 제가 통제할 수 있는 것과 통제할 수 없는 것이 무엇인지 점점 더 명확하게 깨닫고 있습니다.

게다가 예전에는 통제할 수 있는 것들이 무엇인지 알았더라도 어떻게 다루는 건지 몰랐을 겁니다. 그러나 이제 저는 제가 통제할 수 있는 것들을 다루는 방법에 대해 매일매일 더 많이 배우고 알아갑니다.

무지가 어떤 면에서는 축복일 수도 있지만(특히 자신의 삶을 돌아볼 때), 무지가 불행의 원흉이라면, 진실을 통해 무엇을 깨달았으며, 왜 그런 실수를 했는지 아는 것이 중요합니다. 과거의 실수를 되돌아보면서 왜 그랬는지 오랫동안 깊이 생각해 보길 바랍니다. 당시에는 올바른 결정을 내리기 위한 복잡한 상황을 충분히 파악하지 못했을 가능성이 높습니다. 그래서 저는 과거의 실수에 대해 최대한 자기 객관화하려고 노력합니다.

'젊은 당신'이 어땠는지 정말로 최선을 다해 기억해 보세요.

왜 그런 선택을 했을까요? 위험과 보상을 제대로 이해하고 있었나요? 소크라테스처럼 자신의 무지를 알고 있었나요?

어떤 선택이 나쁜 선택이라는 것을 확실히 알 수 있을 만큼 충분한 경험을 쌓았나요? 나쁜 결정에 따르는 필요한 조치를 취하는 데 자신의 생체시계가 불리하게 작용한다는 사실을 충분히 알고 있었나요?

현재의 시점에서 과거의 실수를 되돌아보면, 본인이 상상 이상으로 훨씬 더 무지하고 경험이 부족했다고 느낄 겁니다. 저도 마찬가지였고요.

- 손오공, 〈합리적 남성〉 블로그 댓글

새로운 희망

《합리적 남성》 1권 중 '레드필의 쓴맛(The Bitter Taste of the Red Pill)' 말미에는 이런 글이 있다.

"진실은 당신을 자유롭게 해주지만, 그렇다고 해서 덜 고통스럽게 하거나 당신의 삶을 더 예쁘게 만들지도 않으며, 진실이 요구하는 책임에서 당신을 면제해 주지도 않는다. 플러그를 뽑는 데 있어 가장 큰 장애물은 '게임'이 들이미는 냉정한 진실을 받아들이는 것이다. 그중에는 오랫동안 믿어왔던 사랑에 관한 편안한 이상, 애정 어린 기대가 사실은 굴레라는 사실을 깨달아야 하는 부담감도 있다. 원한다면 이런 기대를 거짓말이라고 부를 수도 있지만, 그러한 신념에 얽매인 익숙한 시스템이 더 이상 작동하지 않는다는 사실을 깨달을 때, 절망적인 허무감이 찾아올 수도 있다. 여러분이 절망적인 상황에 처했기 때문이 아니라 새로운 시스템, 즉 여러분이 더 직접적으로 통제할 수 있는 새 체제 속에서, 새로 희망을 창조할 수 있는 통찰력이 당장은 부족하기 때문이다."

레드필을 먹고 플러그를 뽑으면서 가장 받아들이기 힘들었던 부분은 '희망'을 버리는 것이었다. 이 희망은 실체가 있거나, 개인적인 희망 같은 게 아니다. 특정 상황, 성격, 운명 또는 여성 중심적인 사회질서가 내건 조건에 순응한다면, 원하는 바를 손에 넣을 수 있다고 세뇌된 믿음, 그런 종류의 희망이었다.

나는 내가 선택하지 않은 이런 조건 속에서 희망을 찾아내는 방식으로(또는 내게 맞도록 희망을 정의하는 방법으로) 이상적인 목표를 실현하고 싶었다. 하지만 처음 플러그를 뽑았을 때, 나도 다른 남자들과 마찬가지로 우울하고 화가 났다. 누군가의 목적과 의도에 의한 것이든, 나의 낙관적인 해석 때문이든, 현실을 잘못 이해하는 바람에 근본적으로 도달할 수 없는 목표를 향해, 나의 자원과 시간을 너무 많이 투자했다는 사실을 부정하고 싶었기 때문이다. 그런데 알고 보니 원인은 둘 다였다.

나의 '플러그 뽑기(unplugging)'는 서서히 진행되었고, 꽤 긴 시간 동안 트라우마를 겪었다. 그리고 내가 경험한 광범위한 트라우마와 더불어, '이상적인 남자'라는 나의 모습, 그 모델에 나를 맞추기 위해 쏟아온 희망과 노력이 결국 아무 소용이 없었다는 사실을 깨닫게 되자 더욱 우울해졌다.

내가 믿고 따랐던 희망이 알고 보니 내 이익을 존중하지 않는 사회적 패러다임에서 탄생했다는 사실을 깨닫고 나서야 나는 그 희망을 버릴 수 있었다. 그러한 희망을 버린다는 것은 이제 스스로 새로운 희망을 찾아 나서야 한다는 뜻이기 때문에, 낡은 희망을 버리는 일이 쉽지만은 않았다. 당시에는 엄청난 허무감을 느꼈고, 자기 연민에 빠져 다시는 그런 실수를 하지 않기 위해 정말 열심히 노력해야 했다.

특히 어려웠던 점은 사랑에 대한 개념이 남녀가 다르다는 사실을 받아들이는 일이었다. 이전에는 남성과 여성이 사랑에 대해 똑같이 생각하고, 서로 동의하는 평등주의 사상을 믿는 블루필 사고방식 속에서 살았기 때문에, 남녀 간 사랑에 대한 관념이 다르다는 진실을 받아들이기 어려웠다.

블루필은 현실이 아닌 환상이며, 여자는 남자를 정말 사랑하고 또 사랑할 수 있지만 남자와 완전히 다른 방식으로 사랑한다. 즉 여성 특유의 '기회주의적 사랑 개념'을 알게 된 후, 나는 더 이상 남녀의 사랑에서 공정무역 같은 상호 합의가 이루어질 수 있다는 '희망'을 품지 않게 되었다. 그러나 동시에 나는 남성과 여성이 굳이 서로가 인위적으로 합의하지 않아도, 남녀가 서로 다른 사랑의 개념을 갖고도, 진정으로 서로를 사랑할 수 있다는 새로운 희망을 품게 되었다.

대학 시절 상담했던 한 노인이 떠오른다. 그는 30년 넘게 함께 살았던 첫 번째 전 부인과 지금의 두 번째 부인을 만족시키기 위해 한평생 헌신했다. 그는 20대 초반부터 이 두 여자(그가 섹스해 본 유일한 두 사람)가 '진정한 사랑을 할 수 있는 능력'을 가지고 있다고 믿으며, 그 여자들을 만족시키고, 달래고, 상호 간 합의할 수 있을 것 같은 자격을 갖추기 위해 희망찬 시도를 하며 삶을 소모했다.

현재 73세인 그는 현실에는 존재하지 않는 희망, 즉 남성이 이상적으로 생각하는 방식으로 여성에게 사랑받고자 하는 희망을 위해 평생을 바치면서, 장기간 여성 중심 사회 질서에서 습득해 온 낭만적이고, 여자가 규정하는 사랑의 이상향을 추구했다.

이것이 바로 내가 남자야말로 진짜 로맨티스트라고 말하는 이유다. 대다수의 남자가 이상주의적 사랑에 대한 믿음을 실현하기 위해 한 여자에게 평생을 바치기 때문이다. 남자들은 사랑에 대한 이상을 실현하려고 평생을 바쳐 헌신한다.

새로운 희망을 위한 낡은 희망

이 모든 것이 여러분에게 '오늘의 운세'처럼 들리지 않기를 바라지만, 이것이야말로 새로운 레드필 패러다임 안에서 남자가 희망을 다시 창조하는 대표적인 예라고 생각한다. 여러분은 레드필 관점으로 새롭게 바라보는 세상 속에서, 여전히 희망을 갖고 발전할 수 있다. 나도 그렇게 해왔다. 여성 중심적인 블루필 질서, 그 분위기에 억지로 여러분을 끼워 맞추지 말고, 레드필이 제공하는 진실을 내 것으로 만들면서 레드필 관점으로 살아갈 때 남자의 인생은 훨씬 더 쉬워질 것이다. 나의 신념이 레드필로 전환되는 과정을 거치지 않고, 삶에서 레드필 인식으로 살아가는 법을 배우지 않았다면 내 결혼 생활이 어땠을지 상상이 간다. 많은 남자들이 이런 과정을 거치지 않기 때문에, 여전히 '부부생활 상담가'에게 시간당 150달러를 지불한다.

이 주제와 관련한 멋진 댓글이 많다. 편집하지 않은 원문 그대로 여기에 싣는다.

"이제야 알겠다!

수년 동안 나는 남자로서 성과를 내야 한다는 부담 때문에 괴로웠다. 여자들이 남자가 여자를 사랑하는 방식으로 남자를 사랑하지 않기 때문에 괴로운 것이다. 그런데 조금 전, 옛 여자친구를 생각하다 무언가 깨달았다.

과거의 모든 연애사를 되돌아보면 사랑에 빠진 여자를 만나기 전에는 몸을 키우고, 친구들과 어울리고, 다양한 경험을 하고, 나 자신과 음악을 연구하는 등 끊임없이 자신을 위해 노력했다. 하지만 사랑에 빠지면 그런 활동들을 서서히 중단하곤 했다.

나는 여자에게 좋은 친구가 되는 데 집중했고, 여자가 원할 거라고 여기는 것을 주고, 더 정확히 이야기하자면 '여자가 원하는 것이 되어주는 것'에 집중했다.

마침내 깨달았다. 매번 이렇게 하면서 내가 일관되게 느낀 감정은 불만, 갇혀 있다는 느낌, 인생 전반에 걸친 단조로움이었다.

롤로가 여자에 대한 남자의 태도와 반응은 사회적 길들이기의 결과물이며, 레드필을 접하고 남자가 느끼는 슬픔은 남자의 본성에 반하기 때문이 아니라, 외부 출처에서 온 믿음을 누군가가 남자들에게 주입한 결과라고 말한 것이 이런 의미일까?

나는 이제야 이해하기 시작했다. '자신을 먼저 생각해야 한다'라거나 '성과를 내야 한다' 등의 이야기는 사실 '연애를 하면서 사람들이 말하는 대로 할 필요는 없다, 여자를 위해 모든 것을 내려놓을 필요도 없고, 좋아하는 일을 멈출 필요도 없고, 아부할 필요도 없다'는 말의 다른 버전일 뿐이라는 것.

나 같은 경우는 두 가지 이유로 기존의 모든 블루필 믿음을 내려놓았다. 하나는 내가 해야 한다고 생각했던 것, 즉 여성들이 남성에게 바라는 것, 어머니가 '자고로 남자는 어떠해야 한다'고 말한 것 등을 해야 했기 때문이다. 두 번째 이유는 불안감 때문이다. 나는 여자가 나를 사랑해 주길 원했고, 관계가 틀어지기를 원하지 않았으며, 여자친구를 잃는 것이 두려웠으나 결국 두려워하던 일들은 벌어졌다. 내가 가치 있는 사람이 되고 싶어서, 여자친구에게 소중한 사람이 되기 위해 걔가 원한다고 말한 것, 여자가 원한다고 듣고 배운 것들을 해 주었다.

롤로와 다른 사람들이 말하는 게 이런 건가? 이제야 이해가 되는 것 같다.

지금까지 나는 게임을 하면서 어느 정도 자신을 속였다. 어떤 행동이 여성에게 더 매력적으로 보일지 계산하고 특정 행동을 피했다. 하지만 지금 생각해 보면 나는 항상 나 자신과 나의 관심사를 위해 일하는 것이 더 행복했고, 오히려 여자 때문에 그것들을 멈춰야 하는 것이 원망스러웠다. 그뿐만 아니라 여성들이 우리에게 거는 기대에 진정하게 부응하는 방법이라 알려진 이른바 '성과'에서 만족감을 찾게 되었다.

어떤 의미에서 여러분은 롤로의 말처럼 성과를 내는 것이다. 여러분이 성과 내기를 멈추고 잠깐 쉬기로 마음먹고 쉴 수 있다고 믿는다면, 그것은 내가 그러했듯, '남자는 쉬엄쉬엄 해도 된다'고 믿도록 길들었기 때문이다. 여자가 남자를 진정 사랑한다면 남자가 그렇게 해도 괜찮고, 또 그래야 한다고.

어쨌든 이 이야기는 그저 내 개인적인 경험을 나누는 것일 수도 있다. 그렇지만 내게는 의미가 있는 일이고, 개인적으로 기념비적인 무언가를 발견했다고 생각한다. 다른 사람들은 레드필을 통해 다른 체험을 했을 수도 있지만, 나는 내 인생에서 이런 경험을 했다. 기분이 훨씬 나아졌다."

몸에 밴 것들을 버려라

남성들이 레드필 관점의 현실을 구현하며 사는 비결은 블루필 사고에 뿌리를 둔 기대와 욕망을 버리고, 대신 레드필 진실에 근거한 기대와 열망으로 대체하는 것이다. 일단 레드필을 알게 되면, 블루필 상태로는 절대로 만족감이나 정서적 성취를 얻을 수 없다.

내면의 베타 습성을 죽이는 건 쉽지 않다. 이를 극복하려면 이미 오래되어 편안하게 느끼는 블루필 패러다임을 버려야 한다. 레드필을 새롭게 접하게 된 많은 남자들은 레드필과 블루필 사이에서 이상과 목표를 적당히 타협할 수 있다고 믿는다. 하지만 그들이 이해하지 못하는 것은 블루필 사고방식 자체에 결함이 있을 뿐만 아니라, 블루필 이상을 달성하는데 요구되는 접근 방식 자체가 잘못됐다는 점이다.

 레드필을 제대로 이해하려면, 남자의 성취를 가능하게 하는 레드필 차원의 맥락, 사고구조가 장착되어야 한다. 절대 여성을 통해 정서적 만족을 추구해서는 안 된다. 블루필은 여자가 삶의 중심이 되는 현실, 남자가 그런 현실에 만족하도록 하는 여성 중심적 사회화 프로그램에 사상적 기반을 두기 때문이다. 남자가 막상 블루필 이상을 달성하더라도, 그러한 인생에서 불만을 느끼고, 그에 따른 책임감에 억눌려 있는 자신을 발견하게 된다.

 남자가 블루필 이상을 달성하거나, 블루필 사상을 보호하기 위해 노력하지 않는 시간만큼 바로 자기 삶과 재능, 야망에 가장 충실할 수 있게 된다.

 마치 그것만으로는 레드필 남자가 되기에 부족하다는 점을 일깨워주듯, 여성들은 '완벽한 남자'를 만나면 점차 (때로는 즉시) 그 남자를 경멸하게 된다. 여자들의 행동에서 알 수 있듯, 여자들조차도 블루필의 이상이 완벽히 실현된 현실을 원하지 않는데, 그 이유는 그것이 흥미롭고 자존심이 강한 알파 기질의 남성에게 끌리는 본능과 부딪히기 때문이다.

> "여성은 남성의 삶을 보완하는 존재일 뿐, 결코 남자 인생의 중심이 되어서는 안 된다."

남자가 인생을 살아가면서, 본질적인 결함이 있는 블루필 이상을 추구하며 성취감을 느끼려는 사고방식 때문에 결국 자신의 인생을 여자 중심으로 돌아가도록 만든다.

 남자들은 이제 그런 헛된 희망을 버리고 새로운 체제, 즉 자신이 더 직접 통제할 수 있는 세상에서 진정한 희망을 키울 수 있다는 것을 깨달아야 한다.

후기

"토마시, 그래서 이 길의 끝에는 뭐가 있는 겁니까?"

"'예방 의학'에 따르면 남성은 여성 중심적인 사회 규범의 희생양이 되지 않도록 스스로를 보호할 수 있으며, 그런 능력을 갖추게 될 겁니다. 하지만 우리가 궁극적으로 추구하는 것은 무엇인가요? 계속 접시를 돌리면서 영원히 행복한 상태를 유지하는 것인가요? 연상의 여성과 장난스럽게 관계를 맺다가 그들이 정착을 요구할 때 잠수타는 건가요? 27세 이하의 섹스에 환장하지 않는 여성은 그냥 무시하란 소린가요?"

'들어가는 글'에서도 언급했듯, 2권에서는 일부 독자들이 원하는 개인적 문제들을 직접 다루지 않는다. 여러분에게 통찰을 제공할 수는 있지만, 남자들이 이 지식을 자신의 개인사에 어떻게 적용할 지에 대해선 깊게 다루지는 않는 이유를 이해해 주길 바란다. 대신 타임라인에 따라 관찰할 수 있는 여자들의 특정 행동과 사고방식을 조명하고, 이런 내용이 현실과 일치할 수도 있고 오차가 있을 수도 있다는 점을 설명하려고 한다. 이 책은 모든 여성, 모든 경우의 수를 다루는 완벽한 가이드는 아니지만, 남자가 다양한 시기를 거치는 여자들과 관계를 맺으면서, 발생할 것으로 예측할 수 있는 시나리오를 이해하도록 도움을 주려고 한다.

이 책은 치료제가 아니다. 이 책은 예방을 위한 것이다.

예를 들어, 내가 대담하게도 폐경을 맞은 아내를 둔 60세 독자가 현실에서 마주치는 사건들을 정확히 알고 있다고 가정해 보자. 그가 제공한 정보에 입각한 여러 추측을 할 수는 있지만(실제로 폐경에 관한 에세이를 쓴 적도 있다) 내가 제공하는 구체적인 조언은 추측을 기반으로 하는 통찰, 이 책 또는 이전 작업물을 토대로 여러분의 문제를 듣고 관찰한 내용을 토대로 논의할 수밖에 없다.

소스와브 포럼에 글을 처음 올린 이후, 남자들은 종종 자신의 고유한 상황에 맞는 '치료법', 즉 자신에게 맞는 맞춤형 해결책을 요구해 왔다. 바로 이러한 수요 때문에 PUA와 매노스피어의 '자기개발(self-help)' 연사들이 세미나에서 DVD와 좌석을 판매할 수 있다. 그들은 자신들이 해결책을 가지고 있다고 주장하지만 나는 동의하지 않는다.

나는 불특정 다수의 사람에게 해결책을 제시하는 것보단, 점과 점을 연결하는 데 중점을 둔다. 픽업 아티스트의 전략을 60세 중년 남성이 처한 현실에 억지로 맞추려 한다고 상상해 보자. 유부남의 성생활을 해결해 주는 소위 '결혼 상담사'라는 직업이 있지만 실제 문제 해결 비율은 얼마나 될까? 그것을 측정하는 게 가능하기나 할까? 이런 해결 방안조차도 사실은 남자들이 자기 경험, 상황 및 인구 통계를 기반으로 직접 알아서 맞춰야 하는 진단이나 가이드에 지나지 않는다.

당신의 해결책, 당신의 전략/전술은 다른 남자, 미래의 아들 또는 내 글을 읽는 그 누구의 것과도 다르다. 나는 지도를 제공하지만 길은 여러분 스스로 찾아야 한다. 나는 당신의 주치의가 아니며, 당신이 스스로 주치의가 되어야 한다.

내가 매일 경험하는 것은 대다수 남자가 경험하는 것과는 전혀 다르다. 연애의 역사나 '사귄 여자의 수(notch count)', 18년간의 결혼 생활, 그리고 직업적 특성 때문에 다른 남자들과 처한 상황이 매우 다른데, 남자들에게 상담하고 조언할 때 가끔은 이를 깨닫지 못하거나 고려하지 못한다.

사진으로만 보던 나라에 사는 남성 독자들로부터 이메일이나 댓글을 받다 보면, 문화와 국경을 초월하는 공통된 남성 체험을 나도 공유하고 있다는 것을 깨달으면서 매우 겸손해지고 동시에 힘이 난다. 그러나 이런 성적 보편성에도 불구하고, 내 상황은 다른 남자들과 매우 다르다는 점을 망각하면 안 된다.

거의 매일 카지노를 왔다 갔다 하다 보면 늘 같은 사람들이 보인다. 라스베이거스 광고에서 볼 수 있는 화려한 모습이 아니라 뚱뚱한 사람들, 환경미화원, 테이블 크루, 저축한 돈과 기초연금을 걸고 무언가 큰 것을 얻을 수 있다는 희망에 베팅하는 노인들, 절망에 빠진 사람들, 그저 기분 전환을 원하는 사람 등 그 모습은 참 다양하다.

그러다가 어떤 남자들을 스쳐 지나칠 때, "과연 저런 남자들에게도 게임이 도움이 될까?"라고 상상해 보곤 한다. 게임이 여러 차원에서 보편적으로 남자들에게 도움이 된다고 생각하지만(연애를 너머 인간관계 전반에 도움이 된다) 한 남자가 처한 환경, 인생의 좌표, 지금까지의 성과에 따라 효과가 약할 수도 있다. 이제는 매노스피어에서 진부한 표현이 되었지만, 대부분의 남자는 진실을 직면할 준비가 되어 있지 않다. 레드필에 관한 대부분의 내용이 대다수 남자가 처한 환경에서 받아들이기에는 너무 큰 부담이기 때문이다.

꼭 특정 연령이나 사회적 계급에 관한 이야기는 아니다. 게임과 레드필은 오직 자신이 처한 현실을 기꺼이 받아들일 수 있는 남성에게만 자유를 줄 수 있다.

무지한 비평가들은 게임을 이상한 모자를 뒤집어쓰고, 섹스에 굶주린 PUA가 쓰는 잔기술이라고 생각하거나, 게임을 하는 사람들을 '자존감 낮은 걸레들과 섹스하는 데만 관심이 있다'고 비난한다. 이런 비평가들이 만들어낸 선입견은 레드필을 모르는 사람들에게 게임의 개념에 관해 오해를 불러일으키기 충분하다.

그러나 게임은 이보다 훨씬 넓은 의미를 가지며, 인간관계, 직장(여성 및 남성), 심지어 가족과의 관계에도 적용할 수 있다. 이러한 사실을 비평가들이 받아들이는 건 어렵다. 그들이 게임에 대해 이런 왜곡을 왜 자꾸 만들어내는 건지 스스로 돌이켜볼 필요가 있다.

자신이 처한 상황과 환경 안에서 편안하게 사는 데 익숙한 남자에게는 레드필 진실은 다소 두려운 전망일 수 있다. 가령 원나잇 섹스(sport fucking)는 대부분의 남자가 생각하는 것과는 다르다. 대부분의 남자는 한 여자하고만 사귄 경험밖에 없으며, 대부분의 (베타) 남성은 원나잇을 해볼 능력조차 없기 때문이다. 하지만 게임이 진화하면서, 이런 원나잇 섹스는 단순히 접시를 돌린다거나, 캐주얼한 섹스에만 국한된 것이 아니라 이보다 더 포괄적인 의미를 지니게 되었다.

게임은 모든 사람을 위한 것이며, 모든 사람을 위한 것이 되어야 한다.

"그는 단지 섹스를 위해서만 나를 만나." 또는 "그가 섹스 말고 내게 정말 관심이 있는지 모르겠어."와 같은 우려 섞인 여자들의 말은 사실 대부분의 남자가 정말 어떤 식으로 여자와 가까워지고 애정을 갖게 되는지, 여자들이 전혀 이해하지 못하고 있다는 신호다. 이런 주장은 여자가 마침내 안정을 좇아 '이 남자와 정착하고 싶다'고 결심할 때 좋은 변명이 되지만, 이런 변명조차 대부분의 여자가 여자의 연령대에 따라 변하는 성 전략에 맞춰 남자들이 어떻게 대응하는지 잘 모른다는 점을 드러낸다.

결국은 남자들에게 손해가 되는 일임에도 불구하고, 대부분의 남자는 여자를 편안하게 해주고, 자신이 안전하다는 걸 증명하고, 친밀감을 형성하고, 여성을 상대로 인내심을 발휘하는 전술을 중심으로 하는 논리적이지만 덜 매력적인 베타 게임 전략을 채택하는 경우가 많다. 이 남자들의 베타 게임 전략은 사실 '오로지 섹스만이 목적은 아니다'라는 것을 여자에게 증명하여, 결국 특정 여성과 섹스하겠다는 뜻이다.

남성들이 여성과 성관계를 맺기 위해 여자에게 성관계를 맺으려는 의도가 없다는 것을 증명해야 한다는 것은 참 이상하게 느껴진다.

그럼에도 대다수 남자가 가진 게임은 성평등 주의에 젖어 있는, 여성이 남성에게 기대하는 바를 토대로 논리적으로 계산된, 장기적 일부일처제로의 전환을 최종 목표로 한다. 이러한 남자들의 접근 방식은 양성평등 사상에 젖어 있는 여성들이 주장하는 '여성의 니즈에 남자들이 맞춰야 한다'는 풍조의 영향을 받은 것이다.

이런 남성들의 전략을 '회유(appeasement)'라는 용어로 묘사할 수도 있지만, 대부분의 남자는 이런 표현을 좋아하지 않는다. 대부분의 남자는 이런 베타 전략을 회유가 아니라, (여자에게) 더 나은 남자가 되는 길이며, 이런 사회 풍조에 동조하지 않는 다른 남자들보다 '더 나은 남자가 되는 것'이라고 생각한다. 사실 이런 사고방식은 베타 남성들의 자부심이 되기도 한다.

대부분의 남성, 흔한 남자들은 (경멸적인 의미는 없다) 일종의 안전장치를 원한다. 어쩌면 대부분의 남자는 '빈곤한 마인드 셋'을 가지도록, 애초부터 설계되고 키워졌는지 모른다.

분명히 남자는 여성의 하이퍼가미를 완화하기 위해 끊임없이 성과를 내고 자격을 증명해야 한다. 과거에는 그리고 지금도 어느 정도는 이러한 성과를 내는 특성이 남성 정체성의 일부이기 때문에 딱히 의식적인 노력이 필요하지 않았지만, 현대에 들어와 남성의 여성화가 진행되면서 남자들은 점점 더 안정적인 관계에 대한 갈증을 느끼게 되었다.

평범한 남자들이 추구하는 안정감은 여자들이 내세우는 기준을 충족하는 남자의 능력을 갖추는 것은 물론, 궁극적으로는 여성의 거절을 피하고 싶은 마음에 뿌리를 두고 있다.

오늘날 여성 중심의 사회질서에서 남자들은 끊임없이 성적 조롱에 시달리고, 자신의 부족한 부분을 끊임없이 상기하고, 남성성에 대해 의심을 가지도록 강도 높은 수준으로 길든다. 이러한 집단적 조롱과 괴롭힘은 남성성을 객관적으로 정의하려는 모든 남자가 가장 먼저 마주하는 집단 차원의 반응이다.

이러한 자기 의심, 즉 변화하는 여성의 하이퍼가미 욕구를 남자가 충족시킬 수 있을지, 남자의 자격에 대한 지속적인 불안감이 바로 이러한 안전에 대한 현대 남성들의 욕구를 만들어낸다. 보통의 남성이라면 결코 부응할 수 없을 것 같은 사회적, 경제적 여건 속에서 요즘 남자들은 자신이 여성의 기대에 부응할 뿐만 아니라, 그 기대를 뛰어넘을 수 있다는 확신을 얻고자 한다. 게다가 이를 달성할 수 있을지 의문을 품는 것만으로도 남성은 스스로 남자답지 못하다고 느끼게 된다.

평균적인 남성은 이러한 안전에 대한 욕구를 처리하기 위해 이를 합리화하고 정당화하는 논리를 고안할 수 있다. 자신이 가장 잘 맞는다고 생각하는 '알파'의 이미지로 자신의 자아를 창조하거나, 여성과 남성이 근본적으로 똑같이 이성적인 존재라는 평등주의의 교리를 덥석 받아들이는 방법이 있다.

이 남자들은 현대 남성과 여성이 과거의 인간보다 더 '진화'했기 때문에, 현대 여성들이 하이퍼가미의 변덕이나, 인생 타임라인을 따라 일어나는 패턴에 휘둘리지 않는다고 생각할 수 있다. 그러나 정확한 때에 적절한 상황과 기회가 주어져 일련의 경험이 생기면, 이랬던 남자들도 본인들이 하던 걸 잠시 멈추고, 이 책에서 읽은 타임라인 그래프가 자꾸 떠오를 만큼 자신이 부정해 오던 게 어쩌면 진실일지도 모른다는 생각이 불쑥 들 것이다.

프로그래밍 바꾸기

1권에서 나는 동기부여 전문가가 아니라고 말했다. 나는 그 누구도 구원할 수 없으며 남성들은 롤로 토마시의 성공담이 아니라 스스로 원하고 필요한 남자가 되기 위한 길을 찾길 바란다.

하지만 내가 만약 생물학적 결정론을 믿었거나, 환경적, 사회적 조건이 남성의 삶에서 극복할 수 없는 요소라고 생각했다면, 애초에 이런 책을 쓰지 않았을 거라는 점도 덧붙이고 싶다. 남자란 동물은 결단력과 의지력을 통해 놀라운 업적을 이룰 수 있다. 특별한 다른 문제가 없다면 남자들은 자신이 처한 환경에 영향을 미칠 수 있으며, 특히 자신을 지배할 수 있다.

남자는 자신과 자신을 둘러싼 상황에 영향을 미치는 요인들에 대한 깊이 있는 이해와 그 요소들을 인정하고 받아들이는 방식으로, 장애물을 극복하고 주어진 조건과 환경 안에서 번영할 수 있다. 하지만 그러기 위해서는 먼저 자신이 처한 상황을 있는 그대로 인정하고 받아들여야 한다.

우리는 다른 사람의 행동을 통제할 수 없다. 우리는 여성의 하이퍼가미를 어떻게 할 수 없지만 그에 대비할 수는 있으며, 그에 따른 결과로부터 자신을 보호할 수 있다. 우리는 일련의 지식을 토대로 현명한 결정을 내릴 준비가 되어 있다.

이제 당신은 플러그를 뽑을 수 있다.

여러분은 인구학적 특성, 나이, 과거의 후회막심했던 경험과 기억, 현재 처한 상황과 무관하게 여러분의 프로그램을 변경하면 더 나은 삶을 살 수 있다.

- 롤로 토마시

부록

《합리적 남성》 1권을 출간한 후 남성(및 여성) 독자들로부터 매노스피어에 대해 보다 자세히 알 수 있는 자료를 정리해달라는 요청을 많이 받았다.

매노스피어를 구성하는 개념들은 여기저기 흩어져 있기 때문에 이를 모두 정리하기는 어렵다. 주류 미디어는 매노스피어를 '1950년대식 가부장제로의 회귀를 갈망하는 여성 혐오주의자들의 극단주의 집단'이라고 잘못 묘사한다. 이러한 왜곡은 쉽게 소비할 수 있는 뉴스에 대한 인간적인 욕망에서 비롯된다. 그러나 막상 비판자들을 당혹스럽게 하는 것은 실제 매노스피어가 보여주는 넓은 범주의 포용력이다.

마땅한 다른 단어가 없는 이 '매노스피어'라는 용어는 남성 문제를 다루는 다양한 블로그, 포럼, 웹사이트를 포괄한다. 이러한 플랫폼은 '여성 중심적인 사회와 그 이상향'을 향해 의문을 제기하는 한편, 그러한 사회적 변화가 남성에게 미치는 영향에 대한 사람들의 인식을 제고한다. 물론 이런 사회적 영향력이 개인에게 미치는 정도와 결과는 사람마다 상이할 수 있다.

매노스피어라는 개념은 레드필, 게임과 픽업 아티스트(PUA) 이론 및 실전 자료까지 포함한다. 이것들을 범주에 포함한 이유는 현대 사회에서 남자들이 직면한 사회적, 심리적 영향에 맞설 수 있도록 교육하기 위해서다.

지금까지는 우리는 게임을 '심리학, 사회학의 원리에 뿌리를 둔 일련의 행동수정 지침이며, 이성 간 관계의 발전을 촉진하는 것'으로 정의했다. 말이 어렵게 느껴지겠지만, 레드필의 이론적 측면과 게임의 실전적 성격을 구별하는 것이 중요하다. 내 생각에 게임은 레드필 지식을 응용한 것 같다.

또한 현대 남성들이 여성 중심적인 사회 질서 속에서 살아가려면, 레드필 지식을 기본적으로 알아야 한다고 생각한다. 또한 남녀 관계의 심리적, 생물학적 진실이 우리가 속한 사회 질서를 어떻게 만들어가는지, 남성 개인 차원에선 어떤 영향을 미치는지도 알아야 한다.

그러나 매노스피어 커뮤니티엔 걸러서 들어야 할 것이 많다. 많은 남자가 본인의 개인적인 편견에 부합하거나, 개인적인 상처를 자극하는 특정 이슈에 빠질 위험이 있다. 이 책의 '복수' 편에서 언급했듯 복수에 집착하거나, 여성 중심적인 사회 시스템을 상대로 개인적인 성전을 시작하는 것은 진정한 레드필 남성의 길이 아니다. 왜냐하면 이러한 태도와 행동이 남성 개인의 발전을 저해할 수 있기 때문이다.

이런 점들을 고려해서, 지금부터 레드필을 가장 잘 설명한다고 생각하는 인터넷 사이트 몇 개를 소개한다. 나는 이 웹사이트들을 추천하지만 각 사이트마다 특징이 있으며, 장단점이 있다는 점을 염두에 두기를 바란다.

합리적 남성(The Rational Male)

http://therationalmale.com/

먼저 내 블로그부터 시작하겠다. 이 책을 읽는 독자라면 내가 기고하는 글에 대해 어느 정도 알고 있다고 생각한다. 독자가 방금 읽은 책의 내용도 내 블로그에 올린 게시물을 토대로 내용을 보강하고 정리한 것이다. 나는 가능한 한 객관적인 태도를 유지하려고 노력하지만 완벽한 객관성이란 존재하지 않는다. 하지만(내가 알기로) 나는 매노스피어 포럼 중 유일하게 있는 그대로 댓글을 게시한다.

내게 사명이 있다면, 아이디어의 강점과 장점을 입증할 수 있는 유일한 방법은 공개적인 담론이 오고 가는 용광로 속에서 가능하다는 점을 알리는 것이라고 생각한다. 이것이 내가 이 블로그에서 제공하려고 노력하는 가치다.

루시브이(RooshV)

http://rooshv.com

여성의 심리에 대한 루시의 통찰력과 경험은 매노스피어에서 가장 날카롭고 풍부하기 때문에 나도 자주 인용한다. 루시의 공을 인정하지 않고서는 매노스피어를 제대로 이야기할 수 없을 정도다. 말 그대로 매노스피어의 모든 것에 그의 흔적들이 묻어 있다고 해도 과언이 아니다.

루시는 10년 동안 남미, 북유럽, 동유럽을 여행하며 방문국의 데이트, 연애 환경에 대해 문화적 특성을 발견하고 정리했다. 때문에 루시는 명목상으론 픽업 아티스트로 분류된다. 루시는 이런 이력과 솔직함 때문에 주류 미디어에서 그다지 좋은 평판을 얻지는 못했다. 하지만 레드필에서 그가 공유하는 경험과 통찰은 매우 소중하다.

샤토 하티스트 - 로이시(Chateau Heartiste - Roissy)
http://heartiste.wordpress.com

현재 샤토 하티스트의 최초 소유주인 로이시는 의심할 여지 없이 현대 매노스피어의 대부로 불릴 만한 인물이다. 게임에 대한 탁월한 식견과 게임이 작동하는 이유에 대한 심리적, 사회적 기초지식을 갖추고 지난 10년간 레드필의 백과사전이 될 만한 토대를 형성해 왔다.

하지만 그는 물론이고 그의 블로그는 접근성이 높지 않고, 사회적, 정치적으로 편향되기도 한다. 그러나 그의 초기 에세이는 현재 모든 매노스피어 블로거들이 참고하는 기준점이 되고 있다. 로이시보다 더 다작한 레드필 작가는 없을 정도다.

레드필- 서브 레딧(The Red Pill - subreddit)
http://reddit.com/r/TheRedPill/

레드필 서브 레딧(TRP)은 어느새 구독자가 10만 명에 육박하고 있는데 다 그만한 이유가 있다. TRP는 인터넷에서 레드필 토론을 위한 최고의 플랫폼이기 때문이다. 레드필, 게임과 같은 주제뿐만 아니라 레드필 지식과 이러한 주제와 연관된 시사적인 문제에도 사용자들이 집중할 수 있도록 운영되고 있다.

이 포럼은 아무리 칭찬해도 모자랄 정도다. 단기간에 TRP는 단순한 픽업 아티스트(PUA) 기술을 넘어 레드필 이데올로기의 중심 허브로 발전했다. 또한 활동 분야를 넓혀 다양한 아웃리치 및 하위 도메인(유부남의 레드필 등)을 다루고 있다. 레드필의 인기가 급격히 올라가고 있다는 것은 이러한 레드필이 점차 확산하고 있음을 강력하게 시사한다.

달록(Dalrock)

https://dalrock.wordpress.com/

이 웹사이트에서는 만족스러운 삶을 사는 기혼 아버지가 페미니즘 시대에 대해 자신의 관점을 공유한다.

나는 남녀 간 역학을 주제로 이야기할 때, 종교가 직접적으로 연관되어 있지 않은 한 종교적 주제에 특별히 초점을 맞추지 않았다. 왜냐하면 달록이 5년 넘게 자신의 블로그에 올린 글과 유사하게 보일 수 있기 때문이다.

레드필의 '도덕성'에 대해 종교적인 차원에서 의구심이 든다면 달록의 블로그를 추천한다. 그는 종교적 맥락에서 이러한 인식을 다루는 데 있어 최고의 전문가다. 그의 블로그는 소위 '기독교 매노스피어(Christo-Manosphere)' 블로그 중 최고다. 그는 또한 현대의 결혼 및 이혼 추세와 그 사회적 영향을 연구하고 분석하는 데도 뛰어나다. 레드필을 발견한 모든 기독교인에게 그를 적극 추천한다.

소수아브 토론 포럼(The SoSuave Discussion Forum)

http://www.sosuave.net/forum/index.php

소수아브 포럼은 나에게 레드필 아이디어의 인큐베이터였다. 내가 체계적으로 레드필을 인식하게 된 계기는 수년간 성숙한 남자 게시판(Mature Men's board)에서 벌어진 토론에 참여하면서 시작됐다. 나는 여전히 이 게시판의 운영자로 활동하고 있지만 내 블로그를 따로 시작한 이후로 활동이 줄어들었다. 하지만 내가 쓴 옛날 글을 읽어보고 싶다면 자료실에서 'Rollo Tomassi'로 검색하면 된다. 그러면 이 여정이 어떻게 시작되었는지 알 수 있을 것이다.

나의 활동은 다소 줄었지만 소수아브는 계속해서 레드필, 게임, 남성 이슈에 대한 토론의 장이 되고 있다. 또한 이제 막 이 책을 접한 10대 남학생이라면 이 포털의 고등학교 포럼(the High School forum) 편을 찾아보면 좋은 자료를 얻을 수 있을 것이다.

용어집

레드필과 게임 관련 커뮤니티를 처음 접하는 남성들이 주로 헷갈리는 게 우리가 사용하는 용어와 약어다. 나는 이 책에 모든 약어를 수록하려고 했지만, 각종 커뮤니티에서 사용하는 세부적인 전문 용어까지 포함하지는 않았다.

용어집을 제공하긴 했지만, 이 단어들은 추상적인 관념을 효과적으로 나타내는 그릇에 불과하다는 점을 기억하길 바란다. 심지어 '레드필'이라는 용어조차도 성별 간 역학이 갖는 진정한 본질과 원리를 전체적으로 이해하는 데는 완벽하지 않다. 그럼에도 우리는 소통하고 이해를 돕기 위해 '레드필'이라는 단어를 사용한다. '진실을 깨닫는 것'을 쉽게 설명하고 싶다면, 영화 매트릭스의 '레드필'은 매우 유용한 비유다.

내 블로그가 탄생하기 전, 초창기 매노스피어 커뮤니티에서는 추상적인 개념을 명확하게 표현할 수 있는 용어들이 필요했다. 이러한 용어와 비유 중 일부는 계속 사용되고 있지만, 나머지 단어들은 보다 실용적인 용어나 개념으로 진화했다. 예를 들어 '알파 미망인', '(진정한 의미의)하이퍼가미', '여성 중심의 사회 질서(Feminine Imperative)', 심지어 '게임' 등의 용어는 모두 새롭게 등장한 단어지만, 추상적이지만 실존하는 개념을 설명하기 위해 만든 용어, 또는 비유의 좋은 예시다. 남성을 '알파'와 '베타'로 나누는 개념도 이런 사례에 해당한다.

알파와 베타(Alpha & Beta)

1권과 이 책의 본문에서 이미 두 용어의 정의를 충분히 설명했지만, 그래도 여기서 간략하게 다시 설명하겠다.

우선 사람들이 '알파'라는 용어를 주로 어떻게 오해하는지 살펴보자. 레드필을 처음 접하는 남성들이 흔히 겪는 혼란 중 하나는 알파라는 용어를 사자, 늑대 또는 고릴라의 짝짓기 행태를 설명할 때 사용하는 용어와 똑같다고 생각하기 때문이다. 문자 그대로의 어원을 따라 '알파 우두머리 수컷(Alpha Male)'을 떠올리면, 레드필을 불편하게 느껴지고 이를 조롱하거나 무시하는 태도를 가지기 쉽다.

이건 블루필 남성이 레드필을 접할 때 가지는 선입견이기도 하다. 이들은 자신들이 에고 투자를 해온 마음에 드는 개념에 대해서는 추상적이더라도 잘 이해하고, 그런 용어를 적절히 해석하는 데 아무런 문제가 없다. 그런데 유독 레드필의 불편한 진실과 마주치고 자신들의 신념과 충돌만 하면 블루필 남자들은 유독 '알파'(와 하이퍼가미)를 가능한 협소하고 이분법적이며, 문자 그대로의 의미로 해석하려는 태도를 보인다.

퍼플필(The Purple Pill)

위 두 용어에 대해 그다음으로 가장 흔한 오해는 '알파'와 '베타'라는 추상적인 개념을 각각 남성적, 여성적 특성이라고 잘못 이해하는 데서 생긴다. 이런 식의 오해(때론 고의적인 왜곡)로 인해 '알파' 또는 '베타'의 개념이, 각각 남성적 특성 그리고 여성적 특성과 동의어처럼 쓰이기도 한다. 이런 사고방식을 가진 퍼플필 옹호자(실제로는 블루필 남자)는 자신의 취향에 맞도록 편리하게 레드필과 블루필을 멋대로 다시 정의한다.

이런 퍼플필이 추구하는 융합은 결국 아니마(anima)와 아니무스(animus) 이론을 주장한 칼 융(Carl Jung)의 저주로 귀결될 수밖에 없다. 즉 남자가 남성적 특성과 여성적 특성을 모두 보유한다면, 자신의 '베타적 기질'이 가진 약점을 완전히 부정적으로 보지 않아도 된다는 발상이다. 이런 사고방식으로 인해 퍼플필 남자들은 인간의 완전한 양성성(androgyny)을 '최고의 균형상태'로 해석한다.

하지만 안타깝게도 나중에 블루필 남자들이 직접 인생에서 겪어보듯, 여성은 남성에게서 남녀 평등주의에 입각한 균형을 기대하는 것이 아니라, 여성의 짝이 될 남자를 찾고 싶어 한다. 즉 여성은 본능적으로 '남자는 남자다워야 한다'고 느낀다.

　이런 블루필 남자들의 오류는 평등주의 신념에서 출발한다. 이들은 남녀 모두가 공유하는 남성성과 여성성의 '평등주의에 입각한 균형 모델'이 남성성과 여성성을 각각 따로 가진 두 남녀가 자연스럽게 '상호보완(Complemantary)하는 모델'을 대체해야 한다는 식이다.

　퍼플필이 실제로 암시하는 메시지는 '21세기 남성은 여성적인 면과 접촉해야 한다'는 20세기 페미니즘 밈(meme)으로 돌아가는 것이다. '남자가 내면의 여성성과 접촉하지 않으면 여성에게 거절당할 위험이 있다'는 식이다. 성 혁명 이후 60여 년 동안 격변한 세상을 보면, 이러한 페미니즘의 철학이 얼마나 처참하게 실패했는지 증명됐다.

　퍼플필이 간과하는 것은 알파적 사고방식이 꼭 성공한 남자의 형식적인 조건과 연관되어 있지 않다는 점이다. 삶의 여러 측면에서 우리가 알파 남성이라고 생각하는 매우 유능하고 남자다운 남성들도, 특히 유독 여자 앞에서만 굴종하는 비굴한 남자가 될 수 있다.

　이러한 남자들의 공과 사의 불일치가 사회적으로 주입된 베타적 경외심(백마 탄 왕자)에서 비롯된 것인지, 남자 마음 깊숙이 각인된 여성의 거절에 대한 두려움에서 때문인지, 아니면 그냥 남자의 타고난 자연스러운 성향 때문인지는 중요하지 않다. 중요한 것은 레드필에서 말하는 알파의 개념이 사회적으로 성공한 남성적인 요소와 반드시 직결되지는 않는다는 점이다.

　마찬가지로 '베타' 속성이란 본래 여성적인 개념이 아니다. 매노스피어에서 무수히 논의된 바와 같이 현대 남성의 80% 이상은 여성 중심적인 사상을 떠받들고, 베타 공급자 역할을 군말 없이 수행하도록 길들여 왔다. 이를 위해 최대한 많은 남자가 자신의 정체성을 '내면의 여성성'과 동일시하도록 스스로 설득해 왔다.

　베타 사고방식은 '여성적 사고방식'을 뜻하는 게 아니다. 베타 사고방식은 '여자가 남자 인생의 중심이 되는 세계관을 떠받들고 지지하는 것'을 뜻한다.

　퍼플필(레드필에 물 탄 버전)의 옹호자들이 '알파 = 남성적, 베타 = 여성적'이라는 인식을 만들고 싶어 하는 진짜 이유는 '여성적인 면과 접촉하고 싶어하는' 자기 내면의 나약함을 '진짜 알파'로 묘사하고 싶은 그들의 욕구에서 비롯된다. 이들은 자신을 중성적으로 만들면, 여성에게 더 매력적으로 보이거나 심지어 흥분하게 만들 수 있다고 착각한다.

약어 및 용어

아래 목록에 있는 여러 용어는 《합리적 남성》 1권에 더 자세히 설명되어 있다. 그 외의 다른 용어는 내 블로그에서 간단한 검색으로 찾을 수도 있지만, 초보 독자들의 편의를 위해 소개한다.

알파 미망인(Alpha Widow) - 과거 알파 남성과 섹스한 경험이 있는 여성(보통 나이의 벽에 부딪힐 시기가 지난 여성)을 지칭한다. 과거 알파 남성과의 섹스를 맛본 여성은 이후에 만나는 모든 애인 그리고(또는) 남편을 과거 알파 남성을 기준값으로 삼아 비교한다.

AMOG – 알파 남성들의 모임. (Alpha Male Of Group)

AF/BB – "알파는 씨를 뿌리고 베타는 돈을 댄다. (Alpha Fucks/Beta Bucks)"의 줄임말로 하이퍼가미의 성 전략을 한 문장으로 함축한다.

AFC – 여자를 잘 모르는 숙맥.(Average Frustrated Chump) (편의상 '베타'라고도 한다)

ASD – 걸레 취급 방어기제(Anti Slut Defense), 자신에게 구애하는 남자가 마음에 들지 않아서 성관계하고 싶지 않을 때 이를 합리화하기 위한 행동.

AWALT – 여자는 다 그래. (All Women Are Like That.)

블루필(Blue Pill) – 영화 〈매트릭스〉에 등장하는 개념. 여성 중심적인 사회 질서가 초래하는 문제와 그로 인해 조장되는 남녀 간의 새로운 역학 관계, 그 진실을 전혀 모르는 상태를 가리키는 용어. 남자가 집단적 사고에 맹목적으로 순응하는 것을 뜻한다.

클로즈(Close) - 남자와 여자가 상호작용한 결과, 최종 지점을 의미. 일반적으로 앞에 성공적인 행동이 온다. 예를 들어 'f-클로즈(full close, fuck close)'는 섹스에 성공했다는 의미이다. 'K-클로즈(kiss close)'는 키스했다는 뜻이다. 그리고 '#클로스'는 전화번호를 얻는 데 성공했다는 뜻이다.

DT, 다크 트라이어드(Dark Triad) - 나르시시즘, 마키아벨리즘, 사이코패스 등 세 가지 성격이 조합된 인격.

DHV(Display of Higher Value) - 높은 가치 입증, 남자가 타인에게 자신이 연애 시장에서 높은 가치를 지녔다는 사실을 넌지시 보여주는 행동을 말한다.

DLV(Display of Lower Value) - DHV와 반대의 개념. 남자가 타인에게 자신이 연애 시장에서 가치가 높지 않다는 점을 넌지시 보여주는 행동을 말한다.

드레드 게임(Dread Game) - 《합리적 남성》 1권에 소개한 개념. 공개적으로 다른 제3의 여성 관심을 끌어서, 의도적으로 또는 우연히 여자친구의 질투심을 유발하는 행동. 소프트 드레드와 비슷한 개념이지만 소프트 드레드가 더 간접적이다. 소프트 드레드에서는 제3자를 통해 간접적이고 우연히 나를 향한 다른 여자의 관심을 보여준다. 여자친구 앞에서 다른 여자의 관심을 끌면, 여자친구의 불안을 일으킬 만하다.(가령 당신이 헬스를 시작하면, 다른 여자들이 당신의 몸매를 매력적으로 여기리라는 것은 당연한 사실이다) 드레드 게임을 하는 목적은 대상(아내, 애인, 또는 다른 후보군 여성)으로 하여금 당신의 관심을 끌고 싶은 마음이 생기도록, 즉 다른 여성들과 경쟁 심리를 갖도록 하는 것이다.

FR(Field Report) - 경험담

프레임(Frame) - 누가 관계를 이끄는지 역학을 알 수 있는 심리적인 기준을 뜻한다. 프레임을 유지하는 것은 종종 알파의 가장 중요한 기질로 꼽힌다.《합리적 남성》1권의 토마시의 첫 번째 철칙을 참고 바람.

게임(Game) - 이성과 관계를 발전시키기 위해 심리학 및 사회학 원리에 기반한 일련의 기술, 남자의 행동을 교정하는 것이다.

햄스터(Hamster) - 여성이 정신적 모순(불일치)에 수반되는 혼란을 조정하고. 인지부조화를 피하기 위해 머릿속에서 합리화하는 기제를 말한다. 즉, 햄스터는 여성이 말과 행동이 다르게 하도록 돕는 합리화 기제를 통칭한다.

HB(Hot Babe) - 섹시하고 예쁜 여자. (보통 1~10점 척도로 순위를 표시하는 숫자가 뒤에 붙는다)

인셀(Incel, Involutarily Celibate) - 비자발적 금욕주의자. 여자와 섹스하고 싶지만 그럴 능력이 안 되는 남자.

IOI(Indication of Interest) - 이성의 호감 신호.

LDR(Long Distance Relationship) - 장거리 연애.

LJBF(Let's Just Be Friends) - "그냥 친구로 지내자." 뒤에 나오는 베타 오비터(Beta Orbiter)란 개념 참고.

LMR(Last Minute Resistance) - 여자가 성관계하기 직전, 마지막 순간에 튕기는 행동을 의미.

LTR(Long Term Relationship) - 장기 연애.

매노스피어(Manosphere) - 블로그, 게시판, 기타 사이트 중 MRA, MGTOW, PUA 등이 운영하거나, 이들이 즐겨 찾는 사이트 및 레드필을 주제로 이야기하는 사람 또는 커뮤니티가 느슨하게 이루어진 집단을 뜻한다.

믹타우(MGTOW, Men Going Their Own Way) - '제 갈 길을 가는 남자들'이란 뜻으로 현대 연애 시장에 보이콧을 선언한 남성 집단

MRA(Men's Rights Activist) - 남성 인권운동가.

MRM(Men's Rights Movement) - 남성 인권운동.

오비터(Orbiter) - 베타 오비터라고도 한다. 여자의 '그냥 친구로 지내자'는 제안을 받아들이는 베타 남자를 뜻한다. 여자가 뭔가를 요구할 때마다 주변에 머물며 지속해서 그녀에게 도움을 준다. 이 상태를 '친구 영역(friend zone)'이라고도 한다. 여자는 그 남자가 자신을 위해 무엇이든 해주기 때문에, 언젠가는 사귀어 줄 수도 있다는 은근한 힌트를 주면서 남자를 계속 곁에 둔다. 하지만 여사친이 그 남자와 사귀는 일은 절대 일어나지 않는다. 이런 남자가 '여자 사람 친구'의 새 페이스북 사진에 '좋아요'를 누르고 댓글을 남기는 것은 전형적인 오비터의 징후다. 정작 그 여자가 남자친구와 문제가 생기면 찾아가서 상담하는 남자. 속된 말로 이런 남자를 감정 쓰레기통(emotional tampon)이라고도 한다.

접시(Plate) - 당신이 어장 관리하는 여성들을 지칭한다. 접시돌리기(spinning plate)는 여러 여자를 관리하는 행위다. 이 이론은 《합리적 남성》 1권에 나온다.

사전 선택(Pre-selection) - 여자는 다른 여자들에게 인기가 있거나 사회적으로 지위를 인정받는 남성에게 더 매력을 느낀다는 개념이다. 이는 다른 여자들이 이미 그 남자를 호의적으로 평가했다는 사실 덕분에 여자들이 그 남자의 SMV를 높게 평가하도록 영향을 미친다.

PUA(Pick-Up Artist) - 픽업 아티스트.

쉿 테스트(Shit Test), 체력 테스트(Fitness Test) - 여성이 무의식적 또는 의도적으로 남성의 반사적인 반응을 통해, 파트너 남성이 알파 특성을 얼마나 지니고 있는지 확인하려고 하는 말, 시비, 질문 또는 만들어낸 상황을 총칭한다.

SMV(Sexual Market Value) - 연애 시장 가치.

SMP(Sexual Market Place) - 연애 시장.

벽(The Wall) - 《합리적 남성》 1권을 참고 바람. 한 마디로 여성이 자신의 자존심 때문에, 자신이 상상하는 SMV가 현실의 SMV를 추월하는 지점을 뜻한다. 또는 SMV가 하락하기 시작하는 시점이기도 하다. 벽에 부딪힌 여성은 남성과 (성적)관계의 수명이 짧고, 자신의 신체적 매력이 감소하고 있다는 사실을 깨닫고 충격을 받는다. 처음에는 이를 부정하다가 결국 결혼해서 정착할 남자를 찾는 쪽으로 우선순위를 바꾸게 된다. 벽에 부딪힌 후에도 일부 여성은 자신의 쇠퇴가 일시적인 현상이기를 바라며, 알파 남성과 관계를 통해 자신의 SMV가 온전한지 재확인하느라 귀중한 몇 년을 더 보내기도 한다. 그러다가 결국 중요한 타이밍을 낭비한 탓에 덜 매력적인 베타 남성에게 한평생 안주하며 속이 쓰릴 수도 있다.

백기사(White Knight) - 《합리적 남성》 1권의 백기사 항목을 참조 바람. (1) 상황을 제대로 판단하거나, 신중하게 평가하지 않고 충동적이고 감정적으로 여성에게 도움을 주는 남성, (2) 권위적 지위를 가지고 있으나 제대로 된 사법적 통찰력이 부족하여 입법 결정, 판단 또는 판결에서 의도치 않게 여성 중심적 사회 질서에 동조하는 남성.

감사의 글

용어의 기본 정의는 레드필 서브 레딧의 도움을 많이 받았다.

(31쪽) 생리 주기 관련 그림의 출처: 위키미디어 공용(Wikimedia Commons)

(97쪽) 미국 노인들의 이혼이 '황혼' 이혼의 원인이 되고 있다. 2014년 2월 24일
http://www.npr.org/2014/02/24/282105022/older-americans-breakups-are-causing-a-graying-divorce-trend

(142쪽) 인생 최고의 섹스 파트너와 결혼하는 사람은 없다,
제니퍼 라이트, 2012년 11월 25일,
http://nypost.com/2012/11/25/obody-marries-their-best-sexever/.

(143쪽) 워싱턴 포스트 - 캐롤린 헉스, 칼럼니스트
http://www.washingtonpost.com/lifestyle/style/carolyn-hax/2014/04/18/898e82ce-b9bb-11e3-9a05-c739f29ccb08_story.html

저자 소개

'레드필의 대부'라고 불리는 롤로 토마시는 거의 20년 동안 온라인 매노스피어의 컨소시엄에서 고정 멤버로 활동해 왔다.

그는 세계적인 베스트 셀러 시리즈인《합리적 남성》의 저자로서 에세이 작가, 블로거, 합리적 남성 블로그(therationalmale.com)의 소유자 및 Rule Zero 라이브 스트림의 주간 패널리스트이자 진행자이며, 자신의 유튜브 채널인 TheRationalMale 진행도 맡고 있다.

토마시는 네바다주 리노에서 25년째 아내와 함께 그레이하운드 두 마리(또는 그 이상)와 함께 살고 있다.

amazon.com/Rollo-Tomassi
facebook.com/rollo.tomassi.12177
twitter.com/RationalMale
instagram.com/rational_male